Klaus Eberhardt

WASTE
Die Verschwendung in unserer Gesellschaft und wie wir mit Vermeidung unser Leben umweltneutral gestalten können

Klaus Eberhardt

WASTE

Die Verschwendung in unserer Gesellschaft und wie wir mit Vermeidung unser Leben umweltneutral gestalten können

Rediroma-Verlag

Bibliografische Information der Deutschen Nationalbibliothek:
Die Deutsche Nationalbibliothek verzeichnet diese Publikation in der Deutschen Nationalbibliografie; detaillierte bibliografische Daten sind im Internet über http://portal.dnb.de abrufbar.

ISBN 978-3-98885-246-5

Titelfoto: Viola Pawlaczyk
www.violafotografie.de

www.rediroma-verlag.de
14,95 Euro (D)

Inhalt

In dem folgenden Text wird aus Gründen der besseren Lesbarkeit das generische Maskulinum verwendet. Es bezieht sich auf Personen beiderlei Geschlechts. Für konkrete Personengruppen wird die weibliche und männliche Form angewandt.

Einleitung

Alle Lebewesen benötigen Lebensraum, Unterkunft, Nahrung, Schutz vor Feinden. Nehmen sich einige zu viel davon, bleibt für andere zu wenig. Diese simple Feststellung beschreibt den Zustand, in dem wir uns derzeit befinden. Die Ressourcen der Erde reichen für uns alle, wenn wir sorgsam damit umgehen, sie umweltschonend einsetzen und Verschwendung vermeiden.

Verschwendung ist überall anzutreffen: bei dem globalen Austausch von Waren, der Vergeudung der elektrischen Energie, der sorglosen Nutzung fossiler Brennstoffe, der Wegwerfmentalität, dem Reisen in jeder Form, beim Konsumverhalten, der Ernährung, bei der Versiegelung von Flächen. Überall WASTE: Vergeudung, Verschwendung, Ausschuss, Abfall, Müll. Von allem zu viel.

Es gibt durchaus Möglichkeiten und Wege, ressourcenschonend mit den richtigen Vermeidungsstrategien die Bedürfnisse des Einzelnen und der Gemeinschaft weitgehend zu befriedigen. Sie aufzuzeigen, durch gezielte Planung vorzubereiten und sinnvoll umzusetzen, davon handelt dieses Buch.

Die Voraussetzungen sind vorhanden, um mit einer neuen Lebensqualität eine glanzvolle Zukunft zu gestalten, in der die Anhäufung von Konsumgütern nicht mehr im Mittelpunkt steht. Eine solche Tendenz zum Verzicht ist jedoch nicht erkennbar. Ein großer Teil der Menschheit lebt im Überfluss, nimmt anderen die Lebensgrundlagen.

Wenn sich die Lebenshaltung der Menschen nicht verändert, wird die Natur für den Umschwung sorgen. Die Welt wird eine andere sein, wir werden uns auf Klimawechsel verbunden mit Extremwetter, Überschwemmungen und daraus folgend auf Völkerwanderungen, Hungersnöte und eine Verminderung der Biodiversität einstellen müssen.

Die Projekte und Vorhaben der Staaten dieser Erde reichen für ein effektives Gegensteuern nicht aus, Ergebnisse der Weltklimakonferenz sind eher besorgniserregend, denn hoffnungsstiftend.

Umweltschutz, Klimaschutz, CO_2-Anstieg, Erderwärmung sind die Schlagworte unserer Zeit. Es herrscht Konsens darüber, dass wir uns von fossilen Energieträgern verabschieden und eine klimaneutrale Umwelt schaffen müssen. Für den Prozess der Transformation wurden Ausstiegszenarien für Kohle, Erdöl und Erdgas erarbeitet. Die Weltklimakonferenz tagt jährlich, gibt Ziele für die Vermeidung von klimaschädlichen Stoffen vor. Wohin wir uns bewegen müssen, ist relativ eindeutig und klar, ob wir es umsetzen, sehr fraglich.

Betrachtet man alle relevanten Fakten zur Umstellung auf regenerative Energien, wird sehr schnell klar, dass die gesetzten Ziele weltweit, aber auch für Deutschland, nicht erreichbar sind. Nicht erreichbar mit dem zeitlich angedachten Vorgehen. Fakten liefert die Wissenschaft, aber auch die Politik mit Veröffentlichungen der Bundesanstalten, mit Regierungserklärungen und Koalitionsverträgen. Auch Umweltverbände liefern Daten, die das Bild der heutigen und kommenden Zeit gut abbilden. Im Vergleich der Daten und Fakten zeigen sich viele Widersprüche, angedachte Vorhaben schließen sich gegenseitig aus, Konzepte widersprechen sich.

Diese unterschiedlichen Sichtweisen legen schonungslos offen, dass wir unsere Hausaufgaben für eine klimafreundliche Umwelt nicht konsequent erledigen. Dass wir mit breit gestreuten, sonstigen Vorhaben die wohl wichtigsten Aufgaben unserer Zeit verdrängen, verschieben, aus den Augen verlieren.

Die Gründe dafür bleiben dem Normalbürger verborgen. Es ist nicht zu erkennen, ob die verantwortlichen Regierungen die Umstellung auf regenerative Energieträger unter Beibehaltung einer florierenden Wirtschaft nicht umsetzen können, wollen, oder schlicht nicht für wichtig halten. Der ärgste Widerspruch ergibt sich aus der gesetzlichen Festlegung von Zielen zur Begrenzung der Erderwärmung durch die EU, obwohl die hierfür benötigten regenerativen Energien nicht ausreichend zur Verfügung stehen werden. Festgezurrt ohne Abweichungsmöglichkeit, festgezurrt ohne zeitkonformes Vorhandensein von Alternativen zur Energieversorgung, festgezurrt ohne Zusagen der Weltgemeinschaft, gleichermaßen vorzugehen.

Nur ein Paradigmenwechsel, ein grundsätzliches Umdenken hinsichtlich der Umsetzung von Prozessen kann helfen. Wir haben das Wissen und das Können, mit regenerativen Energieträgern unsere Zukunft zu gestalten. Mit der Umsetzung muss nur der Beweis erbracht werden, dass es funktioniert, bevor fossile Energieträger aus dem Rennen genommen werden. Die dafür erforderliche Kompetenz ist auf Seiten der Gesetzgeber nicht erkennbar. Die Nutzung von fossilen Ressourcen bildet derzeit die Grundlage für unser

Wirtschaftssystem, eine Abwendung davon ist mit allergrößten Umwälzungen für unser aller Leben verbunden. Hoffnung für einen wirtschaftlich tragbaren Ausstieg aus fossilen Energien besteht nur, wenn die Weltgemeinschaft sich auf einen zeitlichen Gleichklang für den Transformationsprozess einigt.

Dieses Buch soll mit Lösungsvorschlägen aus der Praxis dazu beitragen, den Blick auf das gesamte Spektrum der Klima- und Umweltproblematik zu erweitern. Denn nur so kann verstanden werden, dass bisher eingeschlagene Wege nicht zielführend sein können. Vereinfachungen sind gefragt, um zeitnah die Ziele zur Klimaneutralität und zur Erhaltung der Biodiversität zu verwirklichen. Vereinfachungen zur erfolgreichen Transformation in das neue Zeitalter eines nachhaltigen, regenerativen Ressourcenverbrauchs.

In Teil I werden die Ursachen von Verschwendung dargelegt und Möglichkeiten aufgezeigt, das Schreckgespenst einer zu hohen Erderwärmung noch abwenden zu können.

Beginnend mit der Wesensart der Verschwendung wird im ersten Abschnitt auf die Auswirkungen unseres Umweltverhaltens eingegangen und die Notwendigkeit aufgezeigt, ein Gleichgewicht zwischen Lebensqualität und Klimaneutralität hinzubekommen.

In Abschnitt zwei wird in einem Vergleich anhand eigener Erfahrungen gegenübergestellt, wie mit Verschwendung in einem sozialistischen und einem kapitalistischen Staat umgegangen wird und was daraus abzuleiten ist.

Im dritten Abschnitt wird ein Vergleich gezogen zwischen den weltweiten und damit auch den deutschen Zielen und dem heutigen Stand des Erreichten. Damit wird deutlich, welchen langen, beschwerlichen Weg wir noch vor uns haben.

Alles hängt mit allem zusammen, die Welt ist ein einziger Handelsplatz, alle Länder der Welt sind mit einbezogen. Dieses komplizierte System zu stören, Länder vom internationalen Handelsplatz auszuschließen, hat katastrophale Folgen. Ganz gewaltig wirken sich solche Folgen auf den Umweltschutz aus, sie gefährden in sehr starkem Maße die Klimaziele. Der vierte Abschnitt begründet, dass Embargos nicht in die heutige Welt passen und gegen internationale Gesetze verstoßen.

Emissionen, der Ausstoß von Kohlenstoffdioxid durch Verbrennung fossiler Energieträger, sind aus wissenschaftlicher Sicht Hauptverursacher des Anstiegs der Erderwärmung. Die EU hat Gesetze zum Gegensteuern festgelegt. Sie belastet die Treibhausgas-Verursacher, Industrie und Gewerbe sowie uns Bürgerinnen und Bürger durch den Erwerb kostspieliger Umweltzertifikate. Die vereinnahmten Geldmittel sollen einerseits Einsparungen fördern, andererseits die Kosten tragen für den Umstieg auf klimaneutrale Vorhaben. Im fünften Abschnitt werden die erwartbaren Veränderungen in der Wirtschaft bei der Umsetzung der EU-Gesetze beleuchtet.

Es gibt sie, die ausgearbeiteten Modelle zur Sicherung einer nachhaltigen Energieversorgung. Sie basieren allerdings auf der Vorstellung, dass die Bevölkerung homogen und gleichförmig auf die Anforderungen reagiert. Diese konforme Einstellung aller Bürgerinnen und Bürger gibt es in unserem Land aber nicht. Die Wiedervereinigung, die Flüchtlingsströme aus den muslimisch geprägten Ländern, die Zuwanderungen aufgrund des Ukrainekrieges und der Trend zur politischen Polarisierung haben zu erheblich unterschiedlichen Lebensplanungen in der Bevölkerung geführt. Mit der Frage, wie für diese Schnittmengen durch die Politik ein einheitliches Zukunftsbild gestaltet werden kann, beschäftigt sich der sechste Abschnitt.

Im siebten Abschnitt werden Empfehlungen zum klimaneutralen Verhalten zusammengestellt und erläutert. Gelingen wird es nur, wenn der persönliche Tagesablauf geplanter, weniger intuitiv abläuft. Unbedachte Verhaltensweisen führen zu Verschwendungen, geplante Tagesabläufe zu einer umweltschonenden Lebensform. Planungsmethoden können dabei die Umstellung hin zu einer neuen Lebensweise erheblich erleichtern.

Die Politik arbeitet nach den Regeln der Volkswirtschaft. Diese ist darauf ausgerichtet, die Bedürfnisse aller Marktteilnehmer zu befriedigen. Die lobenswerte Absicht der Politiker, durch eine Vielzahl paralleler Vorhaben die Ziele zur Klimaneutralität erreichen zu können und gleichzeitig die Lebensgrundlage aller Bürgerinnen und Bürger zu verbessern sowie der Wirtschaft eine erweiterte Infrastruktur zur Verfügung zu stellen, wird nicht gelingen. Das gilt sowohl national als auch für die Vorhaben der EU. Gefragt ist eine Konzentration auf die Erzeugung regenerativer Energien in ausreichendem Maße auch für windstillen und sonnenarmen

Betrieb. Ist klimaneutrale Energie in ausreichendem Maße zu jeder Tageszeit zu erschwinglichen Preisen zu beziehen, lösen sich alle Probleme mit der Verbrennung von Kohle, Öl und Erdgas weitgehend von selbst. Mit einer Hierarchie der Vorhaben, erneuerbare Energien (EE) an oberste Stelle zu setzen und alle weiteren Projekte untergeordnet zu betrachten, ist eine Annäherung an Methoden der Betriebswirtschaft gegeben. Eine durchgehende Planung unter Berücksichtigung aller Projektschritte ist dabei oberstes Gebot. In der Planungsphase muss sichtbar sein, dass das angestrebte Ziel zu erreichen ist, die Bedingungen zur Qualität, zu Terminen und zu Kosten ermittelt und vorgegeben werden. So arbeitet die Industrie, so arbeitet das Gewerbe, so arbeiten Ingenieure, so arbeiten Manager und Unternehmer. Mit einem solchen Strategiewechsel hin zur Betriebswirtschaft lässt sich das Ruder herumreißen. Davon handelt der achte Abschnitt.

Was für den Umweltschutz zu tun ist, wissen wir seit Jahren. Mit der Aufgabe betraut, nach dem politischen Umbruch in Polen eine Autofabrik für die VW AG zu errichten, war die Chance gegeben, mit einer Vermeidungsstrategie alles anders, aber besser zu machen. Umwelt- und Klimaschutz sollten von Beginn mit einbezogen werden.

Voraussetzung war eine Planung des gesamten Prozesses von der ersten Idee des Vorhabens bis zur Auslieferung fertiger Produkte. Alle Aspekte der Unternehmensführung sollten berücksichtigt werden, die strategische Vorgehensweise ebenso wie die Ablauforganisation des Betriebes.

Vermeidungskonzepte für die Praxis vorzuschlagen, in der Praxis umzusetzen erfordert Erfahrung. Erfahrung im Umgang mit Menschen, darin, sie zur Einsicht zu bewegen,

Regeln zur Beseitigung von Verschwendung konsequent umzusetzen und einzuhalten. Dies gilt sowohl für kleine Gruppen als auch für große Organisationen.

In Teil II wird nach der Einführung in einen Unternehmensprozess mit einem autobiografischen Essay die Anwendung von Philosophien zur stetigen Verbesserung und Vermeidung von Verschwendung ausführlich nach erprobtem Muster vorgestellt.

Das allseits verkündete Ziel, die Erderwärmung auf 1,5 Grad Celsius zu beschränken, ist obsolet, da nicht mehr erreichbar. Wir starten in eine ungewisse Zukunft ohne Klarheit über die bevorstehenden Umweltauswirkungen. Die Zeit der Überlegungen ist vorbei, die Zeit des uneingeschränkten Handelns gekommen – jetzt! Schaffen wir die Wende zur klimaneutralen Energieversorgung, schaffen wir auch alle damit verbundenen Probleme, Innovationen kluger Köpfe werden den Weg dahin sicherlich erleichtern. Für die Zukunft stehen uns momentan jedoch nur die neuen Big Five zur Verfügung: Windräder, Solartechnik, Wasserkraft, Biogas und Erdwärme mit Batterien und Wasserstoff als Speicher. Weitere Möglichkeiten sind noch nicht bekannt. Deshalb müssen wir diese Big Five in großem Stil konsequent zum Laufen bringen. Der Transformationsprozess wird Einbußen für uns Bürgerinnen und Bürger bringen, keine Frage. Wichtig ist nur, die Fakten zur Kenntnis zu nehmen: keine politischen Aussagen mit Vernebelung der Tatsachen, keine Ablenkungsmanöver, keine unrealistischen Ideologien. Man kann uns Menschen wesentlich mehr zumuten, als die Politiker um ihre Posten bangend glauben wollen. Das entscheidende

Jahrzehnt ist eingeläutet, um ein Gegensteuern zum bisherigen Verhalten zu erreichen. Damit befasst sich der letzte Abschnitt.

Zum Schluss noch eine sehr persönlich-emotionale Sicht. Noch vom letzten Weltkrieg geprägt, als Kinder die Schrecken von Zerstörungen miterlebt, hat sich unsere ältere Generation eine Resilienz angeeignet, um auch unter schwierigsten Verhältnissen klarzukommen und Positives zu entdecken. Auch wenn die Klimaziele nicht erreicht werden, wird es Lösungen geben, mit veränderten Klimasituationen klarzukommen, uns darauf mit neuen Ideen einzustellen. Eine solche positive Sichtweise vermisse ich heutzutage sehr. Versagensangst und die Sorge um Werteverluste, das Festhalten am bisher Erreichten, rücksichtslos den eigenen Vorteil nutzend kennzeichnet einen wesentlichen Teil der Bevölkerung. Mut macht einzig und allein die Generation der Jugend von heute. Sie hat realisiert, dass sie es sind, die die Umweltveränderungen ertragen müssen, wenn nicht gehandelt wird. Setzen wir auf die Jugend, die sich möglichst frei von Ideologien für einen realistischen Umstieg stark machen wird.

Teil 1

1 – Die Verschwendung in unserer Gesellschaft

Ein Drittel der weltweit produzierten Lebensmittel landet nicht auf den Teller, dient nicht der Ernährung. Die Versiegelung von Ackerflächen für die Ausbreitung der Städte und ihrer Infrastruktur nimmt weltweit rapide zu, Strom und Wärmeenergie wird verprasst, Wälder werden abgeholzt, Moore trockengelegt, Weltmeere verschmutzt, das Klima durch fossile Brennstoffe erheblich belastet.

All das ist abwendbar, wenn wir uns darauf besinnen, was zu einem zufriedenen, glücklichen Leben gehört und was darüber hinaus als Verschwendung vermeidbar ist.

Dafür braucht es Konzepte. Bisherige Strategien, wie die Weltbevölkerung die Zukunft gestalten kann, sind nicht ausreichend aufeinander abgestimmt, Widersprüche reichlich vorhanden.

Praxisfremde Ideologien für eine bessere Welt sind weit verbreitet, aber nutzlos, wenn sie für die Mehrheit der Bevölkerung nicht umsetzbar sind. Schreckensszenarien helfen auch nicht weiter, aus einer Verunsicherung heraus lassen sich Veränderungen kaum widerspruchsfrei durchführen. Ein „weiter so“, von vielen Staaten der Erde rücksichtslos betrieben, ist dabei die schlechteste aller denkbaren Möglichkeiten.

Gefragt ist und vorgeschlagen wird eine machbare Anpassung an die sich verändernden Lebensbedingungen mit möglichen Alternativen zur Lösung der Probleme.

Vermeidungsstrategien im Wandel

Schlüsselerlebnisse sind oft die Treiber, die unsere Sicht auf das Leben verändern.

1993 besuchte ich ein Seminar in Tokyo mit Masaaki Imai, dem Entwickler des KAIZEN, der Zusammenfassung der japanischen Managementphilosophien. Die Vermittlung der Theorie der stetigen Verbesserung wurde begleitet von Fabrikbesichtigungen über mehrere Branchen in kleinen und großen Unternehmen. Und überall das Gleiche: Die Theorie war konsequent in die Praxis übertragen worden. Was bei mir besonders haften blieb, war die absolute Vermeidung von Verschwendung innerhalb der gesamten Organisationen.

Später, als Ingenieur in verschiedenen Führungsfunktionen bei der VW AG, habe ich weltweit Autofabriken besichtigen können. Wir wollten vergleichende Kennzahlen ermitteln, wo und wie unsere Mitbewerber besser sein könnten. Aber das war es nicht, was uns weiterbrachte, sondern dass wir in den Fabriken nicht wiederfanden, was uns das Management präsentiert hatte. Verschwendung allerorts, die Redundanz von Maschinen und Anlagen, umständliche Transportwege, fehlerhafte Teile, die nachgearbeitet werden mussten, hohe Lagerbestände, trotz Rechnereinsatz umständliche Zettelwirtschaft, hoher Verbrauch von Energieressourcen, vernachlässigte Instandhaltung, ergonomisch unausgereifte Arbeitsplätze und oft zu großartige Repräsentationsräume.

Im Vergleich zu dem, was ich in Japan erlebt hatte, zeigte sich eindeutig, dass mit viel weniger Aufwand ein gleich gutes Ergebnis zu erreichen ist. Die KAIZEN-Bewegung, „Der Schlüssel zum Erfolg im Wettbewerb“[35] ist in Deutschland seit 1992 bekannt, die Übernahme der Ideen, vor allem zur Schonung unserer Umwelt, ging in den letzten 30 Jahren nur schleppend bis gar nicht voran. Dabei ist das Wesen des KAIZEN einfach zu verstehen. Aufgelistet werden 7 Arten der Verschwendung,

- Überproduktion, Herstellung und Verarbeitung ohne Abnehmer
- Bestände, zu großes Lager mit späterer Verwendung des Inhalts
- Wartezeiten, Einzeltätigkeiten nicht fließend verbunden
- Bewegungen, ergonomisch fehlerhaft gestaltete Arbeitsplätze
- Transport, zu lange Wege, falsche Anordnung der Zulieferplätze
- Fähigkeiten, ungenutztes Potential der Mitarbeiter
- Fehler, Nacharbeit und Reparatur, fehlerhafte Prozesse

Viele positive Beispiele im heutigen Deutschland belegen, dass mit stetiger Verbesserung der Arbeitsabläufe unter Anwendung der Regeln des KAIZEN, die heute und in Zukunft, wenn auch in abgewandelter Form, ihre Gültigkeit haben, Verschwendung vermeidbar ist. Die „Veränderung zum Besseren" wird oft als Rationalisierung verstanden, eine Ablösung menschlicher Arbeitskraft durch Automatisierung. Das ist es aber ganz und gar nicht. Gemeint sind alle Arbeitsprozesse, ob in der Werkhalle, in der Entwicklung, der Konstruktion, der Planung, des Vertriebes und in den kaufmännischen Büros. Die Anwendung auf ausschließlich industrielle Abläufe trifft aber nicht den Kern des KAIZEN.

KAIZEN gilt für alle Abläufe des täglichen Lebens im dienstlichen und im privaten Bereich, wenn die 7 Arten der

Verschwendung komprimiert werden auf „zu viel angeschafft, aufbewahrt, Zeit vertan, Energien verpulvert, Platz beansprucht, Wege gemacht, Fehler wiederholt".

Diese Denkweise ist in Japan viel stärker kulturell verankert als bei uns. Das fällt einem als Fremder in Japan sofort auf. Eine geplante Bahnfahrt von Tokio nach Yokohama gibt einem zunächst nur Rätsel auf. Man steht auf dem Bahnhof und kann die Hinweisschilder nicht lesen, bedingt durch die ausschließliche Verwendung der Kanji-Zeichen, von denen es offiziell 1.945 gibt, oft noch mit chinesischen Schriftzeichen kombiniert. Schilder in Fremdsprachen gibt es nicht, dafür aber Ziffern, Linien und Pfeile in verschiedenen Farben und Mustern an den Wänden. Zahlen werden mit arabischen Ziffern geschrieben, wie bei uns. Eine Weile versuchte ich, einen Sinn darin zu erkennen. Auf einer Tafel war eine Landkarte von Japan abgebildet, die Städte wurden zusätzlich mit Zahlen versehen. Und dann fiel es mir wie Schuppen von den Augen. Die Kombination von Ziffern, Linien und Farben zeigten auf, wo welcher Zug wohin fährt. Nach diesem System konnte man auch Fahrkarten am Automaten lösen. Wozu also Hinweise in Fremdsprachen? Abfahrtszeiten braucht man nicht, die Züge fahren in sehr kurzen Taktzeiten. Auf den Bahnsteigen sind Markierungen vorhanden, wo bei einem anhaltenden Zug der Türeinstieg ist. Das passt immer genau, denn vor diesen Markierungen bilden sich die Schlangen der Fahrgäste. Gedränge gibt es nur beim Aussteigen. Dann kann es einem als Europäer schon mal passieren, dass man mit dem Strom der Aussteigenden auf dem falschen Bahnhof landet, wenn man sich zum falschen Zeitpunkt in der Nähe der Tür befindet.

Auch der Straßenverkehr wirkt zunächst etwas verwirrend, es herrscht Linksverkehr. Ampeln an den Kreuzungen zeigen für kurze Zeitabschnitte für alle Autofahrer rot. Fußgänger gehen dann kreuz und quer über die Kreuzungsmitte in alle Richtungen. Spart Zeit für alle. Künftig werden die Ampelphasen rot und grün (grün ist dort türkis) auch auf Smartphones angezeigt, das Handy vibriert bei grün.

Hinweise mit Farben und Zeichen gab es auch in Kaufhäusern, Hotels und Gaststätten. Auch die einfachsten Abläufe waren so optimiert, dass es beruhigend wirkte, man sich auch in fremder Umgebung orientiert fühlte.

Das Beispiel Japans zeigt also: Für unser tägliches Leben geht es nicht darum, stets etwas Neues und Bahnbrechendes zu erschaffen oder einzuführen, um Verbesserungen zu erzielen. Es sind die kontinuierlichen kleinen Schritte, bestehende Abläufe und Gewohnheiten zum Besseren zu verändern.

Ein Vergleich mit Japan lohnte sich auch in späteren Jahren, wie wir vor Ort immer wieder feststellen konnten. Mit 125 Millionen Einwohnern liegt die Bevölkerungszahl um mehr als ein Drittel höher als in Deutschland, sie müssen allerdings mit einer Fläche auskommen, die nur unwesentlich größer als die von Deutschland ist. Die nutzbaren Flächen für Industrie, Landwirtschaft und Stadtansiedlungen betragen durch den hohen, gebirgigen Waldanteil nur 32 % der verfügbaren Gesamtfläche, in Deutschland sind es 67 %[1]. Bedeutet also: 40 Millionen Menschen mehr auf der Hälfte der nutzbaren Fläche! Es herrscht Enge, die man nicht nur in den Häuserschluchten der Großstädte spürt, auch in kleinen Städten und bei Zugfahrten über Land wird der Eindruck vermittelt, dass jeder Quadratmeter optimal genutzt wird.

Die wesentlich schlechteren Ausgangsbedingungen wirken sich auch auf die persönlichen Lebensbedingungen der Japanerinnen und Japaner aus. Die Wohnflächen pro Kopf liegen bei 18 qm gegenüber Deutschland mit 47 qm, in unseren Wohngebieten mit Einfamilienhäusern sind es sogar bei 56 qm und mehr. Die Japaner wurden gezwungen, Ideen zu entwickeln, um mit weniger Fläche im Städtebau und in der Industrie auszukommen. Die Reduzierung von Flächenbedarf ist natürlich ein wesentlicher Ansatz zur Ressourcenschonung, gleichzusetzen mit einer Reduzierung der relevanten Umweltbelastung.

Der geringe Flächenverbrauch pro Kopf wirkt sich auch günstig auf Energieverbräuche und Treibhausgasemissionen aus. Der CO_2-Ausstoß, in den Vorjahren bis zu 30% geringer als bei uns, stieg erst nach dem Kraftwerksunfall von Fukushima im März 2011 an – eine Folge des Herunterfahrens der Atomkraftwerke. Als Inselstaat erzeugt Japan seine Energie selbst, den höchsten Anteil daran hatte die Kernenergie mit 55 Atomkraftwerken bis 2010.

Für den Umweltschutz war die Entscheidung, die Energieversorgung mit Nuklearstrom von 25% auf 1,7% der Energieverteilung herunterzufahren, eine Katastrophe. Der fehlende Strombedarf wurde durch Kohle und Erdgas ersetzt, der Ausbau der erneuerbaren Energien blieb überschaubar. Ganz deutlich zeigt sich hier, dass ungeplante, durch Hysterie ausgelöste Entscheidungen, auf keinen Fall das Optimum der möglichen Alternativen zeigen. Parallelen zu Deutschland tun sich auf. Als reine Verschwendung muss der unlogische Ausstieg aus der Kernenergie bezeichnet werden. Die Kraftwerke waren ja nun einmal da, der weitere Betrieb hätte das Entsorgungsproblem der hochradioaktiven Reststoffe nicht wesentlich vergrößert. Auch wenn eine grundsätzliche Abneigung gegen Atomkraftwerke besteht, kann dieser Anspruch auch befriedigt werden, indem keine neuen Kraftwerke dieser Art gebaut werden. Unbegreiflich, dass zulasten der Umweltbelastung durch längeren Betrieb der Kohlekraftwerke diese politische Entscheidung getroffen wurde. Hysterie oder ein Gespür für die Stimmung in der Bevölkerung, um die nächste Wahl gewinnen zu können?

Nun ist Japan allerdings nicht wirklich das Land, welches uns als Vorbild für unsere Lebensweise dienen kann. Stetige Verbesserung heißt für die Beschäftigten in den Industriebetrieben, dass einmal erreichte Arbeitsleistungen zum Standard erhoben werden mit der Erwartung weiterer stetiger Leistungssteigerungen. Wenn es denn so weit geht, dass ein unterschiedliches tägliches Befinden mit Leistungsschwankungen nicht akzeptiert wird, passt es mit unserer Arbeitswelt bestimmt nicht zusammen. Eingriffe in die Persönlichkeit der Werktätigen durch Offenlegung der Leistungserbringung, der Beteiligung an Qualifizierungsmaßnahmen, der Fehlzeiten und der Teilnahme an erzwungenen Abendveranstaltungen sind mit Arbeitspraktiken der westlichen Welt nicht vereinbar. Nichtsdestotrotz zeigt uns der Vergleich zwischen den beiden Ländern die Möglichkeit auf, mit sehr viel weniger Umweltbelastung nach japanischem Vorbild dennoch weiterhin ein angenehmes Leben führen zu können.

Im heutigen Japan sind die Grenzen des Wachstums erreicht, die als beispiellos geltende Wirtschaftsmacht verliert in stetigen Schritten ihre ehemalige Führungsrolle vor allem in der Elektronikindustrie. Umfassende Reformen zur Anpassung an die Anforderungen des Weltmarktes sind nicht zu erkennen, die alternde Gesellschaft wird durch das aufstrebende China förmlich abgehängt. Die ehemaligen Tugenden Japans, mit kreativen Ideen, weltmarkbeeinflussenden Innovationen und deren konsequenter Umsetzung in hoher Produktqualität und mit vertretbaren Preisen eine der führenden Wirtschaftsnationen zu sein, sind verloren gegangen. Auch wenn Toyota mit seinen wegweisenden Produktionssystemen und weit entwickelten autonom fahrenden PKWs zur Weltspitze gehört, bestätigt diese Ausnahme nur den negativen Trend der Industrienation Japan. Wir sollten sehr genau hinsehen, welche Gründe dazu geführt haben, um ein ähnliches Los für Deutschland zu vermeiden. Parallelen sind zu erkennen. Althergebrachtes, was immer funktioniert hat und als Geschäftsmodell lange Bestand und Erfolg hatte, wird irgendwann einmal überholt sein. Das zu spät zu erkennen, Visionen kreativer Köpfe nicht zu fördern, anderen Ländern die Entwicklung umwälzender Technologien zu überlassen und sich durch Zulieferteile von technologiegetriebenen Nationen abhängig zu machen, ist zweifellos der falsche Weg. Unsere freie Wirtschaft und die Wirtschaftspolitik sollten mit einer Analyse der Staaten Japan und China den besten Weg für unsere Zukunft finden, um unseren erreichten Lebensstandard abzusichern.

Auswirkungen unseres Umweltverhaltens

Die Erde bietet Ressourcen, die uns ein Leben in Wohlstand ermöglichen. Das gilt zumindest für den deutschen Durchschnittsbürger. Laut Warenkorb des statistischen Bundesamtes, dessen Wert für Lebenshaltungskosten ständig den Marktpreisen angeglichen wird, gehören zu den privaten Konsum-Ausgaben Wohnung, Verpflegung, Kleidung, Hygiene und Gesundheit, Ausstattung und Haushaltsgegenstände, Transport, Post und Telekommunikation, Bildung, Reisen, Sport und Freizeit und sogar die Haltung von Haustieren. All das können wir uns leisten, ohne die Umwelt sonderlich belasten zu müssen. Tun wir aber nicht. Durch unser überschwängliches Konsumverhalten ist vieles aus den Fugen geraten, viele Fragen bleiben unbeantwortet. Brauchen wir beim Einkauf im Supermarkt 41 verschiedene Sorten Tomaten aus ganz Europa? Habe ich nachgezählt! Benötigen wir Marmelade aus Südafrika, Spargel aus Griechenland oder Spargel vor der natürlichen Erntezeit, unter Plastikfolien gereift? Erdbeeren zur Winterzeit?

Mit unserem täglichen Verhalten haben wir es geschafft, dass die CO_2-Werte durch übermäßige Verbrennung fossiler Energieträger wie Kohle, Öl und Gas aus dem Gleichgewicht geraten sind, die Felder überdüngt und mit Pestiziden zu langfristig weniger Ertrag gebracht werden, Flächenversiegelung und landwirtschaftliche Flächennutzung zu einem Artensterben in nie gekanntem Ausmaß führen, die Wälder unter Wassermangel leiden, die Ozeane mit Plastikmüll verseucht sind.

Nur, was bedeutet das wirklich, welche Auswirkungen erwarten die Wissenschaftler, wenn nicht konsequent gegengesteuert wird? Erschreckend ist die Bilanz der Interviews von Dirk Steffens mit namhaften Wissenschaftlern aus seiner Sendung und seinen Podcasts „Terra X", die in seinem Buch „Projekt Zukunft"[36] zusammengefasst sind. Haben wir bewusst zur Kenntnis genommen, dass unsere landwirtschaftlich genutzten Flächen nur noch 60 Ernten hergeben, mit dem Absterben der Korallenriffe jede dritte Tierart in den Ozeanen vom Aussterben bedroht ist, die Biodiversität täglich dezimiert wird, das Holz in unseren Wäldern als Nutzholz jeglichen Wert verliert, das Ansteigen der Meeresspiegel mit Überschwemmungen ganzer Landstriche uns eine Völkerwanderung ungeahnten Ausmaßes bescheren wird?

Eine Zufallsbegegnung, vor 18 Jahren, am Flughafen in Dresden. Dort traf ich auf Professor Mojib Latif, Klimaforscher und Meteorologe, heute Präsident der Deutschen Gesellschaft Club of Rome und Präsident der Akademie der Wissenschaften Hamburg. Mein Angebot zur gemeinsamen Fahrt mit meinem PKW nach Berlin nahm er an, es war eine sehr unterhaltsame Fahrt.

Damals schon an Umweltthemen interessiert, habe ich fassungslos zugehört, was auf unseren Planeten zukommen kann, wenn wir den Klimawandel nicht in den Griff bekommen. Hitzewellen verbunden mit Waldbränden, unwetterartige Regenfälle mit Überschwemmungen, Artensterben in unbeschreiblichem Ausmaß. Professor Latif hat es vorausgesagt und auch Maßnahmen genannt, was die Wissenschaft empfiehlt, um eine Klimakatastrophe abzuwenden. Geglaubt habe ich es damals nicht, das Thema hat mich aber nicht mehr losgelassen. Sehr bitter ist die Erkenntnis, dass seine Vorhersagen zum großen Teil bereits eingetroffen sind. In seinem neuesten Buch „Countdown"[37] beschreibt er die

Tragik der vertanen Zeit und was jetzt dringend umgesetzt werden muss. Das Zeitfenster ist aber sehr viel kleiner geworden als eben vor zwei Jahrzehnten, wo wir – wir alle – hätten handeln müssen.

Wir sollten wissen, was da auf uns zukommt. Aber wo sollen wir unser Wissen hernehmen? Weil mich die Themen sehr berühren, lese ich viele entsprechende Sachbücher. Diese gibt es zuhauf, manchmal als Bestseller beworben. Als Bestseller wird ein Buch bezeichnet, wenn von der Originalausgabe mehr als 100.000 Exemplare verkauft wurden. Mit „Spiegelbestseller" werden Bücher ausgezeichnet, die mit ihren Verkaufszahlen in der jeweiligen Woche an der Spitze liegen. Nehmen wir an, und das steht in Übereinstimmung mit meinen Beobachtungen, es gibt pro Jahr ungefähr 6 Veröffentlichungen zu Umweltthemen, die in den Buchhandlungen als Neuerscheinungen gesondert ausgewiesen und entsprechend viel gekauft werden. Dann werden sich 600.000 Menschen, vielleicht auch doppelt oder dreifach mehr, mit den Sachthemen auseinandersetzen. Keine große Anzahl verglichen mit der erwachsenen Bevölkerung von 63 Millionen. Im Tenor der Bücher betonen alle Wissenschaftler die verheerenden Auswirkungen des Klimawandels, da sind sich alle einig. Im Detail dagegen widersprechen sich Untersuchungen, was, wo, wann wirklich passieren wird. Die Leser dieser Bücher, ein verschwindend kleiner Teil unserer Bevölkerung, weiß also ein wenig mehr darüber, was passieren könnte. Mit gründlichen Recherchen im Internet, und diese Möglichkeiten sind unwahrscheinlich breit angelegt, ist eine weitere Durchdringung der Themen problemlos möglich. Und wie informiert sich der Rest der Bevölkerung? Da sind zum einen die Politiker, die ihre Themen allgemein und ohne

Tiefenwirkung darstellen, damit in den Nachrichten und Talkshowrunden jeder mitbekommt, dass alles furchtbar ist und sie das Richtige dagegen tun. Es stehen ja Wiederwahlen an. Zum anderen die Tagespresse, die in überregionalen Blättern sehr gut informiert. Je länger die Artikel, desto kleiner jedoch die Interessengemeinschaft, die das wirklich liest. Proteste der Umweltbewegungen zeigen mit Plakaten auf, was verhindert werden soll, was zu tun ist: verkürzt, oft ungesehen. Die Boulevardpresse dagegen verbreitet gerne schlagzeilenbetonte Meldungen über Katastrophen, deren Zuordnung zum Klimaproblem oft schwerfällt. Und dann gibt es die Angebote freier Meinungsäußerungen in den sozialen Medien, die zum großen Teil die ganzen Klimadiskussionen für ausgesprochenen Unsinn halten. Die Frage unserer Zeit lautet daher: Welchen Informationsstand hat die Mehrheit der Bevölkerung und damit einhergehend, wie wird sich die Mehrheit den Anforderungen an eine umweltneutrale Lebensweise stellen?

Dabei werden Wetterveränderungen und Klimaauswirkungen oft durcheinandergebracht. Klimaveränderungen entstehen, wenn sich statistisch erfasste und gemittelte Wetterdaten über lange Zeit für bestimmte Orte der Erde verändern. Die Zusammenhänge zwischen Wetter und Klima, deren Veränderungen und Auswirkungen auf uns Menschen hat Sven Plöger sehr ausführlich erläutert. Sven Plöger ist der Wetterfrosch des deutschen Fernsehens, Diplom-Meteorologe und Autor vieler Bücher. In „Zieht Euch warm an, es wird noch heißer!“[39] beschreibt er, wie weltweit CO_2-Senken vernichtet und CO_2-Quellen immer noch rapide vergrößert werden, Maßnahmen zur Einhaltung nicht ausreichen. Dabei sind CO_2-Quellen die bekannten Aktivitäten wie die

Verbrennung von Kohle oder Erdöl, CO_2-Senken dagegen Prozesse, wie Wälder oder auch Ozeane Kohlendioxid speichern. Daten und Fakten sind so eindeutig belegt, dass es Klimaleugnern schwerfällt, noch Gegenargumente zu finden. Obwohl: Kein Buch für die Allgemeinheit, zu viele Messwerte und Zahlen auf 350 Seiten! Die Politik muss sich darauf einstellen, mit einfachen Maßnahmen zur Weiterbildung das Wissen über die Klimaproblematik unter die Leute zu bringen.

Ursachen der Verschwendung

Verschwendung entsteht bei fehlender, falscher oder zu lascher Planung. Ausnahmslos.

Planung bedeutet, Vorhaben zielgerecht und fehlerlos durchführen zu können, ohne etwas zu vergessen, was man eigentlich hätte tun oder bedenken müssen – eigentlich!

Es ist doch so: Man nimmt sich etwas vor, fängt mit großem Eifer an und damit es schnell geht, vergisst man schon mal das Eine oder das Andere. Natürlich stellt man hinterher fest, was man eigentlich hätte tun müssen. Aber das ist ja auch nicht schlimm, dann bessert man eben nach.

Okay, das Nachbessern kostet Zeit, Geld und Mehraufwand an Material, oft kriegt man es auch nicht mehr so hin, wie es eigentlich hätte sein sollen, aber irgendwie kann man ja auch improvisieren.

Und dann nimmt man sich vor, beim nächsten Mal alles richtig zu machen, von Anfang an alle Schritte genau zu überlegen, was alles erforderlich, aber auch vermeidbar ist. Aber wie war das noch mal beim letzten Mal, wo so vieles schiefgelaufen ist? So richtig weiß man's nicht mehr – also fangen wir erst mal an – wird schon gut gehen.

Geht's aber nicht. Ohne Verwendung eines Planungsprozesses ist kaum zu erreichen, dass an alles gedacht wird, alles richtig abläuft.

Wer an Planung denkt, stellt sich meistens größere Projekte vor. Im privaten Bereich eher Urlaubsreisen, Möbelkauf, Wohnungssuche, Eigenheimbau, Gartengestaltung, Lebensplanung. Weniger beim Einkauf von Lebensmitteln, Kleidung, Restaurantbesuche, Hobbys, Tierhaltung. Aber auch hier wäre Planung der bessere Weg. Wenige emotionale Spontankäufe ausgenommen.

Man kann nicht alles planen, ist oft die landläufige Meinung. Und im privaten Bereich schon gar nicht. Es kommt ja sowieso anders, als man denkt.

Diese Sicht halte ich für grundlegend falsch. Alles, was wir uns vornehmen, ist auch planbar, wenn wir Planung so definieren, bisheriges Wissen für die Zukunft zu nutzen. Mit dem großen Vorteil, sich nur noch um Abweichungen kümmern zu müssen, die nicht vorhersehbar sind. Zur Planung gehört aber auch, Chancen und Risiken für potenzielle Abweichungen zu bewerten. Sind Risiken zu erwarten, die in der Höhe kaum abschätzbar sind, ist es gut, einen Plan B zu haben. Auch dieser Plan sollte ausformuliert sein, als Alternativweg, um zum Ziel zu gelangen.

Gründlichkeit ist gefragt zur Ermittlung vorhersehbarer Ereignisse, Leichtfertigkeit ist auszuschließen. Oft ist es nur Bequemlichkeit, bei Planungen nicht zu berücksichtigen, was bei ein wenig Recherche bekannt sein sollte.

Ein Beispiel. Die Einhaltung eines Termins mit einer längeren Autofahrt. Steckengeblieben im Stau. Konnte man nicht vorhersehen. Wirklich nicht? Bei der Vielzahl an Angeboten für Staumeldungen? Bei der Auswahl an Ausweichstrecken? Bei der heutigen Qualität der Navigationssysteme? Bei der Festlegung des Termins an verkehrsarme Zeiten denken? Bei der Möglichkeit, auf alternative Verkehrsmittel umzusteigen? Zeit für Unvorhergesehenes einzukalkulieren?

Aus angeblichem Zeitmangel ist die Durchführung einer soliden Planung oft nicht möglich, denn Zeit ist Geld und darf nicht vergeudet werden. Wieder so ein Scheinargument.

Oberflächliche oder fehlende Planung führt zu Fehlern, Fehlerbeseitigungen erfordern Zeit.

Die Floskel „Zeit ist Geld“ hat nur ihre Berechtigung, wenn während der „verlorenen“ Zeit Geld verdient werden kann. Zeit vergeht, aber sie geht nie verloren. Die sinnvolle Ausstattung der Zeit gelingt am besten mit einer Planung, die Raum für wirklich Unvorhergesehenes vorsieht.

Bei der hohen Arbeitsbelastung heutzutage geraten viele unserer Mitmenschen in Stresssituationen, die bei sachbezogener Arbeitsplanung fast immer vermeidbar sind. Stress entsteht immer dann, wenn gleichzeitig mehrere unterschiedliche Dinge abgearbeitet werden müssen. Vielfach wird dabei Stress mit viel Arbeit verwechselt, die, gut geplant, auch nacheinander erledigt werden kann.

Bei Arbeitnehmerinnen und Arbeitnehmer sieht die Sache schon anders aus. Wenn der Abteilungsleiter Druck ausübt, vorgegebene Arbeitsziele in nicht machbarer Zeit zu erledigen, entsteht zweifellos Stress. Bei geringerer Konzentration, steigender gesundheitlicher Belastung und der Häufung von Arbeitsfehlern leidet die Qualität des Arbeitsergebnisses fast immer. Fehlerhafte Arbeitsplanung ist auch hier gleich zu setzen mit Verschwendung. Obwohl diese Wirkungen hinreichend bekannt sind, verwundert es doch, dass ganze Organisationen darauf ausgerichtet sind, an Ausbeutung grenzende Arbeitsbelastungen einzufordern.

Gering bezahlte Führungskräfte, denen Grundkenntnisse im Führungsverhalten weitgehend unbekannt sind, werden in hierarchischen Strukturen von wenig qualifizierten Führungskräften angeleitet. Das kann sich bis in Chefetagen fortsetzen, wo nur Ergebnisse nach Kennzahlen abgefragt werden, die Organisation selten durchleuchtet wird. Im

Umkehrschluss gilt aber auch, dass befähigte Führungskräfte sich in fehlerhaften Organisationsstrukturen nicht so einsetzen können, wie sie es für erforderlich und richtig halten.

Als Unternehmensberater, meine mehrjährige Tätigkeit nach Vertragsende bei der VW AG, habe ich Firmen kennengelernt, in denen hervorragend qualifizierte Mitarbeiter der zweiten Führungsebene nicht so arbeiten konnten, wie es der Job verlangte. Fehlende Stellenbeschreibungen, Übertragung von Verantwortung ohne entsprechende Befugnisse, Eingreifen der Chefs in den täglichen Arbeitsablauf ohne Rückdelegation, fehlende Delegation von Unterschriftsberechtigungen. Meistens verbunden mit einer Überbelastung der Chefs, vorwiegend in größeren Unternehmen des Mittelstandes. Dabei entstehen vermeidbare Reibungsverluste. Es sollte die Aufgabe der Chefs sein, fortwährend das Unternehmenskonzept nach Verbesserung zu durchleuchten, die tägliche Umsetzung des Betriebsablaufes aber weitgehend den Mitarbeitern überlassen.

Der Mangel an Arbeitskräften, die schwierig gewordene Beschaffung von Material als Zulieferprodukte, steigende Preise und gestiegener Kundenanspruch bringen Unternehmer leicht in die Situation, sich um das Tagesgeschäft kümmern zu müssen. Zeit für Konzeptüberlegungen bleibt kaum. „Ich kann den Zaun nicht reparieren, ich muss die Hühner einfangen". Umso dringender ist die Delegation von Aufgaben an Mitarbeiter, die als Spezialisten die Tagesjobs meistens besser erledigen können. Angebote für Firmen, sich über Möglichkeiten zu Strukturverbesserungen informieren zu können bzw. beraten zu lassen, gibt es zu Hauf. Mit Managementliteratur und Betriebswirtschaftsbüchern sind Straßen zu pflastern. Empfehlungen zum Beispiel der Offensive

Mittelstand, deren Publikationen über INQA vom Bundesministerium für Arbeit und Soziales gefördert werden, haben nicht den gewünschten Verbreitungsgrad. Zeitmangel der Unternehmer verhindert das.

Professor Günter Faltin von der Freien Universität Berlin stellt den Wert der Ausarbeitung und laufenden Überarbeitung eines unternehmerischen Konzeptes für den wirtschaftlichen Erfolg über jenen von Erfindungen, Forschungsergebnissen und neuer Technologien.[38]

Startups leiden oft darunter, mit neuen Ideen und Produkten nicht den Marktzugang zu finden, weil Konzepte zur Unternehmensstrategie fehlen. Insolvenzen sind an der Tagesordnung, meistens verbunden mit Kosten für die Kassen der öffentlichen Hand.

Firmen mit Unternehmenskonzepten, in denen neben den harten Fakten zur Erreichung einer ausreichenden Rentabilität die sozialen Belange der Mitarbeiter Berücksichtigung finden, stehen meistens besser da. CSR-Mittelstand.de liefert Firmenmuster, wie Corporate Social Responsibility (CSR) als soziales Engagement umgesetzt werden kann und bei richtiger Anwendung ein wirksames Werbemittel für Kunden und potenzielle Mitarbeiter ist.

Die fehlerfreie Durchführung von Projekten in der freien Wirtschaft geschieht meist geräuschlos ohne Aufmerksamkeitswert für die Presse. Dahinter stecken Organisationen mit einem funktionierenden Projektmanagement, bei denen in der Planungsphase kaum Fehler entstehen, nichts vergessen wird, Kosten und Termine im Soll liegen.

Wovon berichtet wird, sind Pleiten, Pech und Pannen. Meistens verbunden mit der Beteiligung der Politik, mit Projekten der öffentlichen Hand.

Es geschieht immer wieder. Politiker möchten ein Projekt öffentlichkeitswirksam mit geringen Finanzmitteln und kurzen Terminen umsetzen. Realitätsbezogene Aussagen von Fachleuten stören da nur. Bestes Beispiel war die Umsetzung des Mautsystems Toll Collect. Die veröffentlichten Termine wurden nicht eingehalten, die Kosten stiegen um das Vielfache. Es entstand der Eindruck, die beauftragten Firmen hätten nicht die Kompetenz zur Errichtung eines sicherlich nicht einfachen Systems. Richtig ist, dass das Mautsystem zu den Kosten und Terminen zum Laufen kam, wie von Fachleuten vorhergesagt. Mit hohen vermeidbaren Zusatzkosten – reine Verschwendung.

Ähnlich verlief es beim Bau der Elbphilharmonie. Auch hier kam es in der Startphase zu unrealistischen Annahmen der Politik. Auch hier addierten sich zu den Herstellungs-Mehrkosten hohe vermeidbare Nebenkosten mit fehlerhafter Planung durch vielfache Änderungswünsche. Allerdings mit einem fantastischen Endprodukt, ein Vorzeigeobjekt für die Hansestadt Hamburg.

Die Motivation der Politiker liegt auf der Hand. Eine Genehmigung für ein Großprojekt zu bekommen, ist umso leichter, wenn Kosten attraktiv und Fertigstellungstermine kurz sind. Wenn es dann anders kommt? Nachtragshaushalte gibt es immer. Konsequenzen für die Verursacher? Keine. Es darf also ruhig mal gelogen werden. Die Regeln der Betriebswirtschaft gelten in der Volkswirtschaft nicht, ein Grundübel zur Erleichterung von Verschwendung.

Im nunmehr schon 49. alljährlich erscheinendem „Schwarzbuch der öffentlichen Verschwendung“ des Bundes der Steuerzahler wird wieder einmal berichtet von unnötigen oder zweifelhaften Ausgaben unserer Steuergelder. Der

Sonderbericht über die unvollständige digitale Staats-Modernisierung wird ergänzt mit weiteren 100 Beispielen von Geld-Verschwendung durch die öffentliche Hand. Brücken, die ohne Straßenanbindung „So-da“ seit Jahren in der Landschaft stehen, Aussichtstürme und Denkmäler ohne Sinn und Zweck zur Erzielung von Fördermitteln, wirkungslose Klimaschutzmaßnahmen und viele Projekte zur Imagepflege der örtlichen Politiker. Explodierende Mehrkosten oft begründet durch falsche oder unvollständige Planung, Änderungen während der Bauphase oder schlichtweg unrealistische Kostenannahmen. Der Return on Investment ist bei fast allen Projekten unberücksichtigt geblieben, Kosten-Nutzen-Analysen sind nicht erkennbar.

Die 50. Ausgabe des Schwarzbuches über die öffentliche Verschwendung enthält als Jubiläumsausgabe neben neuen Steuerverschwendungen auch einen Rückblick auf früher gerügte Vorhaben. Aufgrund der Kritik des Bundes der Steuerzahler haben einige Städte und Gemeinden ihre Vorhaben nachgebessert, um weniger Geld auszugeben. Leider sind das nur einige wenige Ausnahmen.

Die Hauptaufgabe der Politik, Schaden in jedweder Art von der Bevölkerung abzuwenden, tritt dabei oft in den Hintergrund. Profilierungssucht versus Sacharbeit, Prestige-Prioritäten versus Bestandsschutz, Sozialromantik versus leistungsanerkennende Bezahlung von Dienstleistungen – hohes Verbesserungspotenzial!

Überbelastungen kennen wir seit Jahren auch im Gesundheitsdienst. Ärztinnen und Ärzte, Krankenschwestern und Pfleger stehen vor der Aufgabe, sich einerseits intensiv um Einzelpatienten kümmern zu müssen, andererseits aber für alle Patienten da zu sein. Wechsel in andere Berufe häufen sich, Krankmeldungen ausgelöst durch ständige Stress-Situation sind an der Tagesordnung. Die öffentliche Diskussion, dass für das Gesundheitssystem das Geld fehlt, ist der falsche Ansatz. Ein Wechsel der Prioritäten ist angesagt. Es ist nicht zu wenig Geld da, es fehlt an Planung und Analyse – insgesamt sollten die Mittel des Bundeshaushaltes allemal ausreichen.

Die Sozialleistungen des Bundes beanspruchen ein Drittel des gesamten Haushalts, wie Abbildung 1 zeigt.

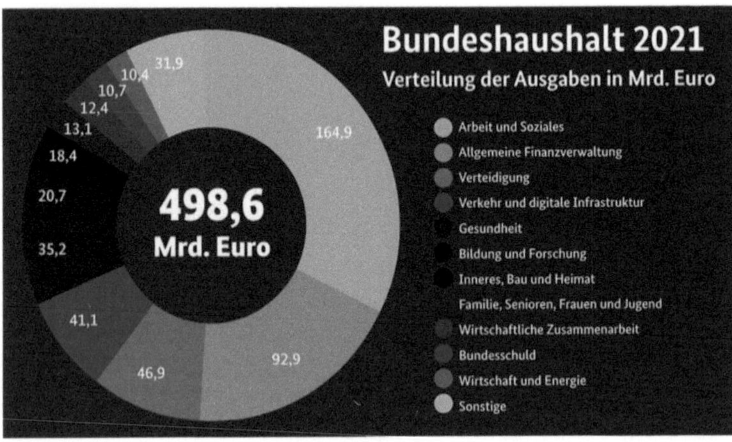

Abb. 1 Quelle: Statistisches Bundesamt Destatis

Das Arbeitslosengeld (Alg II) und das Sozialgeld sind Teil der Leistungen zur Sicherung des Lebensunterhalts und damit Teil der Leistungen zur Sicherung eines menschenwürdigen Existenzminimums. Das Arbeitslosengeld und das Sozialgeld umfassen neben dem Regelbedarf auch die angemessenen Bedarfe für Unterkunft und Heizung, soweit diese Bedarfe nicht durch Einkommen oder Vermögen gedeckt sind. Hinzu kommen gegebenenfalls Mehrbedarfe, die für besondere Lebenslagen wie Alleinerziehung, Schwangerschaft oder bei aus medizinischen Gründen erforderlicher kostenaufwändiger Ernährung berücksichtigt werden[2]. Das ist gut so.

Daran ändert auch die Einführung des Bürgergeldes für erwerbsfähige Hilfsbedürftige zum 1.1.2023 nichts. Es soll die dauerhafte Integration in Arbeit und die Verbesserung der Arbeitsmarktchancen durch Qualifizierung und Berufsausbildung stärker in den Fokus rücken. Das ist ein guter Ansatz, kann aber auch die Ausnutzung staatlicher Hilfen ohne Gegenleistung fördern. Allein durch die Höhe des Bürgergeldes besteht die Gefahr, dass gering bezahlte Arbeitsangebote nicht mehr angenommen werden. Der Regelsatz des Bürgergeldes beträgt 2024 bei einer Familie mit drei Kinder 2.425 €. Zusätzlich erhält der Bürgergeldempfänger die tatsächlichen Kosten für Unterkunft, also Miete und Heizkosten.

Bei einer gleichgroßen Familie, bei der die Ehefrau sich um den Nachwuchs kümmern möchte, sollte der Ehemann in einem Beruf tätig sein, der mindestens 3.500 € netto einbringt, um auch Kosten für Miete, Heizkosten und Versicherungen begleichen zu können. Das wird sehr schwierig, denn 85 % der deutschen Arbeitnehmer verdienen weniger!

Es muss angezweifelt werden, dass alle Leistungsempfänger hilfsbedürftig sind oder bleiben müssen. Was ist mit den vielen jungen Männern aus Krisenstaaten, denen wir eine neue Heimat bieten? Warum wird das Bestreben von Unternehmern, Handwerkern, Geschäftsleuten torpediert, diese Menschen in Arbeit und Brot zu bringen? Warum tun wir uns so schwer, ausländische Qualifikationen und Zeugnisse anzuerkennen? Obwohl wir wissen, dass eine Integration dieser Personen besser gelingt, wenn sie in den Arbeitskreislauf eingebettet sind? Klar, dass dafür Gesetze so anzupassen sind, dass Arbeit sich wieder lohnt. Warum tun wir es nicht? Warum setzen wir Sozialleistungen für arbeitsfähige Bürgerinnen und Bürger so hoch an, dass viele offene Stellen nicht mehr besetzt werden können? Reine Verschwendung von dringend benötigter Arbeitskraft, von Finanzmitteln des Staates.

Die Nutzung der Chancen zur Eingliederung arbeitsfähiger Immigranten, der Erhalt von Vorhandenem, die Sicherstellung der Funktion bestehender Strukturen hat nicht den nötigen Vorrang bei Entscheidungsträgern. Mit neuen Projekten lässt sich in der Öffentlichkeit besser glänzen. Marode Brücken, defekte Straßenbeläge, Schließung von Schwimmbädern, renovierungsbedürftige Schulen, nicht flugfähige Maschinen der Bundeswehr, überschuldete Krankenhäuser und nicht zuletzt viele offene, nicht besetzbare Arbeitsplätze sind die schlimmen Folgen.

Verzicht auf zu viel von allem

Die Ausbeutung und Belastung unserer Mutter Erde muss ein Ende haben. Geredet wird genug, gehandelt wird zu wenig.

Bislang wurden wir von den schlimmsten Auswirkungen unseres Raubbaus am Planeten verschont. An einen Klimawandel zu glauben, den uns die Wissenschaft seit Jahren predigt, fiel daher schwer. Es fehlte der spürbare Beweis, Wetterschwankungen gab es schon immer. Schreckensmeldungen über Trockenperioden, Hitzewellen, Starkregen und Überschwemmungen auch in unseren Regionen bewirken jedoch ein allmähliches Umdenken in unserer Gesellschaft.

Welche Schritte unausweichlich nötig sind, liegt auf der Hand: Den Anstieg der Weltbevölkerung begrenzen mit einer Geburtenregelung weltweit, um Hunger, Seuchen, Kriege, Flucht, Völkerwanderung einzudämmen[3]. Die Nutztierhaltung einschränken, exzessiven Fleischkonsum vermeiden und die Vegetation für Menschen vorhalten. Die Grüngürtel erhalten, Rodung und Baumfällung stoppen, die Flächen für Tierfutteranbau eingrenzen, Naturschutzgebiete schaffen zum Erhalt der Biodiversität. Schadstoffe wie Plastik reduzieren, um die Ozeane wieder sauber zu bekommen. Ressourcen nachhaltig nutzen, vermehrt erneuerbare Energien einsetzen, Recyclingkreisläufe schaffen, Verschwendung vermeiden.

Klingt einfach, die Umsetzung stockt seit Jahren weltweit. Der Beitrag eines jeden Einzelnen, jeder Gemeinde, jedes Bundeslandes und unserer Nation scheint dabei sehr begrenzt. Bei der Umsetzung aller notwendigen Schritte müssten Nachteile in Kauf genommen werden, die durch die Politik nur schwer vermittelbar sind.

Dabei bildet der letzte aufgeführte Schritt die Ausnahme: Verschwendung vermeiden. Hier muss nichts getan, sondern etwas unterlassen werden. Verschwendung vermeiden kann jeder. Bei der Überlegung, was wirklich zu einem lebenswerten Leben gebraucht wird, gibt es einen ganzen Strauß von Dingen, auf die wir wirklich verzichten können.

Der Ansatz dazu ist jedoch völlig anders als das, was wir heute vielfach wahrnehmen: Überproduktionen mit Billigwaren, kurze Nutzungszeiten durch eingeschränkte Qualität, Lieferverkehr rund um die Welt, hoher Anteil an Waren- und Verpackungsmüll, großzügige Flächennutzung für die Infrastruktur, Ausbeutung der Mitarbeiter durch hohen Arbeitsdruck und geringen Löhnen, um auf dem Weltmarkt bestehen zu können.

Ein kurzer Rückblick. Die 3. Industrielle Revolution der 60er und 70er Jahre war aus der Not geboren. Es fehlten Arbeitskräfte und die sich langsam formierende Wohlstandgesellschaft verlangte nach immer mehr Produkten in bester Qualität zum vereinbarten Liefertermin. Steigende Mechanisierungen und Automatisierungen in den Fabriken mit Einsatz der ersten Roboter hatten das alleinige Ziel, die Wünsche der Kunden in ausreichendem Maße zu erfüllen. Die steigenden fachlichen Anforderungen an die Mitarbeiter wurden mit steigenden Löhnen und verkürzter Arbeitszeit mehr als ausgeglichen, Mitarbeiterzufriedenheit war kein Schlagwort, sie wurde gelebt. Der Einfallsreichtum der Ingenieure, um menschliche Arbeitskraft durch Technik zu ersetzen, war beispiellos. Rationalisierungen führten zu höheren

Produktionszahlen und größeren Absatzmengen, die Arbeitsplätze waren sicher.

Erst die späten 70er und die 80er Jahre brachten die Wende. Die Grundbedürfnisse waren gedeckt, die Ölkrise von 1973, an die sich heute kaum jemand erinnert, schränkte nicht nur das Autofahren ein. Überproduktionen standen einem zögerlichen Kaufverhalten gegenüber, Vorruhestandsregelungen in den 90ern und Hartz IV in den 2000er Jahren waren Maßnahmen, um Entlassungen im großen Stil zu vermeiden.

Mit viel Fantasie wurden Dinge auf den Markt geworfen, die, vereinfacht gesagt, keiner brauchte, aber jeder haben wollte. Der Verdrängungswettbewerb setzte ein.

Das World Wide Web mit der Weiterentwicklung der Computer und der Drang nach billigen Produkten öffnete den globalen Markt zunehmend, Billig-Waren aus den asiatischen Ländern überschwemmten die europäischen Märkte, erkauft durch geringe Löhne und rückständige Arbeitsplätze.

Es war der Geist der Zeit, Ingenieursleistungen hierzulande einzusetzen, um durch Automatisierung der Fertigungsabläufe nicht mehr die Produktion zu steigern, sondern Arbeitende in die Arbeitslosigkeit zu schicken. Die stetige Besserstellung der Werkerinnen und Werker, der Mitarbeiterinnen und Mitarbeiter in den sozialen Bereichen, des Verkaufspersonals und der Bediensteten in der Logistik war nicht mehr so zu erkennen, wie es in den 60er Jahren der Fall gewesen war.

Heute, in den 2020er Jahren, müssen wir zu einem Ansatz kommen, der uns die Lebensqualität weitgehend erhält und die Anforderungen zur Eindämmung des Klimawandels berücksichtigt. Das Anspruchsdenken muss sich anpassen, um mit der sich verändernden Welt klarzukommen. Das Corona-

Virus hat überdeutlich gezeigt, dass die Globalisierung mit weltweiten Warenströmen nicht mehr das Optimum zur Versorgung der europäischen Märkte bildet. Die Unterbrechung der Logistikströme führte zu Warenengpässen, die künftig nur durch heimische Produktionen ausgeglichen werden können.

Hierin liegen Chancen und gleichzeitig viele Risiken. Es ist eine heimische Warenwelt aufzubauen, die sich zwar weltweit mit Zulieferteilen und Produkten versorgt, aber auch ein autarkes Überleben sicherstellen kann. Diese Vorhaben wirtschaftlich rentabel unter Berücksichtigung der Klimaziele darzustellen, wird nicht einfach werden.

Lebensqualität versus Umweltschutz?

Jeglicher Überfluss kommt einer Vergeudung gleich. Der Verzicht auf Überfluss im großen Stil, wenn er denn von der Politik richtig vermarktet und von der Mehrheit der Gesellschaft angenommen würde, birgt aber auch die Gefahr des Übersteuerns.

Vermittelt werden kann ein solcher Weg nur, wenn bisherige Angebote des Konsums durch schlankere Angebote unter Verzicht auf Verschwendung ersetzt, dabei aber keine zu starken Einbrüche in die Arbeitswelt, vor allem mit Arbeitslosigkeit, provoziert werden. Es liegt auf der Hand, dass ein solches Vorgehen zu weniger Produkten und zu geringerem Absatz bei den Warenherstellern führt.

Tatsache ist, dass 2021 während der Corvid-19-Pandemie die Reichen immer reicher, die Armen immer ärmer und die Umweltbelastung bis auf kleinere Einbrüche immer höher wurde.

Das beste Beispiel bildet Amazon. Mit einer hervorragend funktionierenden Logistik und einem allumfassenden Internetangebot hat es das Unternehmen geschafft, jegliche Art von Warenbestellung innerhalb weniger Tage auszuliefern, oft schon am nächsten Tag. Die Kunden gehen begeistert auf diese Angebote ein, denn einfacher und bequemer geht es kaum. Hinzu kam, dass die Einkaufsmöglichkeiten in den Geschäften des Einzelhandels durch den Lockdown sehr stark eingeschränkt waren. 2021 erzielte Amazon weltweit einen Gewinn von 33,4 Milliarden US-Dollar gegenüber 2020 mit 21,3 Milliarden US-Dollar[1]. Der entsprechend gesteigerte Umsatz ging dem Einzelhandel verloren. Die Warenanlieferung der Hersteller an die Logistikzentren von

Amazon, die nächtliche Verteilung dieser Waren mit LKWs an die dezentralen Lager, die Verteilung mit Kleintransportern an den Endkunden, und vor allem die Rücklieferung bei falsch bestellten Teilen auf dem umgekehrten Weg mit hohem Verpackungsaufwand – bieten jedoch hohes Verschwendungspotenzial!

Es kann nicht der Weg und das Ziel sein, immer mehr Produkte herzustellen und zu vermarkten, auch wenn sie mit weniger Umweltbelastung behaftet sind. Der Eigenbesitz eines jeden Einzelnen ist zu pflegen und erst am Ende der Gebrauchslebensdauer zu ersetzen. Darauf geht auch das EU-Parlament ein. Es wurden von der EU-Kommission und vom Rat Gesetze vorbereitet, die ein Recht auf Reparaturen von Gebrauchswaren fordern. Damit wären dem Wegwerfwahnsinn endlich Grenzen gesetzt. Für viele Produkte müssen die Hersteller künftig Ersatzteile anbieten und nach Ablauf der Gewährleistungszeit Reparaturen ermöglichen. Das setzt aber voraus, dass Billigangebote durch Waren höchster Qualität ersetzt werden, was zahlreiche Firmen bereits praktizieren. Eventuell freiwerdende Beschäftigte des produzierenden Gewerbes könnten dann als die dringend benötigten Handwerker eingesetzt werden. Der Wandel weg von der reinen Konsumgesellschaft zur Dienstleistungsgesellschaft eröffnet die Chance, vor allem die sozialen Dienste besser zu entlohnen, höhere Preise für diesen Bereich auch in Kauf zu nehmen.

Verschwendung vermeiden ist also mehr, als nur ein bisschen Überfluss einzudämmen. Es ist eine Philosophie, die dem Gedanken des KAIZEN sehr nahekommt. Es ist letztlich der Weg zur Eindämmung der Umweltbelastung, der ohne zu großen Verzicht auf Lebensqualität unmittelbar umgesetzt werden kann.

Sehr unterschiedlich wird dabei der Beitrag unserer Bevölkerungsgruppen im beruflichen Bereich ausfallen: Bei den

- Abgeordneten des Bundes und der Länder, die mit Diäten entlohnt werden
- Mitarbeitern des öffentlichen Dienstes mit dem Staat als Arbeitgeber
- Unternehmern der freien Wirtschaft mit Gewerbebetrieben und den freien Berufen
- Arbeitnehmer als Arbeiter und Angestellte
- Schüler, Studenten, Auszubildende und nicht im Erwerb stehenden

Beginnen wir aber mit dem privaten Bereich. Der Bericht der Bundesregierung 2016 zur Lebensqualität, in dem mehr als 15.000 Bürgerinnen und Bürger durch Befragung eingebunden waren, „berücksichtigt und misst neben dem wirtschaftlichen Erfolg Aspekte wie Gesundheit, Bildungschancen, Zugang zu kulturellen Gütern, Freiheit, sozialen Zusammenhalt, politische Mitbestimmung und Umweltverträglichkeit. Zu den wichtigsten Forderungen gehören Chancengleichheit, Zusammenhalt, Beziehungen zu anderen Menschen, Gleichstellung von Männern und Frauen und die Schließung der Schere zwischen Arm und Reich bei Einkommen, Bildung und Gesundheitsversorgung." Reichtum und Besitz wurden dabei nicht genannt, Lebensqualität aber ausreichend genau definiert.

Studien aus den USA[4] zeigen, bis zu welchem Einkommen ein hohes Maß an Glück und Zufriedenheit erreicht werden kann. Sie kommen zu dem Schluss, dass mit einem

Jahreseinkommen von umgerechnet 70 - 80.000 US-Dollar alle Bedürfnisse befriedigt werden können und eine Steigerung darüber hinaus, meistens durch höhere Arbeitsbelastung, keine Verbesserung der Lebensqualität mit sich bringt.

Ähnliche Untersuchungen gibt es auch für Deutschland. Das durchschnittliche Jahreseinkommen in Deutschland betrug 2021 rund 49.200 € brutto für alle Vollzeitbeschäftigten[5]. Entsprechend niedriger im Vergleich zur USA liegt der Einkommenspunkt zur Befriedigung aller Grundbedürfnisse für einen gesicherten Lebensstandard. Er liegt laut Warenkorb des Statistischen Bundesamtes bei 30.000 € jährlich für die monatlichen Konsumausgaben deutscher Haushalte. Sicherlich, und auch das zeigen mehrere Untersuchungen, kann die Zufriedenheit mit steigendem Einkommen erhöht werden, Garantien dafür gibt es aber nicht. Ausreichend Potential zur Vermeidung von Verschwendung im privaten Bereich sollte ohne wesentliche Einschränkungen vorhanden sein, wenn die Einsicht besteht, es auch zu wollen.

Verschwendungen in Behörden, Verwaltungen und Organen der Verfassung sind hauptsächlich bei der Schaffung, Kontrolle und Durchsetzung von Gesetzen zu beobachten. Im öffentlichen Dienst wird das umgesetzt, was der Staat als Arbeitgeber vorgibt. Sicherlich kann durch die Digitalisierung der Abläufe eine Verschlankung erreicht werden. Über eine Vereinfachung der Gesetze wäre jedoch ein viel größerer Erfolg zu erzielen. Ein drastisches Beispiel ist das deutsche Lieferkettensorgfaltspflichtengesetz[6]. Die Sorgfaltspflichten der Unternehmer erstrecken sich dabei grundsätzlich auf die gesamte Lieferkette – vom Rohstoff bis zum fertigen Verkaufsprodukt. Obwohl es wünschenswert wäre, Menschenrechtsverletzungen durch das Gesetz zu unterbinden, ist der Aufwand für den Nachweis der Leitprinzipien des Gesetzes nur mit unverhältnismäßig hohem Aufwand zu erbringen.

Es ist ein teuflischer Kreislauf. Die Politik mit ihren Abgeordneten des Bundes und der Länder schaffen Gesetze, Verwaltungen schaffen den Rahmen. Die Umsetzung der Gesetze mit zum Teil sehr hohen Kosten und bürokratischem Aufwand haben Bürger und Unternehmen zu gewährleisten, deren Einhaltung wiederum von Verwaltungen kontrolliert werden. Hier Verschwendung einzudämmen, sollte eine der vorrangigsten Aufgaben der Politik sein.

In Unternehmen ist außer dem sozialen Bereich alles Verschwendung, was nicht der Wertschöpfung dient. Dabei ist Wertschöpfung in der Betriebswirtschaft so zu verstehen, dass durch Bearbeitung der Wert eines Produktes, einer Dienstleistung gesteigert wird. Die Haupterfolge zur Vermeidung von Verschwendung sind von den Unternehmerinnen und Unternehmern zu erwarten, da sie im Eigeninteresse die Wirtschaftlichkeit ihres Unternehmens steigern können. Zulasten der Arbeitnehmer sollte es jedoch nicht erfolgen. Verbesserungsprozesse sind nur mit den Arbeitnehmern zu erzielen, gegen sie wird es schwierig und unsozial.

Arbeiter und Angestellte bilden das größte Potential zur Vermeidung von Verschwendung. Eher als die Firmenleitung und das Management sehen und spüren sie Dinge im laufenden Arbeitsprozess, die verbessert werden könnten. Voraussetzung ist ein attraktives Vorschlagswesen, dass es den Mitarbeitern ermöglicht, ihre Vorstellungen zu Veränderungen am Arbeitsplatz einzubringen und dafür Anerkennung zu bekommen. Das muss nicht immer eine

Prämienzahlung sein, oft sind auch Erleichterungen zur Erbringung der täglichen Arbeitsleistung hilfreich.

Von Schülern, Studenten und Auszubildenden sind Eindämmungen von Verschwendung kaum zu erwarten, denn ihnen fehlt das Geld, sich Verschwendung überhaupt leisten zu können. Es sei denn, die Eltern springen ein. Diese Gruppe der nicht Erwerbstätigen ist sehr differenziert zu betrachten. Zum einen sind dort die Jugendlichen vertreten, die mit Protesten für den Klimaschutz eintreten. Zum anderen die Gruppe der Sorglosen, die nicht viele Gedanken daran verschwenden, ihren Müll auf ungeeignete Weise zu entsorgen – vorsichtig ausgedrückt.

Für alle Bevölkerungsgruppen ist nach meiner Meinung die Möglichkeit gegeben, Umweltschutz zu betreiben, ohne wesentliche Einbußen der Lebensqualität hinnehmen zu müssen. Die große Gruppe der Rentner ist dabei sehr unterschiedlich zu sehen. Einerseits die vermögenden Pensionäre, denen Einschränkungen sicherlich nicht schwerfallen. Andererseits die Rentner, die mit ihrem Altersruhegeld nur geradeso über die Runden kommen.

Die gemeinsame Aufgabe aller Bundesbürgerinnen und Bürger wird darin bestehen, die Sinne zu öffnen, um Umweltprobleme überhaupt wahrzunehmen und an deren Lösung mitzuarbeiten.

Der Politik, der Wirtschaft und der Wissenschaft wird viel abverlangt werden, um auf dem Wege zur Klimaneutralität Fortschritte zu erreichen. Sie werden es allein nicht schaffen. Wesentlich ist das Verhalten von uns, den Bürgerinnen und Bürgern zur Erreichung der Klimaziele.

Wir werden durch Eigen-Initiative ohne Zwang der Politik anfangen müssen, uns den Anforderungen der

Klimaneutralität zu stellen. Einerseits durch Verzicht auf jeglichen Überfluss, zum anderen mit den ersten Schritten auf dem Weg, uns autark mit erneuerbarer Energie unter Verzicht auf fossile Brennstoffe zu versorgen.

2 – Mangel kontra Überfluss – ein Ländervergleich

In den 90er Jahren war das Wirtschaftswunder endgültig vorbei, Rationalisierungen waren angesagt. Die Unternehmen beschäftigten sich mit Managementmethoden, die zu besseren Geschäftsergebnissen führen sollten. Die Fachliteratur hatte sich darauf eingeschossen, die weltweit erfolgreichsten Praktiken bekannt zu machen. Die KAIZEN-Methode nach japanischem Muster gehörte dazu.

Die Philosophie der stetigen Verbesserung und Vermeidung von Verschwendung nach japanischem Muster beruht auf einem einfachen Prinzip.

Jede einzelne Person einer Organisation muss das System verinnerlichen und bei allen Tätigkeiten umsetzen. Dazu sind Schulungen in großem Maße erforderlich. Nicht nur auf Werker-Ebene, alle Beschäftigten einschließlich aller Führungskräfte müssen KAIZEN wirklich verstehen und dauerhaft anwenden.

Aber funktioniert das auch mit unserer westeuropäischen Einstellung? Ist ein ganzes, mitunter großes Unternehmen so umzustellen, dass die gesamte Mitarbeiterschaft dieses Denken tagtäglich praktiziert? Und ist es übertragbar auf den privaten Bereich?

Die Erfolge der japanischen Automobilhersteller brachten viele Unternehmen dazu, deren Führungsmethoden zu übernehmen – allerdings mit sehr unterschiedlichen Ergebnissen. Ohne grundlegenden Wandel der Führungsprozesse versickerten sehr bald die Bestrebungen zur Anwendung.

Zeitgleich mit dem Abklingen des Wirtschaftsbooms versuchten viele Unternehmen, mit dem Absturz des Sozialismus im Osten neue Märkte zu erschließen.

Mit dem Erwerb einer nicht mehr konkurrenzfähigen Autofabrik in Polen hatte die VW AG dafür den Fuß in der Tür. Mit der Umstellung der Fabrik auf ein westliches Qualitätsniveau war zeitgleich ein Experimentierfeld gegeben, neue Arbeitspraktiken anzuwenden, die den bisherigen Wegen überlegen waren. Die folgende autobiografische Betrachtung soll dieses Beispiel nutzen, um zu veranschaulichen, wie die Vermeidung von Verschwendung auch in großen Organisationen umgesetzt werden kann.

Wechsel zu neuen Ufern

Ich war Autobauer mit Leidenschaft.

Im Werk Hannover der Volkswagen AG wurde der T4 hergestellt – der „Bully“ in den Versionen Transporter, Bus und Multivan. Ab 1990 erstmals in großem Stil mit Robotern in Transferstraßen. Daran maßgeblich beteiligt gewesen zu sein, erfüllt mich noch heute mit großer Freude.

Unsere Autos besser und produktiver bei gleichbleibendem Beschäftigungsstand herzustellen, war oberstes Gebot. Mit hohem Aufwand an Schulungsmaßnahmen zur Anpassung an die hochmechanisierte Technik war das auch möglich. Mitbewerber aus Japan und China spielten noch keine entscheidende Rolle, Made in Germany war der höchste Qualitätsbegriff. Unsere Produkte wurden sehr positiv vom Markt aufgenommen. In Kooperation mit Toyota fertigten wir zusätzlich den HILUX auf einer Produktionslinie, die wir gemeinsam mit japanischen Planern errichteten. Zusammen mit dem größeren Transporter LT kamen wir mit 16.000 Beschäftigten auf ein tägliches Produktions-Volumen von rund 1.000 Fahrzeugen.

Wir hatten aus unseren bisherigen Erfahrungen und mit dem Wissen über die Herstellungsmethoden unserer Mitbewerber das zur damaligen Zeit mögliche Optimum weitgehend gefunden. Kontinuierliche Verbesserungsprozesse unter Einbeziehung unserer betrieblichen Mitarbeiterinnen und Mitarbeiter brachten uns fortlaufende Produktivitäts- und Qualitätsverbesserungen, wir wähnten uns auf dem richtigen Weg.

Mit einem Wechsel in der Leitung der Nutzfahrzeugsparte gerieten die bisherigen Pläne jedoch ins Stocken. Die

Strategie wurde geändert, die Führung unseres hannoverschen Unternehmens erfolgte nun ausschließlich nach Kennzahlen. Zusätzliche Produktivitätsfortschritte sollten dadurch erreicht werden, weniger Werker pro gefertigtes Fahrzeug einzusetzen. Gelingen konnte das einerseits nur mit einer Verdichtung der Arbeitsintensität, verbunden mit höherer Arbeitsbelastung der Belegschaft. Andererseits mit kostenintensiven Investitionen zur Automatisierung, deren Wirtschaftlichkeit kaum nachzuweisen war. Diese Methodik war mit meiner bisherigen Arbeitsweise nicht vereinbar, eine Trennung vom Unternehmen für mich eine denkbare Alternative.

Ich war ziemlich weit oben angekommen. Bereichsleiter Produktion für Nutzfahrzeuge bei VW. Obwohl sehr arbeits- und zeitintensiv, war es eine reine Freude, täglich diese Berufung zu erfüllen. Das Geld, die soziale Ausstattung, das Ansehen intern und extern, alles stimmte. Trotzdem wollte ich künftig kein Konzept vertreten, welches meinen bisherigen Werten entgegenstand.

Es war die Zeit, in der die VW AG langjährigen Mitarbeitern das Angebot machte, als Frührentner auszusteigen. Mit sehr günstigen Konditionen. Das konnte und wollte ich nicht ablehnen, es passte auch in unsere Familienplanung, mit Abstand vom Arbeitsdruck den vernachlässigten Hobbys nachzugehen: Reisen, Tennis, Ski, Segeln und endlich wieder lesen. Der Übergang in den Ruhestand sollte innerhalb einer Halbjahresfrist möglich sein.

Ein privater Schicksalsschlag machte diese Pläne zunichte. Durch den plötzlichen Tod meiner Frau war es für mich unmöglich, über die Zukunft nachzudenken. In der ersten Zeit nach diesem Ereignis fühlte es sich an, als würde man in einem undurchdringlichen Nebel gefangen sein. Die Trauerarbeit war ein mühsamer Prozess, um zu verstehen, was passiert war. Erst langsam, nach Monaten, kam Licht in die Dunkelheit, wurde deutlich, wie ich das weitere Leben zu organisieren hatte.

Die Arbeit in der Firma war schwer erträglich geworden. Die übliche Arbeitszeit von meistens 10 Stunden und mehr ließ nicht mal die Zeit, um normal einkaufen zu können. Die Läden schlossen um 18 Uhr, den täglichen Bedarf konnte ich nur in Tankstellen decken. Diese Art des Weiterlebens wollte ich nicht fortsetzen.

Die Alternative, allein ohne Job zuhause zu sitzen, war aber keine Lösung. Für einen grundsätzlichen Wandel öffnete sich erfreulicherweise ein Fenster:

Anfang der 90er Jahre gingen die Bestrebungen des Konzerns dahin, im Osten neben Tschechien und der Slowakei eine weitere Fabrik in Polen aufzubauen. Das Unternehmen hatte die noch nicht ausformulierte Vorstellung, dort einmal VW-Transporter für den polnischen Markt herzustellen.

Der neu gewonnene polnische Generalimporteur hatte empfohlen, das POLMO-Werk in Poznan (Posen) zu übernehmen, eine Fabrik für landwirtschaftliche Fahrzeuge ähnlich den heutigen Pick-ups. Das Werk war nahe der Insolvenz, Geschäftsanteile gingen an Gläubiger über. Schrittweise wollte VW diese Anteile erwerben.

Es war eine glückliche Fügung, dass der damalige Vorstandsvorsitzende der VW AG, Dr. Carl Hahn, nach dessen Besuch in Poznan mir in einem persönlichen Gespräch den Auftrag gab, einen kompetenten Manager zu finden, der die marode Fabrik zu einem modernen Fahrzeugwerk mit Eigenmitteln umgestalten könnte.

Meine Entscheidung habe ich nie bereut: Ich wechselte selbst von Hannover nach Poznan.

Ein Start ins Ungewisse

Mein erster Besuch in Polen erinnerte an das Ruhrgebiet früherer Zeiten. Eine stetige Dunstglocke lag über dem ganzen Land, verursacht durch die noch üblichen Kohleheizungen und besonders in den Städten durch die nicht abgasgereinigten Fahrzeuge. Neue westliche Fahrzeuge waren kaum zu entdecken, die Straßen waren mit in Polen produzierten Fiat 126 bepflastert, dem winzigen Fahrzeug, das Polen aus dem Kommunismus gebracht hatte. Und mit den sehr alten LKWs und Bussen, die Rußfahnen hinter sich herzogen.

Es war ein Schock für mich, dass in diesem Land in den Geschäften der Großstadt Poznan fast nichts angeboten wurde. Es gab nur wenige Lebensmittelläden zur Versorgung der Menschen mit dem nötigsten täglichen Bedarf, Haushaltswaren und Kleidung waren kaum zu bekommen.

Wir waren mit einem kleinen Team angereist, um eine Bewertung der Werksanlagen zu erstellen. Das Ergebnis war niederschmetternd.

Die Fabrik war in solch einem Zustand, dass wir nach westlichen Vorstellungen zu dem Schluss kommen mussten: Bulldozer ran, alles platt machen, neu aufbauen. Dafür waren aber keine Geldmittel freigegeben worden. Es blieb nur die Alternative, schrittweise alle Anlagen und Einrichtungen zu erneuern und mit Fahrzeugmontagen für einen Sonderwagenbau zu starten. Dafür lagen Aufträge der polnischen Regierung für den Ausbau von Krankenwagen, Behindertenfahrzeuge und gepanzerten Polizeifahrzeugen vor. Nach ausführlichen Analysen, der Erstellung eines Businessplans mit einer Umsetzungsphase über sechs Jahre und einem Produktionsvolumen von 600 Neufahrzeugen war vorgegeben, was da auf uns zukommen würde. Im Teil II dieses Buches wird der Weg beschrieben, wie mit geringsten Mitteln an Ressourcen letztlich eine voll funktionsfähige Autofabrik entstanden ist.

Zuerst mussten wir aber unser Privatleben in dem für uns neuen Land organisieren. Schon die Fahrt über 560 km von Hannover nach Poznan war mühevoll. Lange Autoschlangen vor der Grenzkontrolle, Wartezeiten bis zu 2 Stunden. Wenig ausgebaute Straßen in Polen mit hohem Verkehrsaufkommen, hauptsächlich durch LKWs. In einem werksnahen Hotel, schön gelegen an einem See in Zentrumsnähe, fanden wir ausreichend ausgestattete Zimmer, ein Restaurant mit doch üppiger Hausmannskost und eine Bar, wo wir unsere Diskussionen über den Ausbau der Firma oft bis in die späte Nacht fortsetzten. Bier und Wodka gab es ohne Limit. Eigentlich war alles vorhanden, was zum Leben gebraucht wurde. Aber welch ein Unterschied zum Westen!

Wir fanden ein Polen vor, das gerade dabei war, sich von einem Einparteienstaat zu einer Demokratie zu wandeln. Die Gewerkschaft Solidarnosc hatte durch landesweite Streiks in Parlamentswahlen die Mehrheit erreicht.

Mit dem Niedergang des Kommunismus im Ostblock und dem Zerfall der Sowjetunion setzte sich langsam bei der Bevölkerung die Einsicht durch, sich auch gedanklich vom Sozialismus trennen zu müssen. Doch erst mit Gründung der Dritten Polnischen Republik und der Anerkennung der Grenzen der Oder-Neiße-Linie durch das wiedervereinigte Deutschland war eine Öffnung zum Westen möglich. Entsprechend nachhaltig waren die Auswirkungen der langen entbehrungsreichen Zeit unter kommunistischer Führung.

Wir hatten in der Anfangszeit unserer Tätigkeit den Eindruck, in einem Land zu leben, indem der Sozialismus noch vorherrschte. Eine freie Marktwirtschaft war in der Realität einfach nicht vorhanden. Die polnische Bevölkerung hatte sich darauf eingestellt, mit dem vorhandenen Mangel von Waren auszukommen, Bestehendes zu pflegen und zu erhalten. Alles, was nicht unmittelbar zu gebrauchen war, wurde zur späteren eventuellen Verwendung aufbewahrt. Gutbesuchte Schrottplätze von Autoteilen und Haushaltsgeräten lieferten Ersatzteile, die mit hohem Einfallsreichtum und Improvisationstalent wiederverwendet wurden. Das damalige Polen war ein Musterland der Vermeidung von Verschwendung.

Sichtbarer Wohlstand war nur bei den Personengruppen vorhanden, die aus dem Ausland kamen. Zeitgleich mit VW kamen viele westliche Firmen in das Land, um mit polnischen Firmen Joint Ventures zu gründen. Joint Ventures als Zusammenschluss zweier Unternehmen zur Gründung eines Tochterunternehmens. Einerseits waren diese Firmen der Anstoß für die Entwicklung einer freien Marktwirtschaft, andererseits waren deren Vertreter die „Reichen“ im Land. Die Kriminalität im Land war hoch, auch das gehörte zum Improvisieren. Entsprechend gefährdet waren die Expatriates fast aller Auslandsfirmen. Unseren wenigen Mitarbeitern aus Deutschland kamen in der Anfangszeit einige! Autos abhanden. Ich hatte mich daran gewöhnt, auch auf bewachten Parkplätzen ein Relais der Motorsteuerung zu ziehen und damit das Fahrzeug zu blockieren.

Als Währung bestand noch der alte Zloty, der erst 2 Jahre nach unserem Start 1:10.000 in neue Zlotys getauscht wurde. Bis dahin waren wir Multimillionäre, da unser Gehalt zum

Teil in Zlotys ausbezahlt wurde. Kaufen konnten wir dafür so gut wie nichts.

Das Hotelleben war auf Dauer nicht zu ertragen. Ich konnte ein einzelnstehendes Haus mit Garten mieten, relativ sicher mit vergitterten Fenstern und mehrfach zu verschließenden Außentüren. Half aber wenig. Eines Abends habe ich beim Aufschließen der Tür wohl Einbrecher verschreckt. Auf der Flucht hatten sie meine persönlichen Wertsachen, in Koffer verpackt, nicht mehr mitnehmen können. Fenstergitter waren aus der Mauer gehebelt, Fensterscheiben zerbrochen. Aber noch am späten Abend hatte meine Sekretärin es hinbekommen, mit Handwerkern aufzutauchen, die die Fensterscheiben ersetzten. Organisations- und Improvisationstalent auch hier. Die zu Vergleichszwecken gewünschte Abgabe von Fingerabdrücken auf der Polizeiwache, inmitten von Straftätern, war äußerst befremdlich. Ab dieser Zeit führte ich stets eine Gaspistole, von der polnischen Polizei registriert, im Handkoffer mit.

Sozialismus versus Kapitalismus

Mit dem Wechsel der Währung und dem Zustrom von westlichen Firmen auch zur Eröffnung von Filialen mit Gebrauchsgütern, kam langsam mehr Wohlstand auf. Arbeitsplätze entstanden, Gehälter stiegen. Polnische Firmen qualifizierten sich als Zulieferer westlicher Firmen, bald auch mit Exporten in alle europäischen Länder. Der EU-Beitritt 2004 mit freiem Handel und dem Wegfall der Grenzkontrollen brachte die Wende zum Kapitalismus. Der Staat nutzte EU-Gelder zum Ausbau der Infrastruktur und zur Freigabe von Exportgenehmigungen weltweit. Ein Aufschwungsphase ähnlich unserem früheren Wirtschaftswunder war eingeleitet.

In der heutigen Zeit ist Polen weit entfernt von einem klimaneutralen Verhalten, von den Zielen und Bestrebungen der EU. Verschwendung ist angesagt, drastischer als in übrigen europäischen Ländern. Das Straßennetz wurde um Schnellstraßen ergänzt, pünktlich zur Fußball-Europameisterschaft 2012 mit der Autobahn von Frankfurt/Oder nach Poznan und von dort in alle Himmelsrichtungen. Viele Waldgebiete und landwirtschaftlichen Flächen wurden dafür geopfert.

Der Autoverkehr hat sich geändert, alte Fahrzeuge sind weitgehend verschwunden. SUVs sind angesagt, je größer, desto besser. Es liegt in der polnischen Mentalität, erworbenen Reichtum auch zu zeigen. Das drückt sich auch in Neubauvierteln aus. Villenähnliche Häuser mit großzügigen Eingangsportalen wechseln sich ab mit komfortablen Reihenhäusern des immer stärker werdenden Mittelstandes. Einkaufszentren in sonst in Europa kaum anzutreffender Größe bieten alles was die Welt so bereit hält, leben im Überfluss. Natürlich gibt es noch Armut zuhauf, im reichen Westen des Landes aber kaum sichtbar.

In Boom-Zeiten der Wirtschaft steigt der Ressourcenverbrauch überproportional, hauptsächlich durch den Verbrauch fossiler Brennstoffe für die Erzeugung von elektrischem Strom. Kohlekraftwerke decken 70% des polnischen Strombedarfs. Gaskraftwerke gibt es kaum, AKWs – bisher noch nicht verfügbar - sollen gebaut werden.

Die bittere Erkenntnis dieses polnischen Aufschwungs ist, dass ungesteuerter Kapitalismus zur Verschwendung führt, die Vermeidung von Verschwendung eher in sozialistischen Staaten mit einem Mangel an Wirtschaftswachstum gelingt. Vorteilhaft waren dagegen der Wechsel auf abgasgereinigte Fahrzeuge, Fernwärme und Erdgasheizungen für Haushalte zur Minderung des CO_2-Ausstoßes.

Trotz der hohen Verschwendung und eines hohen CO_2-Anteils durch Verbrennung fossiler Energieträger hat sich Polen allerdings deutlich zum Vorteil für die Umwelt verändert. Vorbei die Zeit, wo alles Brennbare verheizt wurde und eine rußige Dunstglocke über den Städten schwebte. Vorbei die Zeit, wo jeder nur sein eigenes Leben ohne Rücksicht auf die Umwelt organisierte. Vorbei die Zeit einer ungeordneten Müllentsorgung. Durch Erneuerung und Erweiterung der Infrastruktur ist alles sauberer, ansehnlicher geworden. Neue Gebäude, neue Straßen mit neuen PKW und LKW. Gepflegte Grünanlagen, jegliche Art von Kultur- und Freizeiteinrichtungen wie Sportanlagen, Badelandschaften, Kaffees und Restaurants machen das Leben sehr lebenswert.

Die Erkenntnis muss also lauten: Gebremster Kapitalismus unter Vermeidung von Verschwendung ist notwendig, dann aber einem Sozialismus mit stagnierendem Fortschritt vorzuziehen.

3 – Der Weg zur Klimaneutralität

Mit der Umsetzung von KAIZEN-Methoden und der Einbindung der Mitarbeiterinnen und Mitarbeiter in die Systematik der ständigen Verbesserung war es bei Volkswagen Poznan gelungen, auch die Anforderungen an den Umweltschutz zu erfüllen und den Klimaschutz voranzutreiben. Sicherlich keine Ausnahme für fortschrittlich arbeitende Unternehmen, aber sicherlich auch keine übliche Regel für alle Wirtschafts- und Lebensbereiche.

Wo stehen wir heute, welche Ziele zur Klimaneutralität, zum Lebensstandard und zur Einhaltung der Menschenrechte sind festgeschrieben? Mit einer Bestandsaufnahme reift schnell die Erkenntnis, dass längst nicht alles in trockenen Tüchern ist. Viele Abstimmungen zum gemeinsamen Vorgehen national, europaweit und international stehen noch aus. Dabei gehen die Bestrebungen der verschiedenen Staatengemeinschaften in unterschiedliche, oft noch gegenläufige Richtungen. Gesteuert von wirtschaftlichen Interessen entsteht nicht der Eindruck einer übergeordneten Wertevorstellung zur Erreichung der Klimaneutralität. Die Einsicht zum Handeln ist gegeben, an der Umsetzung hapert es gewaltig.

Zwang zur Veränderung

Der Bund gab mit Planung von 2019 die horrende Investitionssumme von 158 Milliarden Euro für die Infrastruktur frei, rund 40 Milliarden jedes Jahr, davon 8,5 Milliarden € allein für den Straßenverkehr.

Benötigt werden allerdings keine Investitionen in neue Gebäude, neue Straßen, neue Infrastruktur, wenn sie nicht mit Innovationen verbunden sind, welche zur Reduzierung unserer Umweltprobleme beitragen.

Es wurden Anschaffungen für Elektrofahrzeuge subventioniert, die Installation von Ladestationen hinkt hinterher. Erneuerbare Energie wird nicht ausreichend an jedem Ort zur Verfügung gestellt, die erzeugte Energie von Offshore-Windrädern gelangt nicht in den Süden. So wird das nichts.

Was zu tun ist, wissen wir seit Jahren. Eine durchgehende Planung, wie die Elektro-Mobilität in allen Landesteilen funktionieren kann, ist nicht vorhanden. Ist es da ein Wunder, dass sich die Käufer neuer Autos mit der Anschaffung von E-Fahrzeugen schwertun? Keine Aussage dazu, ob die Ressourcen von seltenen Rohstoffen ausreichen, um Batterien in der Menge herstellen zu können.

Es ist die Zeit, wo sich Zukunftsforscher mit Analysen überbieten, mit welcher Technik die größte Wirtschaftlichkeit und die geringste Umweltbelastung erreicht werden kann. Unschwer lassen sich heute, im Jahr 2023, Untersuchungsergebnisse vorlegen, dass sich mit Verbrenner-Motoren die Zukunft besser gestalten lässt als mit E-Autos – und umgekehrt.

Aber die Würfel sind gefallen, das EU-Parlament hat im Juni 2022 beschlossen, ab 2035 keine Neufahrzeuge mit

Benzin- und Dieselantrieb mehr zuzulassen. Damit sind Verbrenner in Europa Auslaufmodelle, der Gesetzgeber setzt voll auf Elektromobilität und damit auf eine für künftige Käufer so wichtige Planungssicherheit. Zugelassene Verbrenner-Fahrzeuge können weiterhin im Verkehr bleiben, bei einer Nutzungsdauer von angenommenen zehn Jahren also bis 2045. Offen bleibt, ob ein Verbrenner-Aus auch weltweit durchsetzbar sein wird.

Bei einer solch gravierenden Umstellung unter Verwendung neuer Technologien im Transport, in der Energieversorgung und in der Infrastruktur zur Erhaltung unserer Lebensqualität sind Diskussionen um den richtigen Weg eigentlich normal. Verwerflich aus meiner Sicht ist die Festlegung von Veränderungen, ohne zu wissen, wie das Ergebnis der Umstellung aussehen könnte. Die Stilllegung von Kraftwerken ohne Ersatz, der Fokus auf Elektroautos ohne Alternativen, die Verteuflung von sauberen Dieselmotoren mit Verbotsandrohung, die Verbannung von Autos aus den Städten, die Umwandlung von Parkflächen in Grünanlagen – keine ausgereiften Ideen.

Es ist zu kurz gesprungen, wenn wir glauben, die vorhandenen Verkehrsmittel durch E-Fahrzeuge 1:1 zu ersetzen, um damit unsere Umwelt und unser Klima zu retten. Verbrenner gegen E-Fahrzeug, SUV gegen Kompaktauto – das sind nur marginale Verbesserungen, die uns nicht weiterbringen.

Mit einer realistischen Zukunftsplanung des Verkehrswesens sollten folgende Problem gelöst sein:

Wie erreichen Menschen, auch mit Behinderungen,

- in den Städten Geschäfte, Arztpraxen, Büros, Kultureinrichtungen, Freizeitzentren
- aus ländlichen Gegenden die Innenstädte
- in ländlichen und stadtnahen Gegenden ihre Arbeits- und Freizeiteinrichtungen
- Geschäftspartner und Urlauber Ziele im In- und Ausland

Wie wird die Logistik

- der Warenanlieferung in den Städten und Gemeinden aussehen können
- der Versorgung der Bevölkerung mit Waren umgesetzt
- für Baustellen und Handwerkerleistungen organisiert

Ein Zielkatalog für die Zukunft ohne vorrangige Antwort, ob Individualverkehr mit PKWs, Warenanlieferungen mit LKWs, Busse, Bahn-, Schiffs- oder Flugverkehr die Probleme lösen werden.

Fakt ist, dass die Bodenschätze als natürliche Ressourcen der Erde endlich sind. Aber auch, wenn die fossilen Reserven noch lange ausreichen: deren Verbrennung führt zur Freisetzung des Treibhausgases CO_2 und als Folge zu einer höheren Erderwärmung. Zukunftskonzepte zu entwickeln, die diesen Umstand nicht berücksichtigen, sind im wahrsten Sinne tödlich, letztlich für alle. Verschwendung pur.

Wir müssen uns schon mal vorstellen, wie die Welt in hundert oder zweihundert Jahren aussehen wird und ob wir dafür die richtigen Wege beschreiten. Es ist nicht vorhersehbar, mit welchen Innovationen die künftigen Generationen aufwarten, um das Leben für alle einfacher, sicherer und eventuell sogar bequemer zu machen. Den Weg dahin dürfen wir nur jetzt nicht versperren.

Mit Umwelt- und Klimaschutz kann Deutschland als kleines Land nicht mit großer Wirkung punkten. Auch wenn 2021 die energiebedingten CO_2-Emissionen pro Kopf in Katar rund 36 Tonnen betrugen, in den Vereinigten Arabischen Emiraten 22 Tonnen, liegen wir immerhin bei 8,09 Tonnen. Noch vor China und damit nach den Niederlanden mit 8,44 Tonnen an der Spitze in Europa[6].

Mit 11,54 Milliarden Tonnen stieß China im Jahre 2019 allerdings absolut die meisten CO_2-Emissionen aus. Damit liegt das Land weit an der Spitze mit einem weiteren zu erwartenden Anstieg durch den Bau mehrerer Kohlekraftwerke. An zweiter Stelle stehen mit deutlichem Abstand (5,11 Milliarden Tonnen) die Vereinigten Staaten von Amerika. 2020 wurden in Deutschland insgesamt 728,7 Millionen Tonnen CO_2-Äquivalente ausgestoßen. Vergleicht man also die absoluten Zahlen, wird schnell deutlich, dass Deutschlands Beitrag begrenzt ist und es ohne die ganz großen Player wie China und die USA nicht funktionieren wird.

„Wir konsumieren und wirtschaften als gäbe es kein Morgen. Die Zeche dafür zahlen unsere Kinder und Enkelkinder. Wir müssen den Raubbau beenden und endlich in den natürlichen Grenzen der Erde leben. Dafür müssen wir unsere Finanz- und Wirtschaftssysteme auf Nachhaltigkeit umstellen", fordert Eberhard Brandes, geschäftsführender Vorstand des WWF Deutschland. Der Staat und die freie Wirtschaft werden das allein nicht schaffen, das Verhalten eines jeden Einzelnen muss sich ändern.

Wenn wirklich verinnerlicht wird, was jeder Einzelne durch Vermeidung von Verschwendung erreichen kann, könnte dies der Weg sein, weniger von allem zu beanspruchen und den eigenen ökologischen Fußabdruck zu verbessern. Davon bin ich überzeugt.

Der WWF rechnet vor, dass die Menschheit bereits am 2. August 2023 alle natürlichen Ressourcen aufgebraucht hatte, die die Erde innerhalb eines Jahres wiederherstellen und damit nachhaltig zur Verfügung stellen kann (der sogenannte „Earth Overshoot Day“). Um mit einer drastischen Reduzierung wieder ins Gleichgewicht zu kommen, wären die Maßnahmen

- Senkung der CO_2 -Emissionen um 50 %, äquivalent 80 Tage
- Verschlankung der Unternehmensprozesse, äquivalent 21 Tage
- 350 Millionen Hektar Wald aufforsten, äquivalent 8 Tage
- Senkung des Fleischkonsums weltweit um 50%, äquivalent 17 Tage
- Senkung der Lebensmittelverschwendung um 50%, äquivalent 13 Tage
- 33% des Individualverkehrs auf öffentliche Transportmittel verlegen, äquivalent 13 Tage[7]

Deshalb sollte jede, jeder seinen ökologischen Fußabdruck kennen, um Verschwendung identifizieren und eliminieren zu können.

Meinen Fußabdruck habe ich gecheckt, ich belaste die Umwelt mit 5,2 t/a. Der Durchschnitt in der westlichen Welt liegt bei 10 Tonnen CO_2, der globale Durchschnitt bei 5 Tonnen. Obwohl mein Wert richtig gut aussieht, dürfte ich bei

Einhaltung des Gleichgewichts des CO_2-Haushalts nur bei 2 t/a liegen. Der Check stammt von ClimateHero.de

Nicht beurteilen kann ich die Richtigkeit bzw. Seriosität solcher Checks, aber die grobe Richtung wird stimmen.

Der WWF kommt zu einem anderen Ergebnis. Auch diesen Check habe ich absolviert und lande bei 9,14 Tonnen CO_2. Der deutsche Durchschnitt liegt bei 12,37 Tonnen, der weltweite bei 6,41. Die Differenz erklärt sich daraus, dass der WWF die durchschnittlichen öffentlichen Dienstleistungen pro Person hinzurechnet, also Arztbesuch, Krankenhausaufenthalt, Behördenauflagen etc.

Kommentar am Checkende: „Nicht schlecht! Damit sind sie deutlich besser als der deutsche Durchschnitt. Würde die gesamte Weltbevölkerung so vorbildlich leben, bräuchten wir nur 2.19 Planeten!“

Meine gravierenden Abweichungen: 2 Fahrzeuge im 2-Personen-Haushalt (noch), Einfamilienhaus als Altbau, Erdgasheizung, Haustier. Meine persönliche Einschätzung zum eigenen Fußabdruck sah vor dem Check viel positiver aus, weil wir vegetarisch leben, regionale Produkte verwenden, kaum Abfälle produzieren, Plastik vermeiden, keine Flugreisen unternehmen, Kreuzfahrtschiffe meiden, nur langlebige Konsumgüter kaufen.

Das Testergebnis zeigt aber überdeutlich, welchen Weg wir noch vor uns haben – weltweit. Dabei nimmt die ärmere Bevölkerung Verschwendung sicherlich völlig anders wahr, als die Bewohner reicher Länder. Der Fußabdruck der Bewohner der USA beträgt bereits 4,8, der von Australien 4,6 und der von Deutschland 2,9 Erden. Dass der Fußabdruck der gesamten Welt bei nur 1,7 liegt, verdanken wir hauptsächlich Indien, Afrika und Lateinamerika, die weit unter 1 liegen.

Tragisch ist dabei die Erkenntnis, dass die armen Länder durch ihre katastrophale Infrastruktur und Klimagegebenheiten überhaupt keine Möglichkeiten und Chancen haben, die Ressourcen ihrer Länder für sich besser zu nutzen.

Der krasseste Gegensatz tritt zwischen dem Persischen Golf und dem Roten Meer auf. Da ist einmal der kleine, aber sehr reiche Staat Katar, der 2022 die Fußballweltmeisterschaft ausrichtete. Mit acht neuen Stadien, alle voll klimatisiert, zu einem Preis von umgerechnet rund 4 Milliarden Euro. Geschätzte Gesamtkosten der WM-Ausrichtung laut Handelsblatt 150 Milliarden Euro, die teuerste Veranstaltung aller Zeiten. Und „gleich nebenan" im Jemen herrscht größte Hungersnot. Es ist nicht zu fassen, dass die Fußballwelt diesen Unsinn mitmachte und die Verschwendung von Ressourcen in diesem hohen Maße zuließ. Wenn dann noch bedacht wird, unter welchen menschenunwürdigen und sicherheitstechnisch nicht zu akzeptierenden Verhältnissen die angeworbenen Gastarbeiter mit Niedriglohn hauptsächlich aus Bangladesch, Indien, Nepal, den Philippinen, Pakistan und Ostafrika die Stadien unter Inkaufnahme vieler Arbeitsunfälle mit Todesfolge errichtet haben, passt ein solches Event nicht in die heutige Zeit. Auch wenn das Ereignis der Fußballweltmeisterschaft im November und Dezember 2022 eine gelungene Veranstaltung war, ein Boykott der Spiele zum Vergabezeitpunkt wäre wirklich angebracht gewesen.

Bei dem Fußabdruck-Vergleich wird gleichzeitig überdeutlich, dass ein Ausgleich zwischen arm und reich erfolgen muss. Die UN Charta der Menschenrechte fordert eine Mindesterfüllung von Lebensbedingungen für alle, „…um in den Genuss der wirtschaftlichen, sozialen und kulturellen Rechte zu gelangen, die für seine Würde und die freie Entwicklung seiner Persönlichkeit unentbehrlich sind“. Das kann nur bedeuten, den Lebensstandard der ärmeren Bevölkerung anzuheben, damit aber deren Fußabdruck, der weit unter 1 liegt, entsprechend zu vergrößern. Wir dürfen nicht darauf hoffen, dass der Anstieg der hauptsächlich armen Bevölkerung zwangsläufig deren Fußabdruck senkt und wir uns weiterhin mit hohem Ressourcenverbrauch gütlich tun. Der „Weltenverbrauch“ der Reichen muss drastisch gesenkt werden.

Festlegung von Zielen

Den ersten völkerrechtlich verbindlichen Vertrag zur Eindämmung des Klimawandels stellt das Kyoto-Protokoll 1997 dar. Es wurde von der Klimarahmenkonvention der Vereinten Nationen angenommen, ist 2005 in Kraft getreten und verpflichtet die beteiligten Staaten, den Ausstoß klimaschädlicher Gase zu senken. In mehreren Folgekonferenzen wurden Grenzwerte für Treibhausgase festgelegt, zuletzt auf der 26. Weltklimakonferenz im November 2021 in Glasgow, um die Erderwärmung auf 1,5 Grad zu begrenzen. Die Konferenz in Sharm El Sheikh 2022 bestätigte das Ziel, einigte sich auf einen Fonds zum Ausgleich für klimabedingte Schäden. Eine Nachschärfung der nationalen Pläne vieler Staaten zum Klimaschutz wurde nicht erreicht, drastische Emissionssenkungen nicht auf den Weg gebracht.

Während es traditionell bei Weltklimakonferenzen vor allem darum geht, dass Staaten sich Ziele setzen, wurde in den letzten beiden Konferenzen darum gerungen, wie diese Ziele zu erreichen sind.

Deutschland will schon 2045 klimaneutral werden und bis 2030 den Treibhausgasausstoß um mindestens 65 Prozent senken, den Kohleausstieg bis 2038 schaffen.

Ziele setzen ist die eine Sache, die andere, deren Umsetzung mit Maßnahmen zu belegen. Und daran fehlt es ganz entschieden, denn bisher wurden alle gesetzten Ziele, abgesehen von den Einflüssen der Corona-Pandemie, nicht erreicht.

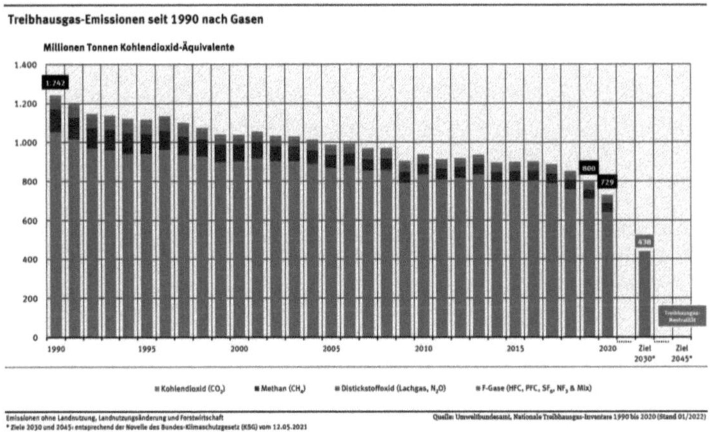

Abb. 2

In den letzten 30 Jahren nahmen die Treibhausgas-Emissionen um 41% ab, von 1.242 Millionen auf 792 Tonnen Kohlendioxid-Äquivalente, wie Abbildung 2 zeigt.

Für die restlichen 59% bleiben nur noch 25 Jahre, wobei „Treibhausgas-Neutralität" ungleich schwerer zu erreichen ist als die bisherigen Schritte zur Einsparung von fossilen Energien.

Überdeutlich zeigen die Daten des Umweltbundesamtes den noch vor uns liegenden Weg, der nur mit konkreten Maßnahmen-Planungen begangen werden kann, um das sehr anspruchsvolle Ziel nicht zu verfehlen.

Erst wenn wir die Verursacher identifizieren, wird klar, wo die Hebel anzusetzen sind.

Hauptemittenten sind die Energiewirtschaft: circa 40%, die Industrie: circa 20%, der Straßenverkehr: circa 15%, die Privathaushalte: circa 10%, die Landwirtschaft: circa 5%. Diese Verteilung könnte zu dem Trugschluss führen, dass

Vermeidung von Verschwendung die Haushalte nur bedingt betrifft, da sie nur mit 10% beteiligt sind.

Die genauere Aufschlüsselung der Verursacher ergibt jedoch ein anderes Bild. Durch unser Verhalten ist alles zu beeinflussen, freiwillig wird es allerdings kaum einer tun.

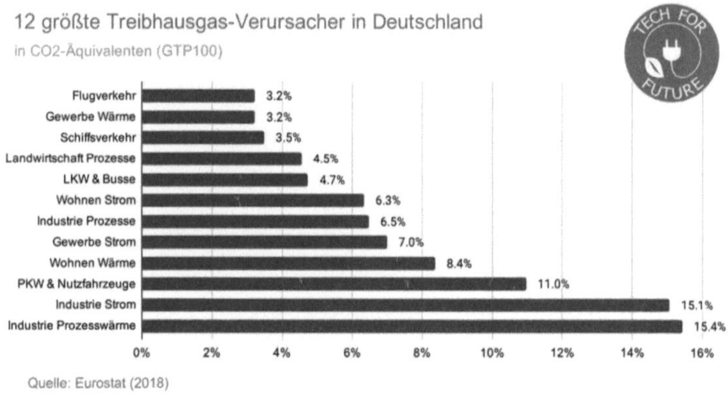

Abb. 3

Von jeder einzelnen Bürgerin, vom jedem einzelnen Bürger lassen sich die Rubriken Flugverkehr, Schiffsverkehr, Wohnen Strom, Wohnen Wärme, und PKW & Nutzfahrzeuge zum großen Teil direkt, die anderen Rubriken indirekt beeinflussen – vorausgesetzt, wenn alle mitmachen.

Der 26. Bericht des Weltklimarates, im Frühjahr 2022 vorgelegt, enthält die Kernaussage, dass bisherige Anstrengungen zum Umweltschutz nicht ausreichen, das Zeitfenster schrumpft. „Die Auswirkungen, die wir heute sehen, treten viel schneller auf und sind zerstörerischer und weitreichender als vor 20 Jahren erwartet“ heisst es. Verheerende Waldbrände, Überschwemmungen, Hitzewellen und schmelzende Polkappen, täglich lesen wir darüber in der Presse. Unsere

Einsicht verändert sich aber nur sehr zögerlich, oft von Scheinargumenten begleitet, dass wir uns doch eigentlich umweltbewusst verhalten.

Dazu fällt mir der Vergleich ein, den Ralf Volke in seinem Buch „30 Jahre Dummheit: Warum wir unser Klima nicht retten“ gezogen hat:

„Stellen Sie sich einmal vor, Sie sitzen in einem Flugzeug und hören folgende Durchsage: Verehrte Fluggäste, leider haben wir bereits vor geraumer Zeit den Punkt verpasst, an dem wir in einen geregelten Sinkflug hätten übergehen müssen, um sanft auf unserem Zielflughafen zu landen. Wir könnten die Landebahn zwar noch immer erreichen, aber dazu müssten wir jetzt einen sehr steilen und damit für alle an Bord sehr unangenehmen Sturzflug einleiten. Das wollen wir Ihnen nicht zumuten, weshalb wir ganz einfach auf Kurs bleiben. Damit werden wir irgendwann zwar unweigerlich abstürzen, aber bis dahin werden Sie noch einen angenehmen Flug haben. Ein absurdes Szenario? Trotzdem ist genau dies die Haltung der Weltgemeinschaft beim Klimaschutz.“

Es bleibt kein anderer Weg, weit höhere Investitionen zum Ausbau der erneuerbaren Energien sind unumgänglich.

Die Bundesregierung wird noch mehr Geld anfassen müssen, um alle als Ziele definierten Vorhaben beschleunigt umsetzen zu können. Kontraproduktiv ist dabei, dass sich andere Felder auftun, die Unsummen verlangen.

Der Krieg in der Ukraine, durch Russland verursacht, bringt uns in die missliche Situation, die Bundeswehr aufrüsten zu müssen. Nach bisheriger Auffassung Verschwendung im großen Stil. Vermeidbar? Nein.

Jahre lang haben wir die Ausgaben für Verteidigung relativ geringgehalten, Äquivalente für Auslandshilfen zu unseren

Ausgabenverpflichtungen hinzugerechnet. Unser Verhalten war darauf ausgerichtet, dass es in Europa ewigen Frieden gibt und die Bundeswehr für lokale Auslandseinsätze gebraucht werden könnte. Einsätze in Afghanistan, Mali und viele andere waren immer nur auf interne Konflikte beschränkt, länderübergreifende Kriege gab es zumindest für die Bundeswehr nicht.

Kriegerische Auseinandersetzung, verbunden mit der Auslöschung von Menschenleben und der Zerstörung von Sachwerten, sind das Allerletzte, was die Welt braucht. Der Einsatz von Waffen und Kriegsmaterial wie Panzer und Flugzeuge sorgt nicht nur für unmäßiges Leid in der betroffenen Bevölkerung, er zählt auch zu den größten Ursachen für Umweltverschmutzung. Einen Konflikt, einen Krieg aus Klimaschutzgründen zu vermeiden, daran denkt in solchen Situationen bestimmt keiner.

Unser menschliches, logisches Verhalten ist so ausgerichtet, dass mit akuten Problemen die schwerwiegenden Probleme verdrängt, auf die lange Bank geschoben werden. Und genau die Zeit scheinen wir nicht mehr zur Verfügung zu haben.

Wenn ich aus dem Fenster sehe, blicke ich in einen grünen Garten, die Sonne scheint, der Frühling kündigt sich an. Belastend sind nur die Presseberichte über einen Krieg, der aus deutscher Sicht noch reichlich weit entfernt ist, aber Auswirkungen auf erneute Flüchtlingsströme und steigende Energiepreise hat. Trotzdem, die Welt hier vor Ort scheint noch in bestem Zustand. Umweltprobleme? Nicht mehr Thema Nummer Eins?

Höchsterfreulich ist deshalb die Tatsache, dass die heutigen Politiker der Ampelregierung 2022 die Ansicht vertreten, mit einer Vorreiterrolle Musterprojekte durchzuziehen, die weltweit Beachtung und Nachahmer finden könnten. Umweltschutz mit wirtschaftlichem Erfolg lässt sich nun mal besser verkaufen als eine Verbotsstrategie.

Wir müssten aber schon wirklich überzeugende Lösungen vorlegen können, um in 193 anderen Staaten eine positive Wirkung zu erzielen.

Dahin sind wir auf dem richtigen Weg. Die Treibhausgas-Emissionen in Deutschland sind 2020 gegenüber dem Vorjahr um 8,9 % gesunken. Das entspricht einer Gesamtminderung um 41,3 % im Vergleich zum internationalen Referenzjahr 1990[8]. Die Einsicht der Politiker und Wirtschaftslenker scheint Erfolge nach sich zu ziehen.

Vorwärts gebracht haben uns zweifellos die Demonstrationen vornehmlich junger Mitbürgerinnen und Mitbürger mit ihren Aktionen zur Vermeidung von Umweltschäden mit sehr unterschiedlicher Wirksamkeit.

Von „Fridays for Future“ mit Greta Thunberg an der Spitze, „Extinction Rebellion“, die „Letzte Generation“, über „Greenpeace“, „Nabu“ bis zur „Deutschen Umwelthilfe“: die Liste ist nicht vollständig, aber bereits lang.

Die Umweltverbände haben es geschafft, allein in Deutschland 1,7 Millionen Mitglieder zu rekrutieren. Nicht mitgezählt die freiwilligen Demonstranten, die sich den Umweltverbänden bei ihren Aktionen anschließen. Es bewegt sich also was!

Nur, was bewegen die Umweltverbände wirklich? Wie tief verankert ist das Umweltbewusstsein bei dem Rest der 80 Millionen Bundesbürger? Wie weit ist das Wissen verbreitet, was ein Übermaß an CO_2-Austoß tatsächlich bewirkt? Dabei ist es einfach, sich zu informieren: Es gibt zahlreiche und einfache Erklärungen, wie CO_2 als Treibhausgas verhindert, dass Wärme von der Erde ins Weltall entweicht und dass ein zu viel davon die Erde übermäßig erwärmt.

Für völlig falsch halte ich Demonstrationen und Aktionen, bei denen Sachwerte zerstört und nicht Beteiligte zu Schaden kommen oder in ihren freien Tagesablauf erheblich beeinträchtigt werden. Auch das ist Verschwendung, damit wird kein Fortschritt erreicht. Gefragt sind gewaltfreie Aktionen, Veranstaltungen, auch Demonstrationen und Aufklärungen über Fakten und Daten.

Schon mit einfachen Grafiken, wie Abbildung 4 zeigt, und mit einer weiten Verbreitung mit Erläuterungen durch die Wissenschaft und die Politik wäre viel gewonnen, um die Masse der Bevölkerung mitzunehmen auf dem Weg, sich an der Vermeidung von Verschwendung zu beteiligen.

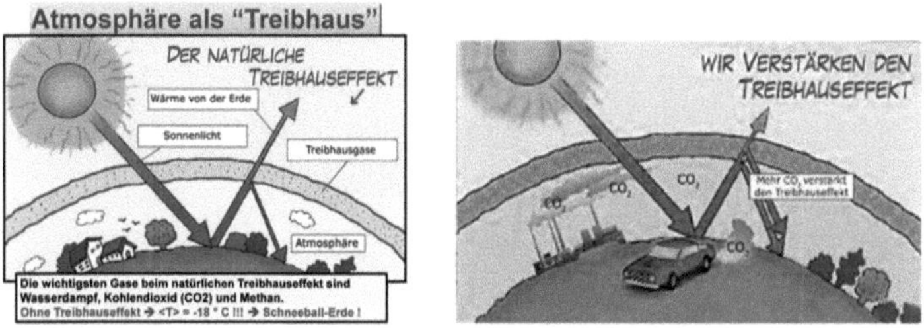

Abb. 4 Quellen:
www.gwk8b2013-14.blogspot.com/2013/11/

Einfachste Lehrprogramme, vom Goethe-Institut in vielen Ländern angewandt, vermitteln das Verständnis zum Umgang mit unseren Umweltproblemen. Theoretisch ist das Klimaproblem leicht zu erklären. Die natürlichen Treibhausgase bilden eine Schicht in der Atmosphäre, um Anteile der Erderwärmung als Reflexion des Sonnenlichts ins All durchzulassen, einen kleineren Anteil zur Erde zurückzubringen. Wird die Schicht durch einen erhöhten Anteil an CO_2 verstärkt, wird weniger reflektiertes Sonnenlicht ins All durchgelassen, die Erde erwärmt sich. Damit ist erklärt, wodurch sich die Erde erwärmen kann, nicht erklärt ist das Ausmaß.

Die Luft besteht zu 78% aus Stickstoff, zu 21% aus Sauerstoff und zu 1% aus Restgasen. Daran ist Kohlendioxid (CO_2) mit 0,0417% beteiligt – eigentlich ist das fast nichts.

Und dieser winzige Wert soll eine Erderwärmung um 1,1 Grad gegenüber der mittleren globalen Durchschnittstemperatur von 14 Grad Celsius bewirkt haben, eine Steigerung um 7,9%? Ein praxisorientierter Normalbürger kann sich ein solches Missverhältnis von Ursache und Wirkung nicht vorstellen, es fehlen greifbare Vergleiche.

0,0417% CO_2 in der Luft entsprechen 417 ppm (Parts per Million). Der Wert lag vor der industriellen Zeit und in vielen tausend Jahren zuvor konstant bei 265 ppm. Es ist also ein Anstieg von 152 ppm CO_2 in der Luft zu verzeichnen! Mit diesem Wert rechnet die Wissenschaft.

Skeptische Bürgerinnen und Bürger als „Klimaleugner" und „Querdenker" zu disqualifizieren, weil ihnen einleuchtende praxisnahe Erläuterungen zur Ursache des Klimawandels fehlen, ist der Wissenschaft anzukreiden. Wir brauchen nachvollziehbare, leicht verständliche Beweise für die Ursache der Klimakatastrophe.

Das CO_2-Budget

Nun ist es nicht so, dass wissenschaftliche Informationen fehlen, um uns die Größenordnung der Klimakatastrophe nahebringen zu können. Absolut hat sich der CO_2-Anteil um 157% erhöht! Das Problem besteht darin, der Masse der Bevölkerung drastisch klar zu machen, was passieren wird, wenn nicht ausreichend schnell die erforderlichen Maßnahmen ergriffen werden.

Leicht zu verstehen ist die CO_2-Uhr des MCC-Berlin[9]. Sie zeigt, wieviel CO_2 noch abgegeben werden darf, um die Erderwärmung auf 1,5 Grad zu begrenzen. Und sie tickt, und tickt und tickt. Das Rest- CO_2-Budget betrugt, ab 2020 gerechnet, noch rund 400 Milliarden Tonnen CO_2, der jährliche Verbrauch beträgt rund 40 Milliarden Tonnen. Wir hätten also nur noch 10 Jahre, um mit 0 Emissionen das 1,5 Grad-Ziel zu erreichen. Da die Kohlendioxid-Emissionen global nicht ab- sondern zunehmen, zeigt die „Schuldenuhr" jedoch nur eine Restlaufzeit von 6 Jahren, 11 Monaten und 10 Tagen an[10].

Das Team der Wissenschaftlerinnen und Wissenschaftler des Berliner Institutes publiziert mit hoher Frequenz in internationalen Fachzeitschriften, entwickelt Lösungen zur Klimakrise und diskutiert diese mit der Politik. Den Schwerpunkt bildet die konzeptionelle Entwicklung langfristiger politischer Maßnahmen.

Bedeutet also, dass unsere Politiker genauestens informiert sein sollten, wie sie zu entscheiden und zu handeln haben. Natürlich weist das Institut auf die Wahrscheinlichkeiten hin, mit denen die Vorhersagen eintreffen können, das wird auch in „Countdown" von Prof. Latif deutlich: „Als

Faustregel können wir festhalten, dass sich der Planet pro 100 Milliarden Tonnen CO_2-Ausstoß um ein knappes halbes Grad Celsius erwärmt. Noch einmal: Man sollte die Zahlen, die sich aus dem globalen CO_2-Budget ergeben, nicht auf die Goldwaage legen, sondern nur als ungefähre Richtschnur begreifen.“ Kann man auch so verstehen, dass das der Rettungsanker ist, auf den sich die Politiker zurückziehen, denn auch das MCC räumt ein, dass viele Unsicherheitsfaktoren bestehen. Als wissenschaftliche Grundlage verwendet das MCC ausschließlich Daten des Weltklimarates, die den gesicherten Stand der Forschung wiedergeben. Die Wissenschaft ist sich sicher, dass die Staaten die Pariser Klimaziele nur einhalten können, wenn die Emissionen weltweit sehr schnell stark sinken. Wir werden uns nicht darauf zurückziehen können, dass es aufgrund der berechneten Wahrscheinlichkeiten wohl nicht so schlimm kommen wird.

Das CO_2-Budget für Deutschland sieht nicht sehr rosig aus. Die Betrachtung des CO_2-Restbudgets ist allerdings ohnehin nicht der richtige Ansatz, um die Last der Verantwortung für die Erderwärmung gerecht zu verteilen. Die Industriestaaten der frühen Jahre, und dazu gehört Deutschland, haben den Grundstein für die Klimakatastrophe erst gelegt. Alles, was seit den Gründungsjahren der Industrie an CO_2 emittiert wurde, ist heute noch in der Luft vorhanden. Der heutige Wert von 417 ppm lag vor der industriellen Zeit und in vielen tausend Jahren zuvor konstant bei 265 ppm. Da dieser bereits 1985 bei 345 ppm lag, waren hauptsächlich nur Europa und die USA dafür verantwortlich, denn die Wirtschaftsleistung in den asiatischen Staaten war bis dato so gering, dass deren CO_2-Emissionen gegenüber heute vernachlässigbar klein waren.

Der CO_2-Wert in der Luft kumuliert sich, jede neue Menge kommt hinzu, null Emissionen führen nicht zum Rückgang der Belastung. Die CO_2-Uhr zeigt für Deutschland schon den richtigen Wert, mehr als 6 Jahre haben wir nicht, um auf null zu kommen.

International liegen die CO_2-Emissionen so hoch – und sie steigen stetig – dass ein Anstieg der Erderwärmung auf 2,4 bis 2,7 Grad wohl zu erwarten ist. Was dann wirklich passiert wissen wir nicht. Die Fachleute befürchten Kipppunkte mit einer Abnahme der Effizienz der natürlichen CO_2-Senken. Das Land mit seinen Grünflächen und das Meer mit seinen großen Flächen zur CO_2-Aufnahme werden durch steigende Temperaturen immer mehr an Aufnahmekapazität verlieren und es könnte eine sich selbst steigernde Erwärmung eintreten, die ohne Technik zur Entnahme von CO_2 aus der Atmosphäre nicht mehr zu beherrschen wäre.

Auch wenn in Deutschland erhebliche Fortschritte zur CO_2-Reduzierung bei der Stromerzeugung erreicht wurden, die Umsetzungsschritte der Planung für eine klimaneutrale Energieversorgung reicht für die Erreichung der Emissionsminderung zur Einhaltung der 1,5 Grad-Grenze nicht aus.

Strommix national/international

Der Strommix zeigt die prozentuale Verteilung der fossilen und der erneuerbaren Energieträger. Einerseits die klima- und umweltschädliche Stromerzeugung mit Steinkohle, Braunkohle, Erdgas und Kernenergie, die bis 2045 auf 0% heruntergefahren werden soll, andererseits die umweltfreundliche Erzeugung mit Windkraft, Photovoltaik, Biomasse und Wasserkraft.

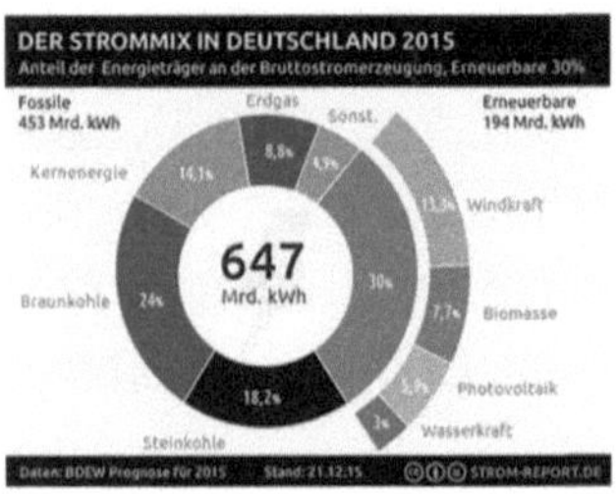

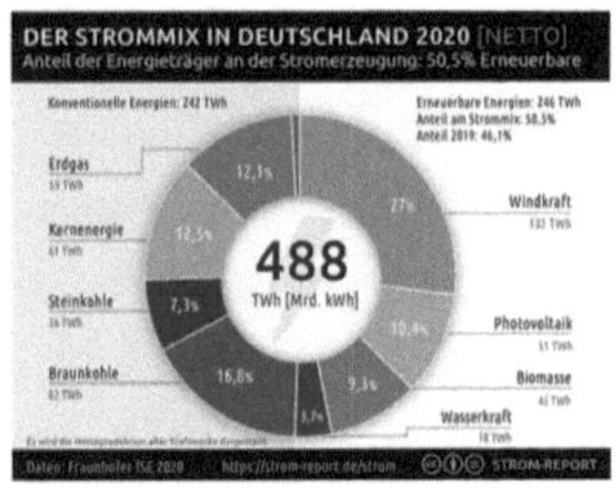

Abb. 5 Quelle: strom-report.de

Der Strommix hat sich von 2015 bis 2020 zwar zugunsten der erneuerbaren Energien mit einem Anteil von 50% verbessert, allerdings bei einem starken Rückgang des Gesamtstrombedarfs auf 75% (siehe Abbildung 5). Der Einbruch ist auf die Schließung vieler Wirtschaftszweige im Rahmen der Pandemie zurückzuführen. Das wird nicht so bleiben. Den tagesaktuellen Strommix veröffentlicht die Bundesnetzagentur. Aktuell beträgt der Verbrauch 67.435 MWh, davon 49% erneuerbare Erzeugung.

Für 2050 wird in unterschiedlichen Szenarien ein Strombedarf von 462 Mrd. kWh bis 788 Mrd. kWh prognostiziert. Eine gewaltige Bandbreite von Unsicherheiten.

Ob wir CO_2-frei werden, hängt ganz wesentlich von unseren Nachbarstaaten in Europa, aber auch vom Verhalten der gesamten Staatengemeinschaft ab.

Zweifellos haben einige unserer direkten Nachbarn erhebliche Vorteile, da sie noch auf Atomstrom setzen. Die EU-Kommission in Brüssel befürwortet sogar in einem (vorläufigen) Strategiepapier die Förderung der Atomtechnologie[11]. Deutschlands radikale Abkehr von der Atomkraft ist in Europa die Ausnahme. Die meisten Länder, die Atomkraftwerke betreiben, setzen auch in Zukunft auf die umstrittene Technologie. Nur 6 der Europäischen Länder haben ein Ausstiegs-Szenario zur Stilllegung der Kernkraftwerke bis spätestens 2035 vorgelegt. Frankreich setzt als größte Atomenergie-Nation der Welt (pro Kopf der Bevölkerung) weiterhin auf diese Energieform.

Auf der 28. Weltklimakonferenz haben sich die Staaten der Erde endlich und gemeinschaftlich zu einer Abkehr von Kohle, Öl und Erdgas bekannt. In Dubai wurde im Dezember 2023 – wieder einmal – an die Staaten appelliert, bis 2050 klimaneutral zu werden. In den Verhandlungen wurde aber auch klar, dass eine Energieversorgung bei stetig steigendem Verbrauch mit der Nutzung von Sonne, Wind und Wasser allein nicht zu schaffen ist. Mehrere Länder, die in den Jahren zuvor einen Ausstieg aus der Atomenergie geplant hatten, machen eine Rolle rückwärts. 22 Länder der freien Welt haben sich mit abgestimmten Plänen vorgenommen, ihre AKW-Kapazitäten bis 2050 zu verdreifachen. Neben USA, Kanada und Japan sind auch die großen Europäer dabei: Frankreich und Großbritannien sowieso, aber auch Schweden, Finnland, Niederlande sowie Polen, Ungarn und

Tschechien. Der politisch gewollte Sonderweg der Bundesrepublik wird international kaum noch verstanden.

Das große Problem der Endlagerung radioaktiver Abfälle wird nicht nur in Deutschland von der Bevölkerung negativ gesehen. Frankreich errichtet in Bure ein Atommüll-Lager für die „Ewigkeit", zumindest für die nächsten 100.000 Jahre. Rückholbar soll der Müll für die nächsten 300 Jahre dort zentral für Frankreich, beginnend 2030, eingelagert werden. Neben Olkiluoto in Finnland ist es bisher erst das zweite Endlager für hochradioaktive Nuklearabfälle weltweit. Begleitet wird der Bau von Protest-Aktionen der Umweltaktivisten, was den Einsatz eines riesigen permanenten Polizeiapparates bedarf.

Mit einer Energiesicherheitsstrategie setzt Großbritannien in großem Maße auf Kernenergie. Geplant sind 8 neue Atomreaktoren bis 2030, davon bereits eine in der Grafschaft Somerset im Bau, eine weitere in Suffolk in der Planungsphase. 25% des erwarteten Strombedarfs sollen damit gedeckt werden. Mit kleinen modularen Reaktoren des Konzerns Rolls-Royce plant die Regierung, die Übergangszeit nach der Stilllegung alter Kernkraftwerke und während dem Aufbau neuer Werke zu überbrücken. Wie die Endlagerung der Nuklearabfälle vor sich gehen soll, davon ist in der Öffentlichkeit nicht viel bekannt.

Bis auf Finnland betreiben alle Kernkraftwerk-Nationen der Welt bisher nur Zwischenlager für Atommüll, arbeiten aber mit Untertage-Forschungszentren an Möglichkeiten zur Endlagerung. Und fast überall haben sie das bestehende Dilemma überwunden: Die Abwägung des Vorteils einer CO_2-freien Stromerzeugung gegen den erheblichen Nachteil der Reststoff-Entsorgung. Obwohl eine Renaissance der

Kernenergie nicht zu erwarten war, setzen immer mehr Nationen auf Atomkraftwerke.

Der deutsche Sonderweg dagegen bedeutet, die von der EU gesetzten Ziele zur Klimaneutralität ohne Atomkraftwerke zu erreichen. So langsam hat die Bundesregierung erkannt, dass die Speichertechnologie noch nicht soweit ist, um Dunkelzeiten überbrücken zu können. Sie hat sich 2024 auf eine Strategie zum Bau neuer Kraftwerke geeinigt. Mit Gas sollen sie starten und später mit Wasserstoff betrieben werden. Die neuen wasserstofffähigen Gaskraftwerke sollen im ersten Bauabschnitt eine Gesamtleistung von 10 Gigawatt erreichen. Diese Leistung hätten auch die vom Netz genommenen Atomkraftwerke erbracht – CO_2-frei.

Die weltweite Stromerzeugung erfolgt noch heute zu rund 70% aus fossilen Brennstoffen, die Kernenergie ist mit rund 9% beteiligt. Erneuerbare Energien wie Wind (ca. 8%), Solar (ca. 4,5%), Wasserkraft (ca. 8%) und Erdwärme (ca. 0,5%) erreichen nur einen Anteil von 21%, obwohl sich dieser Wert zugunsten der Erneuerbaren ständig nach oben verbessert.

Bemerkenswert ist, dass es keine verlässlichen Angaben über den Energiemix der Länder gibt. Das ist sehr wahrscheinlich dem Umstand zuzuschreiben, dass die Staaten ihre Anstrengungen auf dem Weg zur Klimaneutralität gerne schönen. Auch tun sich viele Länder, besonders die von Fernost, schwer, Aussagen über die weiteren Schritte belastbar für Kontrollen darzustellen.

China bildet dabei die Besonderheit, dass die chinesische Wirtschaft konsequent auf überdurchschnittliches Wachstum ausgerichtet ist. China verfolgt unumwunden das Ziel, die USA als bisherige größte Wirtschaftsmacht zu überflügeln. Das kann nur einhergehen mit drastischen

Steigerungen des Energieverbrauchs. Kohlekraftwerke sind im Bau, es werden noch viele folgen. Neben erneuerbaren Energien hauptsächlich mit Photovoltaikanlagen werden Erdgas, Erdöl und auch AKWs zur Stromerzeugung genutzt.

Um sicherzustellen, dass der Westen als Kunde erhalten bleibt, hat China die Logistik zur Warenlieferung wesentlich verbessert. Unter anderem mit dem Ausbau und Betrieb zugekaufter Hafenanlagen und Häfen im Ruhrgebiet, wo bereits 80% der 1400 Züge, die jährlich nach Europa fahren, in Duisburg umgeschlagen werden. Mit dem Ausbau der neuen Seidenstraße als zusätzlicher Verkehrsweg sollen Lieferengpässe, verursacht durch Unterbrechung sonstiger Lieferketten, vermeidbar werden.

Nun muss man sich die neue Seidenstraße nicht so vorstellen, dass nur Straßen und Bahntrassen von China nach Europa verbessert und erneuert werden. Die neue Seidenstraße ist ein gigantisches Projekt, um alle Länder der Welt mit besseren Verkehrswegen und Umschlagplätzen an China anzubinden. Bereits mit 140 Ländern sind Verträge darüber abgeschlossen worden, die Infrastruktur in den Ländern mit chinesischen Investitionen entsprechend anzupassen. Im Klartext: Bereits 70% der Welt gehören zur Seidenstraße. Dem Bestreben des Westens, durch den Aufbau einer autark funktionierenden Produktion von Waren unabhängiger von China zu werden, wird konsequent und mit großem Erfolg entgegengewirkt. Europa und viele andere Teile der Welt sind bereits von Produkten aus China abhängig, speziell von Hightech-Produkten, die aus anderen Ländern nicht mehr zu beschaffen sind. Damit das auch so bleibt und noch ausgebaut wird, kauft China sich in großem Stil in Firmen ein, meistens als Direktinvestitionen, um auch das Sagen in diesen Firmen übernehmen zu können. Dabei geht es nicht nur darum, Zugang zu Gewinnen zu bekommen, sondern vor allem auch darum, Know-how abzuschöpfen. Viele deutsche Firmen werden bereits durch chinesisches Kapital gesteuert, immerhin ist China der wichtigste Auslandsinvestor der Welt. China gibt mit 235 Milliarden Dollar mehr Geld aus als die USA und Deutschland zusammen. Allein in dem Spitzenjahr 2017 kauften sich die Chinesen mit 13,7 Milliarden Dollar in 54 deutsche Firmen ein. Das ganze Ausmaß der chinesischen Initiativen ist von dem Wirtschaftsredakteur der FAZ, Christian Geinitz, untersucht und beschrieben worden, der von 2009 bis 2014 aus Peking berichtete. Sein Buch „Chinas Griff nach dem Westen. Wie sich Peking in unsere Wirtschaft einkauft“ lässt nicht hoffen, dass sich China mit den weltweit umfassenden Aktionen zur Erreichung eines weiteren Wirtschaftswachstums groß um den Fortschritt zur Klimaneutralität kümmern wird. Der Energiehunger der Volksrepublik wird sich bis 2030 verdreifachen. Die Vorhaben Chinas zur Reduzierung fossiler Energieträger wirken da eher wie ein Lippenbekenntnis.

Gänzlich anders liest sich allerdings die Einschätzung durch den Club of Rome aus dem Jahr 2018: „Der größte Energieverbraucher, China, wird zum weltweit führenden Land für erneuerbare Energien.“ Die installierte Solarkapazität wurde innerhalb von nur vier Jahren um das Zwanzigfache erweitert, bis 2050 will China 80% seines Energiebedarfs aus erneuerbaren Energien beziehen. China hat angekündigt, dass es beabsichtigt, eine „Ökologische Zivilisation“ zu werden. Wohlgemerkt: beabsichtigt.

In Europa sieht das anders aus. Das Portal für Erneuerbare Energien[12] zeigt auf, dass die klimaneutralen Energien im

Strommix mit 38 % die Erzeugung aus Kohle und Gaskraftwerken mit 37 % in 2021 bereits leicht übertrafen. Erreicht wurde dieser positive Trend durch eine Verdoppelung der Solar- und Windstromerzeugung seit 2015.

Auch wenn diese Werte sehr hoffnungsvoll klingen, reicht das immer noch nicht aus, um die Ziele europaweit bis 2050 zu erreichen.

Das Dilemma unserer heutigen Zeit

Die Energieversorgung für die Zukunft ist gesichert. Wind und Sonne gibt es überall auf der Welt. Die Technik ist vorhanden, diese erneuerbaren Energien zu nutzen und die Ausbeute, der Wirkungsgrad wird sich stetig verbessern lassen. An vielen Orten der Erde kann Wasserkraft genutzt werden, andernorts sind Biomassen für Biogasanlagen verfügbar. Wir werden fossile Energiequellen nicht mehr benötigen, der Ausstoß von klimaschädlichen CO_2-Gasen kann vermieden werden.

Nur zeitlich passen die Ablösung fossiler Brennstoffe und der Ersatz durch erneuerbare Energien überhaupt nicht überein. Wir werden es mit der derzeitigen Vorgehensweise nicht schaffen, mit der gleichen Geschwindigkeit Solaranlagen und Windräder zu installieren, mit der wir CO_2-emitierende Kraftwerke herunterfahren und abschalten müssen. In den 80er Jahren war die Zeit mal da, wir haben sie nutzlos verstreichen lassen. Einerseits müssen wir auf das Tempo drücken, um einen weiteren Anstieg klimaschädlicher CO_2-Emissionen zu vermeiden, andererseits ist kein umfassender Plan vorhanden, wie wir den Endausbau an Solaranlagen und Windrädern zeitlich umsetzen können. Weltweit versteht sich! Anregungen für ein „Man könnte, sollte, müsste" sind genügend vorhanden, aber ohne konkrete Zeitplanung über die ganze Bandbreite einer Projektabwicklung wird das nichts. Ein besonders eindrückliches Beispiel für die Notwendigkeit konkreter Planungen ist der Vergleich der Errichtung des Berliner Flughafens BER mit der Errichtung der Autofabrik von Tesla in Berlin-Brandenburg. Hier die unausgereifte Planung mit ständigen späteren Korrekturen, dort eine umfassende abgeschlossene Planung als Teil einer Projektabwicklung mit detaillierter Zeitvorgabe. Hier die Bauzeit von 14 Jahren mit ständigen Veränderungen, dort die Ausführung strikt nach Plan in 2 Jahren bis zum Produktionsanlauf. Dabei ist Tesla kein Einzelfall, Volkswagen ist ein vergleichbarer zeitlicher Ablauf gelungen mit einer neuen Transporter-Fabrik in Polen im Jahr 2016 und mit ähnlichen Projekten weltweit. Diese Intensität einer Projektabwicklung wäre auch beim weiteren Ausbau erneuerbarer Energien wünschenswert.

Den Club of Rome gibt es seit 1968. Industrielle und Wissenschaftler setzten sich zusammen, um über das Schicksal der Menschheit nachzudenken. Es wurde der Versuch unternommen, mit mathematischen Modellen die Zukunft auszurechnen. Das führte zu viel Kritik und Zurückweisung solcher Methoden. Trotzdem wurde 1972 die Veröffentlichung des Buches „Die Grenzen des Wachstums" („The Limits to Growth") ein Welterfolg, die Diskussion um eine klimaneutrale Welt war angestoßen. Den Club of Rome gibt es noch heute. 50 Jahre nach der Gründung denkt der Club mit internationalen Arbeitsgruppen über das Klima und die Notlage des Planeten, über die Gestaltung der Finanzmärkte und der Ökonomie nach. Zum 50-jährigen Jubiläum wurde „Wir sind dran" von Ernst Ulrich von Weizsäcker veröffentlicht, in dem über 30 Autoren des Club of Rome Anregungen für eine klimaneutrale Welt geben. Auch wenn in den letzten Jahren viele Erfolge zum Einsatz erneuerbarer Energien erreicht wurden, die Planungsgeschwindigkeit und -genauigkeit, vom Club of Rome angestoßen, ist in der Umsetzung eine reine Katastrophe!

Den „European Green Deal“, ein 2019 vorgestelltes Konzept, in der EU die Treibhausgas-Emissionen bis 2050 auf null zu reduzieren und als Kontinent klimaneutral zu werden, ist ein nettes Konzept, von Planung wird dabei aber nicht geredet.

Das Dilemma wird immer deutlicher: Schnelle Stilllegung fossiler Energieträger, zu langsamer Ersatz durch erneuerbare Energien. Durch den Krieg Russlands mit der Ukraine und den damit einhergehenden Sanktionen vor allem der westlichen Welt gegen Russland erfolgte fast erwartungsgemäß die Reaktion Russlands: Die Einschränkung der Gaslieferung gegen Null durch die Nordstream-Pipeline 1. Deutschland kann den Stopp nur verkraften durch Aufkauf anderer Gaslieferungen aus Europa und weltweit sowie die Wiederinbetriebnahme von Kohlekraftwerken. Ein Gegenhalten durch die Erhöhung des Anteils klimaneutraler Energieträger am Energiemix ist kurzfristig nicht möglich. Die Zeitvorstellungen passen mit der bisherigen Vorgehensweise einfach nicht überein.

Bisher verglichen wurde die Stromerzeugung fossiler Energieträger mit klimaneutralen Energien. Dabei stehen Deutschland und Europa mit annähernd 50% erneuerbaren Energien gar nicht so schlecht dar (siehe Abbildung 6).

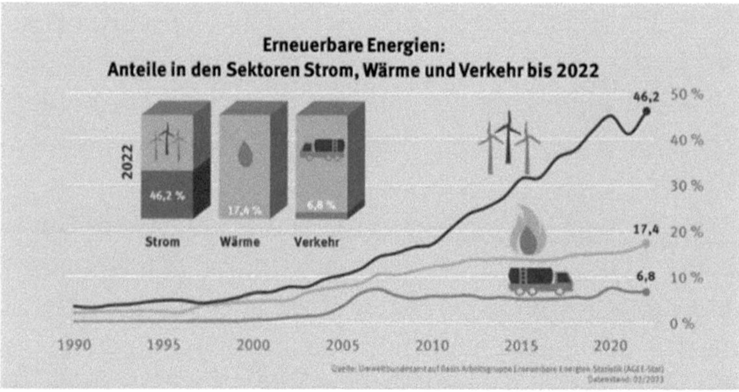

Abb. 6

Der Vergleich führt jedoch in die Irre, wenn der gesamte Energieverbrauch betrachtet wird. Der Verbrauch von Erdgas für Heizungen und von Erdöl für Verbrennungsmotoren zur Aufrechterhaltung von Transport und Verkehr verursacht mehr als 50% des gesamten Energieverbrauchs und wird in den gängigen Übersichtsbildern selten gezeigt (siehe Abbildung 7).

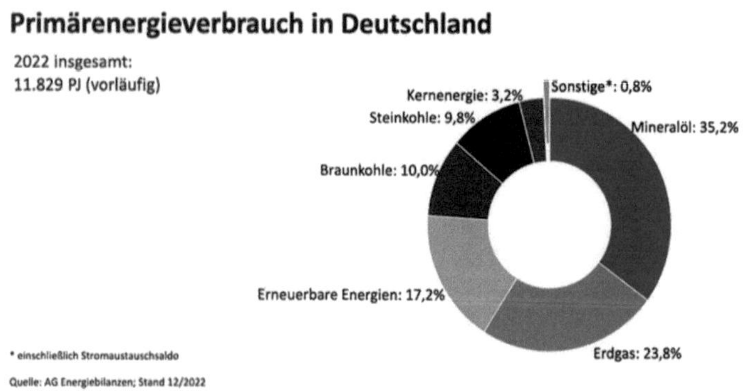

Abb. 7

Nichtsdestotrotz ist auch der Erdölverbrauch durch Strom zu ersetzen. Danach liegt die Marke erst bei ca. 17% erneuerbarer Energien zum Ersatz für alle fossilen Energieträger, weltweit bei 13,8%[40]

46% des deutschen Stroms werden durch Wind- und Sonnenkraft gewonnen. Eingesetzt werden dafür 29.000 Windräder, 1,3 Mill. Photovoltaikanlagen mit einem Sättigungsgrad von 11% (2022).

Um die Ausbauziele für 2030 mit 130 GW Windenergie erreichen zu können, ist ein Zubau von rund 90 GW erforderlich. In 27 Jahren wurden 64 GW an Windenergie ausgebaut, bis 2030, also in 9 Jahren, sind nochmals rund 25.000 Windräder erforderlich. Das Ziel der Bundesregierung, arbeitstäglich 5 Windräder erstellen zu lassen, um beschleunigt die Ausbauziele zu erreichen, hält einer einfachen Überschlagsrechnung nicht stand: 252 Arbeitstage mal 9 Jahre mal 5 Windräder ergibt 11.340 Windräder. Das Doppelte müsste es sein. Die Versorgung mit erneuerbaren Energien für Wärme und Verkehr ist dabei noch nicht mit eingerechnet. Realistisch betrachtet wird die fünf-fache Menge benötigt (siehe Abbildung 8).

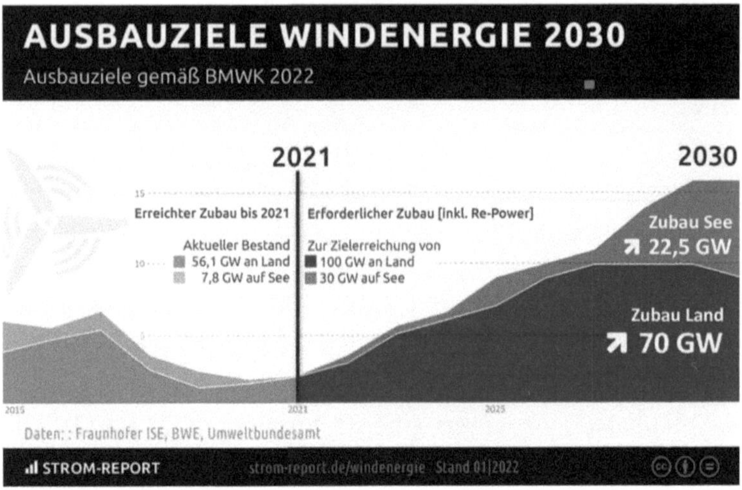

Abb. 8

Gemildert wird der Bedarf an Windrädern nur dadurch, dass leistungsfähigere Anlagen mit größeren Höhen und größerem Flügeldurchmesser bessere Leistungen bringen. Diese Steigerung wird sich aber nicht unendlich fortsetzen lassen. Eine gegenseitige Beeinflussung zu enger und zu großer Windanlagen mit Veränderung der Windgeschwindigkeit und einer Wetterbeeinflussung ist schon heute gegeben.

Eine Verdoppelung der Photovoltaikanlagen ist ebenso erforderlich, um den Strom zu 100% aus erneuerbaren Energien zu generieren. Flächen auf Dächern, Aufbauten auf landwirtschaftlich genutzten Flächen und Brachen bieten sich an, um in ähnlichen Größenverhältnissen die Leistung steigern zu können. Wasserkraft und Biomasse spielen nicht die große Rolle, dass damit ein größerer Anteil am Strommix erzielt werden könnte.

Am 01.01.2023 ist das Erneuerbare-Energien-Gesetz 2023 (EEG 2023) in Kraft getreten. Ziel dieses Gesetzes ist insbesondere die Transformation zu einer nachhaltigen und treibhausgasneutralen Stromversorgung, die vollständig auf erneuerbaren Energien beruht. Der erforderliche Ausbau der erneuerbaren Energien soll stetig, kosteneffizient, umweltverträglich und netzverträglich erfolgen Der Gesetzgeber hat sich darin das ambitionierte Ziel gesetzt, bis 2035 die Stromerzeugung in Deutschland nahezu vollständig durch erneuerbare Energien abzudecken. Um dieses Ziel zu erreichen, wurden die Ausbauziele für Windenergieanlagen und insbesondere PV-Anlagen stark angehoben.

Nach §4 Ausbaupfad soll eine Steigerung der installierten Leistung von Windenergie an Land auf 115 GW im Jahr 2030 erreicht werden, bei Solaranlagen auf 215 GW, bei Biogasanlagen auf 8400 MW.

Reichen wird das alles nicht, nicht bei der Umsetzungsgeschwindigkeit der angestrebten Ziele. Müssen doch Atomkraftwerke in sehr großer Anzahl her? Wahrscheinlich ja. Doch Ideologen verhindern mit ihrer unrealistischen Weltanschauung diesen sinnvollen Weg.

Die Entscheidung der Bundesregierung, ab 2024 keine neuen Gas-Heizungen mehr zuzulassen, verstärkt den Irrsinn der Ideologien: Es werden Gaskraftwerke gebaut, um den zusätzlich erforderlichen Strom für Wärmepumpen-Heizungen bereitstellen zu können.

Vergleiche, was wirklich auf uns zukommt, sind durch unterschiedliche Maßangaben zusätzlich erschwert. Stromerzeugung in Kilowattstunden (kWh), installierter Leistung in Gigawatt (GW), Energiebedarf in Exajoule (EJ) und den

Energieverbrauch in Millionen Tonnen Öleinheiten (Mtoe)[13].

Ob wir es gut finden oder nicht, wir werden durch ein tiefes Tal schreiten müssen. Von jeglichem Überfluss, jeglicher Verschwendung bis zu liebgewordenen Gewohnheiten zur Lebensqualität werden wir Abstand nehmen müssen. Gewohnheiten zu ändern ist für Menschen mittleren und höheren Alters besonders schwierig, weil zuerst die Risiken und nicht die Chancen einer veränderten Lebensweise wahrgenommen werden. Dabei ist von allem genügend da. Die Natur bietet uns bei nachhaltiger Lebensweise und Erhalt der Biodiversität ausreichend Nahrung für die heutige Weltbevölkerung, wenn wir es denn nur wollen. Die Maxime dazu lautet: Keinerlei neue Flächenversiegelung weltweit. Keine neuen Flächen für die Infrastruktur wie Straßen und Schienen, keine neuen Flächen für Gewerbegebiete, keine neuen Industriegelände (also auch keine neue Tesla-Fabrik auf abgeholzter Waldfläche), keine neuen Flächen für Bürobauten und Wohnhäuser, keine neuen Flächen für Eigenheime. Stattdessen sollten sogar zusätzliche Flächen renaturiert, für die Natur zurückgewonnen werden. Mit neuen und vorhandenen Ideen geht das. Autobahnen und Straßen lassen sich überbauen, Gebäude lassen sich höher errichten, Züge können schneller werden, Parkflächen in Städten können unter der Erde verschwinden. Transportwege können drastisch eingeschränkt werden, Nahrungsmittel aus anderen Kontinenten sind nicht lebenswichtig.

Mag sein, dass so drastische Maßnahmen befremdlich klingen und deren Realisierung utopisch erscheint. Wir kennen aber die Alternative des nicht schnellen Handelns, es ist schlichtweg der Untergang der heutigen zivilen Gesellschaft.

Verzicht als staatliche Vorgabe?

Was muss passieren, dass wir ein Denken an den Tag legen, um unser aller Leben auf die Umweltsituation einzustellen. Dafür komme ich nochmal auf den WWF-Test zurück, der mir bei meinem jetzigen Verhalten aufzeigt, dass ich 2,19 Planeten brauche. Bei einem zweiten Check mit gemogelten Angaben und dem Ankreuzen der jeweils niedrigsten Rubriken der angebotenen Werte war das Ergebnis zufriedenstellend, ich benötigte nur 0,87 Planeten.

Die Einhaltung dieser Werte fordert schon eine beachtliche Anstrengung: Vegan essen aus heimischen Produkten, ausschließlich ergänzt durch Produkte mit Umweltsiegel, keine Verschwendung durch Wegwerfen, kein eigenes Auto oder Motorrad, maximal 60 km/Woche mit öffentlichen Verkehrsmitteln, keine Flüge, keine Kreuzfahrten, Heizen und Warmwasserzubereitung mit Solarthermie und Wärmepumpen, wohnen im Passivhaus, beheizte Wohnfläche nicht mehr als 30 m^2/Person, Wärme begrenzt auf 19 Grad, Mehrfamilienhaus, Haushaltsgeräte A++, Wäsche waschen mit maximal 60 Grad, getrocknet an der Wäscheleine, Ausgaben für Kleidung nicht mehr als 20 €/Monat, für Freizeitgestaltung nicht mehr als 40 €/Monat, Anschaffungen für Gebrauchsgüter weniger als 30 €/Monat, Restaurantbesuche weniger als 20 €/Monat – erst dann genügt ein Planet.

Im europäischen Raum habe ich keinen Menschen kennengelernt, der diese Werte einhält. Wenn die Werte des WWF seriös ermittelt und wissenschaftlich untermauert sind, was ich nicht bezweifeln will, bedeutet das doch:

Individualverkehr mit dem Auto oder Motorrad ist erst wieder möglich, wenn die Fahrzeuge rein elektrisch betrieben werden und der Strom zu 100 % aus erneuerbaren Energien stammt

- bei 252 Millionen PKW europaweit

Für Flugreisen und Kreuzfahrten müssen die Antriebe klimaneutral ausgelegt sein

- für 23.000 Passagier- und Frachtmaschinen
- bei 5.000 Passagierschiffen, davon 500 Kreuzfahrtschiffen, vorwiegend mit Schweröl unterwegs

Komfortables Wohnen geht erst bei Umwandlung der Gebäude zu Passivhäusern mit Eigenversorgung über Wärmepumpen, Solaranlagen oder ähnlichem

- bei einer Wohneigentumsquote von 69 % in ganz Europa

Die Ernährung ist von vorwiegendem Fleischkonsum auf vegetarisch umzustellen

- bei 18.000 schweinehaltende Betriebe allein in Deutschland

Umstellung der Bekleidungsindustrie auf langlebige Erzeugnisse

- bei 62,8 Milliarden Umsatz 2021, 60 Kleidungsstücke pro Jahr pro Person in Deutschland

Restaurantbesuche auf ein Minimum reduzieren

- bei 70.619 Restaurants in Deutschland mit 61,3 Milliarden Umsatz (statista.de)

Klar ist, dass sich das Verhalten aller ändern muss in Richtung einer Verbesserung des ökologischen Fußabdruckes. Klar ist aber auch, dass jede Veränderung in Richtung „auskommen mit einem Planeten“ erhebliche Auswirkungen auf die freie Wirtschaft haben wird. Unvorstellbar, welche massenhaften Insolvenzen zu verkraften wären, wenn Schritte in die richtige Richtung zu schnell umgesetzt würden.

Um das Dilemma aufzulösen, welches nun mal zwischen sicherlich berechtigten Wirtschaftsinteressen und ökologischen Erfordernissen besteht, müsste Verzicht als staatliche Vorgabe gesteuert, der Rückgang der Wirtschaft mit Ausgleichszahlungen subventioniert werden. Ähnliches haben wir ja schon, der Staat greift mit Vorschriften und Gesetzen ein: Grüne Plaketten für Innenstädte, autofreie Fußgängerzonen, Bauvorgaben für Niedrigenergiehäuser, Verwendung von Energiesparlampen etc., neuerdings mit Grenzwerten zusammengefasst im Bundesklimaschutzgesetz (KSG) von 2021. Subventionen für Gebäude, Industrie, Verkehr und Landwirtschaft gibt es ebenfalls zuhauf. In der „Energieeffizienzstrategie 2050“ vom Dezember 2019 listet das Bundeswirtschaftsministerium 43 Maßnahmen zur Energieeffizienz auf, die mit Beschreibungen, Folgen und Wechselwirkungen die Fördermaßnahmen genau spezifizieren, meistens mit dem Hinweis, dass zum Beispiel bei Elektrofahrzeugen der zunehmende Anteil an elektrischen Antrieben voraussetzt, dass genügend erneuerbarer Strom produziert werden kann. Zudem besteht eine Wechselwirkung mit der Tank- beziehungsweise Ladeinfrastruktur. Ressourcenbedarf, -abhängigkeit und -recycling von elektrischen Antrieben und

Batterien werden in den Folgeabschätzungen analysiert, ökologische und wirtschaftliche Effekte abgeschätzt.

Man kann es nicht oft genug betonen: Das Eine – der Ersatz fossiler Brennstoffe durch den Einsatz elektrischer Energie – funktioniert nur mit dem Anderen – ausreichende Bereitstellung von erneuerbarem elektrischem Strom.

Das Bundesklimaschutzgesetz soll die Erfüllung der nationalen und europäischen Zielvorgaben sicherstellen. Bis 2030 stehen die maximalen Jahresemissionsmengen für die Bereiche Energiewirtschaft, Industrie, Gebäude, Verkehr, Landwirtschaft, Abfallwirtschaft und Sonstiges fest, bis 2040 die jährlichen Minderungsziele. 2032 legt die Bundesregierung die Minderungsziele dann bis 2045 zur Erreichung der Klimaneutralität vor.

Wir wissen also, was zu tun ist. Zumindest ungefähr, Zielveränderungen der europäischen Klimaschutzverordnung für eventuell erhöhte Klimaziele sollen berücksichtigt werden.

Die Zielverfolgung stellt ein fünfköpfiger Expertenrat sicher. Mit Sofortprogrammen soll bei Überschreitung der Jahresemissionsmengen die Einhaltung für die Folgejahre neu festgeschrieben werden.

Wie alle Vorgaben erreicht werden können, wissen wir keinesfalls. „Die Bundesregierung berät über die zu ergreifenden Maßnahmen …“ bedeutet doch nur, dass weitere Verbote, weitere Vorgaben festgelegt werden, was nicht mehr erlaubt ist. Ein Gesetz, welches darauf baut, dass die Erzeugung von Strom ausschließlich mit Sonnenenergie, Wind- und Wasserkraft reibungslos zu 100 % erfolgen wird - wobei Ideen zur Umsetzung, Machbarkeitsstudien, Systemanalysen, Risikobetrachtungen nicht zu erkennen sind.

Wird der Staat in unser Privatleben eingreifen müssen, um Beschränkungen im Individualverkehr, im Urlaubsverhalten, in der Wohnflächennutzung, im Konsumverhalten umzusetzen? Ich meine: ja.

Zu erwarten sind Einschränkung des Individualverkehrs auf eine maximale Kilometeranzahl pro Jahr, Urlaubsreisen mit km-Begrenzung, die Limitierung industrieller Fertigungen, Baugenehmigung nur für Passivhäuser, Heizungen mit Wärmepumpen-Solar-Kombinationen, Begrenzung beheizter Wohnflächen etc. Elektrische Energie wird in ausreichendem Maße fehlen, um CO_2-emittierende Energien zu ersetzen. Machen wir uns nichts vor. Obwohl das Gesetz verlangt, ökologische, soziale und ökonomische Folgen zu berücksichtigen, könnte es zu harten Einschnitten kommen.

Sehr verwunderlich ist dabei, dass die Politik auf dem Wege der Umstellung auf erneuerbare Energien so zögerlich war.

Was hindert die Politik daran, Windräder in ausreichender Anzahl erstellen zu lassen, Solarflächen bereitzustellen und Stromtrassen von Nord nach Süd festzulegen. Selbst geschaffene Gesetze? Die lassen sich abschaffen. Rücksicht auf Betroffene? Ungerechtigkeiten wird es immer geben, hier hat das Gemeinwohl Vorrang. Eingriffe in die Ökologie? Sind schwerwiegender bei der Beibehaltung heutiger Umweltbelastungen. Finanzierungen? Investoren werden bei Sicherstellung des Bestandschutzes freudig einsteigen. Energiekosten für Haushalte? Mangel an Erdgas durch Konflikte mit Russland treiben die Preise schon jetzt in schwindelerregende Höhen.

Ziel des Erneuerbare-Energien-Gesetzes (EEG) 2021 ist es, den Anteil des aus erneuerbaren Energien erzeugten Stroms auf 65 % im Jahr 2030 zu steigern. So sieht es das Gesetz vor.

Robert Habeck, Wirtschafts- und Klimaschutzminister, sagte im Januar 2022: „Die Eröffnungsbilanz Klimaschutz zeigt: Wir starten mit einem drastischen Rückstand. Die bisherigen Klimaschutzmaßnahmen sind in allen Sektoren unzureichend. Es ist absehbar, dass die Klimaziele der Jahre 2022 und 2023 verfehlt werden. Aber wir unternehmen alle Anstrengungen, um den Rückstand wettzumachen. Hierzu müssen wir die Geschwindigkeit unserer Emissionsminderung verdreifachen und deutlich mehr in weniger Zeit tun."

Zu den aktuell größten Problemen zählen dabei Klagen gegen Windprojekte sowie verschiedene Hemmnisse bei der Planung und Genehmigung von Anlagen. Im Rahmen des Investitionsbeschleunigungsgesetz wurden die Instanzen bei Klagen gegen immissionsschutzrechtliche Genehmigungen zwar verkürzt und Verzögerungen durch Klagen und Widersprüche gegen Genehmigungen eingeschränkt. Auch in Bezug auf Erneuerungs-Vorhaben von Windenergieanlagen wurden im Bundesimmissionsschutzgesetz Erleichterungen umgesetzt. An der Tagesordnung sind jedoch Beschwerden von Investoren, in Angriff genommene Vorhaben nicht zügig umsetzten zu können.

In 28 Jahren Windenergie-Leistung für 27 % des Gesamtstrombedarfs geschafft zu haben bedeutet, dass mit gleicher „Geschwindigkeit" bis 2045 weiter installiert werden muss. Mindestens. Durch zögerliche Entscheidungen wurde in den letzten Jahren Zeit zur Errichtung neuer Windenergieanlagen schlichtweg verschwendet.

Alle bisherigen Pläne zur Reduzierung der Umweltbelastungen einschließlich der Stilllegung von Atom-, Kohle- und

Erdgaskraftwerken und der Umstellung auf E-Autos hängen von der Umsatzgeschwindigkeit ab. Das weiß jeder. Seit Jahren. Vorstellbar, dass das Klimaschutzgesetz wie geplant umzusetzen ist mit den heutigen Entscheidungsgremien? Da habe ich meine Zweifel.

Ressource Zeit

Zeit ist eine wertvolle Ressource. Wahrscheinlich wissen das auch die Politiker. Aber gerade in Koalitionen verschiedener Parteien mit unterschiedlicher Ausrichtung ist Konsens zur Umsetzung von Vorhaben ein schwieriges Geschäft. Das Festhalten an Koalitionsvereinbarungen, zur Bildung neuer Regierungen gleich am Anfang festgelegt, ist im Verlauf der Legislaturperiode manchmal Schnee von gestern in unserer schnelllebigen Zeit. Sich neu zusammenzufinden ist dann sehr zeitraubend, eine Verschiebung auf die nächste Regierung kein Einzelfall. Zeitverschwendung pur.

Wie auf der großen Bühne ist Zeitverschwendung ein Problem für jeden Einzelnen, sowohl im beruflichen wie im privaten Bereich. Wir haben keine Zeit, das ist verlorene Zeit. Jeder weiß, was gemeint ist, falsch ist es trotzdem. Zeit vergeht, aber geht nicht verloren und jeder lebende Mensch hat Zeit, jeden Tag 24 Stunden. Die Frage ist nur, ob Zeit sinnvoll genutzt wird. Wenn nicht, ist es Verschwendung. Sinnvoll nutzen kann auch Nichtstun einschließen, als Erholungszeit, als Entspannung von einem zu stressigen Tagesablauf. Wie Zeit genutzt wird, sollte jeder für sich selbst entscheiden können. Bei abhängigen Arbeitsverhältnissen ist das oft nicht einfach.

Effektives Zeitmanagement war nicht die Stärke der Organisation von Volkswagen, wie ich es kennengelernt habe. In nicht enden wollenden Besprechungen in großen Runden mit Teilnahmepflicht, mit geringer Relevanz für die meisten Teilnehmer, oft verbunden mit Fahrtzeiten zwischen den Werken Wolfsburg und Hannover habe ich erfahren müssen, welche Auswirkungen Zeitverschwendung haben kann, wenn zur Erledigung des eigenen Jobs kaum noch Zeit bleibt.

Im Zeitalter des Homeoffice werden persönliche Meetings durch Videokonferenzen ersetzt mit dem aus meiner Sicht einzigem gravierenden Unterschied, dass die Kleidung im Bildschirmausschnitt kaum zu erkennen ist. Lässigkeit ist angesagt mit Auswirkungen auf die Disziplin zur Einhaltung arbeitsrechtlicher Verpflichtungen. Wenn versucht wird, ausschließlich am Computer die tägliche Arbeit zu erledigen, geht viel an Gespür für den Zweck der eigentlichen Aufgaben verloren, es fehlt die Kommunikation auch am Kaffeeautomaten. Effizienz beim Homeoffice? Wohl kaum.

Ein Erfolgskriterium während meiner Tätigkeit bei Volkswagen Poznan war, dass wir mit einer sehr kleinen Führungsgruppe ein enormes Pensum an Arbeit vor uns hatten. Verschwendung von Zeit konnten wir uns nicht leisten, Zeitdisziplin war oberstes Gebot. Besprechungstag war donnerstags mit Anwesenheitsgebot für alle. Vorstands-, Werksmanagement- und Projekt-Besprechungen starteten und endeten minutengenau mit dem Vorteil, dass jeder an den übrigen Tagen seinen Job machen konnte. Um uns gegenseitig täglich auf dem Laufenden zu halten, nutzten wir kurze morgendliche Briefings.

Zeitverschwendung von betriebs- bzw. volkswirtschaftlicher Bedeutung ist ausschließlich bei bezahlter Arbeitszeit relevant. Das gilt sowohl für Beschäftigte von Unternehmen als auch für die öffentliche Hand. Sicherlich ist bei digitalisierter Arbeitsweise der Zeitaufwand für einzelne Vorgänge sehr viel geringer zu gestalten, bestehende Abläufe 1:1 in digitale Systeme umzuwandeln, bringt jedoch nicht den erforderlichen Fortschritt für den Klimaschutz. Die

Überarbeitung und Anpassung der Prozesse für die Arbeits-, Führungs-, Aufbau- und Ablauforganisationen im Sinne einer digitalisierten Prozessorientierung unter Berücksichtigung aller erforderlichen dauerhaften Maßnahmen zur Reduzierung der Umweltbelastungen ist gefragt. Die Unternehmensstrategie einer jeden Firma, einer jeden Behörde sollte darauf ausgerichtet sein, dass das Ziel, bis 2045 klimaneutral zu sein, schrittweise erreichbar ist. Die Zeit ist nicht mehr verfügbar, darüber irgendwann einmal nachzudenken. Das Arbeitspensum und der Kapitalbedarf sind erheblich: Gebäudesanierungen mit Wärmedämmungen, autarker Wärmeversorgung durch Solaranlagen oder Luft-Wärmepumpen, innerbetrieblicher Fuhrpark und Dienstwagenpark mit Elektrofahrzeugen, Einsatz recycelbarer Wertstoffe, Verwendung umweltfreundlicher Roh-, Hilfs- und Betriebsstoffe, Vermeidung von Redundanzen für das gesamte Inventar, Optimierung der Logistik, klimaneutrale Lieferketten, Rücknahme- und Entsorgungskonzepte für Produkte am Lebensdauerende, Bezug von Ökostrom.

Ökostrom zu beziehen, ist dabei noch der einfachste Weg. Der Energieanbieter liefert für den bestellten Bedarf Strom aus regenerativen Quellen in einen „Strommixtopf", aus dem der Verbraucher die Stromlieferung erhält. Dadurch erreicht der Kunde, dass eine Strommenge, die seinem Verbrauch entspricht, gemäß den versprochenen Kriterien produziert wird und herkömmlichen Strom ersetzt – und damit Druck auf die Energieanbieter ausübt, regenerativen Strom zeitnah zu erzeugen und anbieten zu können.

Digitalisierung - Chancen ohne Risiken?

Digitalisierung ist das Schlagwort, mit dessen Einsatz alles besser wird. Wirklich? Sicherlich kann eine fast papierlose Ablauforganisation mit geringerem Personalbedarf durch Optimierung der Abläufe aufgebaut werden. Das Internet ermöglicht eine Vernetzung aller Teilnehmer im World Wide Web mit Informationen über alle Fachgebiete, Lehrprogramme, News, Kontakte, soziale Medien, Wetter, Warenangebote, Preise, Geschäftsbeziehungen, Statistiken und vieles mehr.

Wesentliche Veränderungen treten erst ein, wenn Computer für Mechanisierungen, Automatisierungen, Internet of Things, Big Data, Industrie 4.0 oder mit steigender Tendenz für künstliche Intelligenz eingesetzt werden. Ein unermesslich großes Anwendungsfeld vom Roboter über fahrerlose Transportsysteme, Hilfen im Operationssaal, autark arbeitende Haushaltsgeräte bis zur automatisierten Steuerung von Interkontinentalraketen. Im Grunde genommen, eine sehr gute Entwicklung und für alle erfolgreich agierenden Firmen ein absolutes Muss, wenn sie denn für sinnvolle und den Menschen und seinen Grundrechten dienende Systeme eingesetzt werden. Wie auch immer Software-Innovationen sich entwickeln, sie werden unsere Welt verändern.

Welche Folgewirkungen auftreten können, wird schon sehr deutlich bei der Verwendung eines Smartphones: Der Bankberater, ja die ganze Bankfiliale wird überflüssig, wenn der Kunde per Tastendruck Einsicht in alle seine Finanzen erhält und sowohl Überweisungen tätigen als auch in Fonds investieren kann. Gleiches gilt für Gegenstände der Alltagsorganisation: Fahrpläne, Terminkalender oder Wörterbücher sind längst digital vorrätig, einen physischen Taschenrechner habe ich seit 10 Jahren nicht mehr benutzt. Die Liste ließe sich fortsetzen. Viele Hersteller und Dienstleister werden vom Markt verdrängt, durch neue Berufszweige und Anbieter ersetzt werden.

Das Ausmaß kommender Veränderungen durch die Digitalisierung ist nicht bekannt, die Inanspruchnahme von Ressourcen und Energien unklar, der Anteil von digitalen Technologien zur Senkung des Energieverbrauchs liegt im Nebel. Schon jetzt beansprucht der Einsatz digitaler Geräte bei stark steigender Tendenz einen Energiebedarf von ca. 2,7 % des Gesamtstrombedarfs, der Energieverbrauch und die Energieeffizienz werden derzeit nicht statistisch erfasst.

Künstliche Intelligenz und schnelle Mobilfunknetze, die Umstellung von 4G auf 5G werden von der Bundesregierung gestützt, die Auswirkungen auf den Energiebedarf sind durch fehlende Datenerfassung nicht bekannt. Eine Abwägung von Chancen und Risiken sieht anders aus, der Energieverbrauch wird die Effizienzeinsparungen übersteigen. (IÖW)

Dabei ist Enthusiasmus groß: „5G steht für die fünfte Generation des Mobilfunks, die den derzeitigen LTE-Standard (4G) ablösen wird. Mit 5G sind Übertragungsraten von bis zu 20 Gigabit pro Sekunde möglich - genügend Bandbreite, um immer mehr vernetzte Geräte gleichzeitig zu versorgen. Sie gilt als Voraussetzung für das Internet der Dinge. Bis 2020 werden allein in Deutschland rund 770 Millionen Geräte vernetzt sein. 5G wird eine Vielzahl neuer Geschäftsmodelle bedienen, unter anderem das automatisierte und vernetzte Fahren, Industrie 4.0 sowie die Telemedizin.“ So die Bundesregierung im Jahr 2017. Ein kritischer Blick?

Fehlanzeige. Das ist das eigentliche Problem der Bundesregierung mit ihren diversen Ministerien. Das Bundesumweltministerium hat Szenarien entwickelt, wie der CO_2-Verbrauch bis 2045 neutral werden kann. Die Förderprojekte der anderen Ministerien treiben den Energiebedarf jedoch in die Höhe, eine kontinuierliche Anpassung ist nicht erkennbar.

Allein der Absatz von Smartphones stieg 2021 gegenüber dem Vorjahr um 6 %. Die Streamingdienste, Netflix und Co., bieten Filme und Serien in immer höherer Auflösung und gewinnen täglich neue Kunden hinzu, wegen der größeren Datenmengen mit stetig steigendem Energiebedarf.

Prof. Christoph Meinel vom Hasso-Plattner-Institut meint dazu: „Jede digitale Operation hinterlässt ihren CO_2-Fußabdruck, der inzwischen insgesamt auf weltweit zwei Milliarden Tonnen pro Jahr angewachsen ist. Das entspricht dem doppelten des globalen Flugverkehrs."

Und es geht noch drastischer. Kryptowährungen wie Bitcoin, Ethereum und ähnliches nutzen die Blockchain-Technologie, eine chronologisch aufgebaute, dezentrale Datenbank, in deren Netzwerk eine Vielzahl von Computer, die in Server-Farmen zusammengefasst sind, sehr großen Energiebedarf erfordern. Schätzungsweise liegt der jährliche Bitcoin-Stromverbrauch bei fast 127 Terrawattstunden (Stand: 6. April 2021) – ganz Deutschland hatte 2020 einen Bruttostromverbrauch von 543,6 Terrawattstunden.

Doch auch die Bundesregierung will diese Blockchain-Technologie weiter fördern, hält sie für eine zentrale Innovation der digitalen Transformation. Natürlich schreibt sie sich dabei Nachhaltigkeit und Klimaschutz auf die Fahne[31]. Aber das wird nicht funktionieren!

Wird also auch auf dem Gebiet der Digitalisierung ein korrigierender Eingriff durch Regulierungen und Verbote zu erwarten sein? Wohl kaum. Denn um den Anschluss an den Stand der Technik weltweit zu behalten, braucht die freie Wirtschaft eine völlig freie Hand für die Innovationen der Zukunft.

Läuft aber der Anstieg des Energieverbrauchs aus dem Ruder und die Erstellung der Windräder und Solarflächen kommt nicht nach, werden steuernde Eingriffe erforderlich.

Welche Prioritäten werden die Ministerien, die Bundesregierung festlegen müssen? Was ist dann als Verschwendung anzusehen?

Biodiversität weltweit

Der Fokus der Anstrengungen zur Klimaneutralität bezieht sich auf die Reduzierung des weltweiten CO_2-Ausstoßes. Völlig klar, aber zum Schutz der Umwelt gehört weitaus mehr. Der Erhalt der Biodiversität sollte dabei ganz oben auf der Rangliste erscheinen. Wir hören einiges vom Artensterben, von den wahren Dimensionen dieses Problems eher weniger. Und von den Maßnahmen zur Vermeidung eher gar nichts.

„Es ist das sechste große Artensterben in der Geschichte der Erde – doch diesmal sind nicht Naturkatastrophen, sondern der Mensch die Ursache. Pro Tag verschwinden für immer etwa 150 Arten von unserem Planeten." – so der Naturschutzbund NABU. In einem aktuellen Bericht meldet der Weltbiodiversitätsrat (IPBES), dass bis zu einer Million Tier- und Pflanzenarten vom Aussterben bedroht sind. Auch wenn im gleichen Zeitraum neue Tier- und Pflanzenarten entdeckt werden, die Bilanz ist stark negativ.

Und was macht unsere Ampelregierung? Investitionsprogramme für immer mehr Bauten von Wohn- und Geschäftshäusern, Erweiterung der Infrastruktur, Flächenversiegelung in großem Ausmaß. Dazu zwei Auszüge aus dem Koalitionsvertrag MEHR FORTSCHRITT WAGEN von der SPD, den Grünen und der FDP für die Legislaturperiode 2021-2025: „Dafür starten wir einen Aufbruch in der Bau-, Wohnungs- und Stadtentwicklungspolitik. Unser Ziel ist der Bau von 400.000 Wohnungen pro Jahr" Und: „Wir setzen uns im Sinne der europäischen Biodiversitätsstrategie dafür ein, 30% Schutzgebiete zu erreichen und diese zu schützen" Die Bodenflächen für Wohnungen betonieren und zusätzliche

Schutzgebiete schaffen? Wie soll das gehen? Zurzeit beträgt die Naturschutzgebietsfläche in Deutschland 6,3% der Landesfläche inklusive der 12 Seemeilenzone in Nord- und Ostsee[14]. Auch wenn der Vertrag zu Naturschutz, Biodiversität und Klimaschutz vernünftige Formulierungen zu angestrebten Maßnahmen enthält, die Umsetzung bis 2025 ist Illusion. Darüber hinaus werden Prioritäten zum Erhalt der Biodiversität völlig falsch gesetzt: Bestandteil der Koalitionsvereinbarung ist die Sicherstellung des Lebensraumes für den Wolf, einer einzelnen Gattung, die seit über 100 Jahren nicht mehr in Deutschland als Rudel vorkam!

Wir Menschen breiten uns mit einer atemberaubenden Geschwindigkeit auf der Welt aus. Waren es 1900 noch 1,65 Milliarden, stieg die Zahl bereits 1960 mit 3,03 auf rund das Doppelte und 2000 mit 6,14 auf die vierfache Summe. 2022 leben 7,95 Milliarden Menschen auf der Erde, davon allein im bevölkerungsreichsten Land China rund 1,4 Milliarden. Und diese Menschen brauchen Lebensraum und Nahrungsmittel mit der Konsequenz, dass die dafür erforderlichen Flächen den Pflanzen und Tieren weggenommen wurden. Die Erde ist nicht mitgewachsen, obwohl wir eigentlich ein wenig mehr davon benötigen, um lebenswerte Bedingungen für alle Wesen ohne Verhaltensänderung sicherstellen zu können.

Dabei ist der erforderliche Bedarf an Wohn- und Lebensraum der Menschen die eine Seite. Die weitaus flächenintensivere andere Seite ist ein Mehr an Straßen, Schienen und Wirtschaftsgebäuden für die Infrastruktur, der Bedarf an Ackerbauflächen für die Landwirtschaft und eine Zunahme der Nutztierhaltung mit Flächen für deren Ernährung. Um die Versorgung durch Produkte der Landwirtschaft aber in großen Mengen liefern zu können, werden die Böden mit Düngemitteln und Pestiziden so ausgebeutet, dass der Ertrag in den nächsten Jahrzehnten erheblich sinken wird. Also muss mehr Ackerfläche geschaffen werden mit der Folge, dass den Tieren weiterer Lebensraum genommen wird.

Der Bedarf an Lebensmitteln wird zum großen Teil den Meeren entnommen, leider mit einer drastischen Überfischung bestimmter Fischarten. Überfischung bedeutet, dass den Gewässern mehr entnommen wird, als in gleicher Zeit nachwachsen kann. Dieser Eingriff bedeutet nicht nur, dass die betroffenen Arten zum Aussterben verurteilt sind. Es bedeutet auch einen Eingriff in die natürliche Nahrungskette, die großen Fische fressen die kleinen. Wird diese Kette unterbrochen, fehlt den kleinen Fischen die natürliche Auslese, den großen schlicht und einfach das Futter. Hinzu kommt die hohe Ansammlung von Plastikmüll in allen Größen bis hin zu Mikroplastik, welches sich in den Mägen der Fische wiederfindet. Es ist eine Lawine des Artensterbens, die Stabilität des Ökosystems ist gravierend gestört.

Schlimmer noch sieht es bei den Süßwasserfischen aus. Der WWF warnt vor dem Fischsterben weltweit, global ist ein Drittel aller Fischarten vom Aussterben bedroht, 80 Spezies sind bereits ausgestorben. Wasserentnahmen für die Bewässerung von Ackerflächen und deren Regulierungsbauten sind die Hauptgründe für diese Katastrophe. Womit wir wieder bei der Landwirtschaft sind – das ganze Ökosystem der Welt hängt unabdingbar zusammen.

Eingangs hatte ich die Behauptung aufgestellt, wenn wir unser Verhalten den Erfordernissen der Natur anpassen und dem Ökosystem Lebensraum zurückgeben, können wir eine Umkehr bewirken und trotzdem in begrenztem Wohlstand leben. Dabei bleibe ich. Völlig anders sieht es aus, wenn der bei uns bekannte Lebensstandard für die Gesamtbevölkerung der Erde erreicht werden soll. Einerseits wäre das sicherlich erstrebenswert, weil mit steigender Lebensqualität die Geburtenrate zurückgeht. Andererseits aber würde dadurch das Artensterben beschleunigt.

Wasserwirtschaft – ein Zukunftsproblem

Ebenso problematisch sind die Auswirkungen auf das Wasser. Wasser wird zwar nie knapp werden, die Gesamtmenge des Wassers auf der Erde bleibt immer gleich – gebunden in Flüsse, Seen und Meere, Grundwasser, Oberflächenwasser, Wolken, Regen, Schnee und Eis.

Die Problematik zur Verteilung des Wassers wird dabei allerdings stetig zunehmen. Dabei geht es ausschließlich um Trinkwasser zur Versorgung der rund 8 Milliarden Menschen. Nur 2,5% der weltweiten Wasserreserven sind trinkbares Süßwasser. Bereits jetzt haben rund 2 Milliarden Menschen keinen regelmäßigen Zugang zu frischem Wasser, die Grundversorgung mit Trinkwasser fehlt bei vielen Millionen Menschen. Die Gesamtmenge an Süßwasser reicht für alle Menschen nicht aus, wenn der Verbrauch für andere Zwecke nicht geregelt wird. Ein Stopp der Verschwendung von Wasser scheint oberstes Gebot zu sein. Wir können es uns in unseren Breitengraden noch leisten, Trinkwasser für die Bewässerung von Feldern, zur Versorgung von Tieren und Pflanzen zu nutzen, ein Wassermangel besteht nicht, noch nicht. Aber es gibt Grenzen. Mit steigender Trockenheit, mit Anstieg der Erderwärmung werden wir auch in unseren Regionen mit Wasserknappheit konfrontiert werden. Wasserwirtschaft tut also Not. Mit dem Wasserhaushaltsgesetz (WHG) hat sich die Politik bereits seit 1957 befasst und Gebiete zum Wasserschutz ausgewiesen. Das Gesetz mit letzten Änderungen 2022 beschreibt „die rechtlichen Voraussetzungen für eine geordnete Bewirtschaftung des ober- und unterirdischen Wassers nach Menge und Beschaffenheit", mit dem Ziel, durch eine nachhaltige Bewirtschaftung die

Lebensgrundlagen der Menschen, Tiere und Pflanzen zu schützen.

Seltsamerweise haben wir Deutschen das Wassersparen verinnerlicht. Überall prangen die Aufforderungen in Hotels und öffentlichen Einrichtungen, den Verbrauch einzudämmen, mit Spartasten an Waschmaschinen nachhaltig Wasser zu entnehmen. Wir tun so, als ob wir damit die Lebensgrundlagen anderer Völker verbessern können. Eigentlich ein lobenswerter Vorgang, nur sinnlos, solange unser Grundwasser ausreichend vorhanden ist. Ein stetig sinkender Wasserverbrauch stellt unsere Ver- und Entsorgungsnetze vor Probleme, zu wenig Fließwasser in den Abwasserkanälen fördert eine schleichende Verschmutzung. Kanalreinigungen mit frischem Wasser werden vielerorts bereits durchgeführt. Erreicht wird mit dem Sparen von Wasser also kein signifikanter Vorteil, ein Export von Wasser in Regionen mit Wassermangel ist (noch) nicht möglich. Für einen ausgeglichenen Wasserhaushalt ist eine Steuerung notwendig, um je nach Wetter- und Klimaverhältnissen korrigierend eingreifen zu können. Darauf werden wir uns einstellen müssen. Die Wasserversorger werden zeitlich differenzierte Angaben machen müssen, ob zum Beispiel das Rasensprengen eingestellt, die Wasserentnahme geregelt werden muss. Natürlich kann bei künftiger erhöhter Trockenheit auch in Deutschland ein Mangel an Wasser auftreten, vorsorgen können wir nur durch das Vorhalten von Seen vor Talsperren. Da 70% unseres Trinkwassers aus Grund- und Quellwasser gewonnen wird, ist deren Zulauf kaum beeinflussbar. Wassersparen in Vorsorge funktioniert nicht.

Eine Verschwendung von Wasser provozieren wir allerdings, wenn im Übermaß Kleidung gekauft wird, die in wasserarmen Gegenden hergestellt wird.

Um Kleidung aus Baumwolle zu produzieren, sind weltweit durchschnittlich 10.000 Liter Wasser pro Kilogramm Kleidung erforderlich. Bei einer Jeans mit einem Gewicht von rund 800 Gramm macht das stolze 8000 Liter.

Die Mode ist generell eine durstige Industrie. Nach Angaben der Ellen MacArthur Foundation verbraucht die Textilproduktion jährlich rund 93 Milliarden Kubikmeter Wasser – das entspricht 37 Millionen olympische Schwimmbecken. Ein derart hoher Wasserverbrauch wird vor allem in trockenen Regionen spürbar. In Ländern wie Bangladesch, wo die Textilproduktion ein wichtiger Wirtschaftszweig ist, kann der intensive Wasserverbrauch zu Wasserknappheit und Umweltproblemen führen.

Weniger Kleidung in hoher Qualität ist auch hier das Gebot der Stunde. Und es müssen nicht unbedingt zigmal vorgewaschene Jeans sein!

4 – Embargo als staatliches Mittel – Fluch oder Segen

Die Welt ist vernetzt, Global Source ist zum alltäglichen Begriff geworden, weltweites Einkaufen fast die Regel. Nicht die Entfernung zwischen Herstell- und Verwendungsort spielt eine Rolle, sondern lediglich die Faktoren Qualität, Liefertreue und Preise. Manufakturen, die für ihre Produkte weitgehend Eigenfertigung verwirklichen, sind kaum noch zu finden, die Kombination von Eigen- und Fremdfertigung ist gang und gäbe. Alles hängt mit allem zusammen. Kleinste Unterbrechungen der weltumspannenden Lieferketten können bereits Chaos auslösen, Dominoeffekte sind die Folge, die Versorgung der Bevölkerung gerät ins Stocken. Die Corona-Pandemie und auch die fehlende Erdgaslieferung aus Russland sind beste Beispiele dafür. Mit hohem Kosten- und Zeitaufwand müssen Ersatzlösungen geschaffen werden, Preise für Waren und Konsumgüter steigen.

Gegenmaßnahmen, um sich von Abhängigkeiten zu weltweiten Partnern zu lösen, sind kaum umsetzbar. Ressourcen-Verfügbarkeit und die Produktivität zur Warenherstellung sprechen dagegen, Wirtschaftswachstum ist kaum zu generieren.

Eine Abkehr von bestimmten Abhängigkeiten ist möglich, lässt sich aber nur in kleinen Schritten mit hohem zeitlichem Aufwand umsetzen. Nicht nur die Kündigung bestehender Handelsverträge ist dabei ausschlaggebend, es müssen neue Partner gefunden werden, die neue Abhängigkeiten nach sich ziehen.

Unsere „belasteten“ Handelspartner

Nehmen wir uns das Beispiel der unterbrochenen Gaslieferung aus Russland vor.

Das vorwiegend deutsche Problem, aus Russland kein Gas mehr geliefert zu bekommen, kam zur falschen, viel zu frühen Zeit. Russland mit Sanktionen zu belegen, ohne die Eigenversorgung sichergestellt zu haben, war ein gefährlicher Weg. Einerseits wollten wir natürlich in Abstimmung mit den anderen europäischen Ländern Russland zum Einlenken im Krieg gegen die Ukraine bewegen, andererseits musste Gas mit hohen Kosten als LNG bezogen werden. LNG steht für liquefied natural gas. Es handelt sich um Erdgas, das durch Abkühlung auf unter minus 162^0 Celsius in flüssigen Zustand versetzt und später in gasförmigen Zustand zurückverwandelt wird. Das Volumen des Gases in flüssigem Zustand erleichtert zwar den Transport per Schiff, die Energiepreise für den Endverbraucher schießen dabei aber in die Höhe. Alles machbar, aber eben sehr teuer – welch eine Verschwendung.

Kriege oder Menschenrechtsverletzungen, in welcher Form auch immer, sollten nicht zum Abbruch von Handelsbeziehungen führen.

Welche Menschenrechtsverletzungen müssen wir tolerieren, um unserer Wirtschaft keinen Schaden zuzufügen? Da wird es äußerst schwierig. Handel treibt Deutschland mit fast allen in den UN vertretenen 193 Staaten der Erde. Über 20 Staaten sind von Amnesty International und den Internationale-Advocacy-Netzwerken gelistet, Menschenrechtsverletzungen zuzulassen oder selbst zu begehen. In 78 Staaten wird die Todesstrafe angewandt, über Folter, ethnische

Verfolgungen, Verschwindenlassen, Völkermord, Kriegsverbrechen und Verfolgung Andersdenkender berichtet die Bundeszentrale für politische Bildung. Human Rights Watch berichtet im WORLD REPORT 2021 auf 757 Seiten über Abweichungen zu den Lebensrechten der Menschen. Dabei ist die „Allgemeine Erklärung der Menschenrechte" bereits 1948 von der Generalversammlung der Vereinten Nationen verabschiedet worden. Viele Länder haben diese Erklärung in ihre Gesetzgebung übernommen, aber Abweichungen davon zu ahnden, ist eine andere Sache.

Mit welchen Staaten dürfen wir also nun Handel treiben und welche Staaten belegen wir mit Sanktionen? Nach welchen Kriterien gehen wir vor? Dort, wo bei Sanktionen der größte Schaden für die Abweichler von Menschenrechten entsteht und eine Veränderung des Handelns erwartet werden kann? Dabei sollte aus bisherigen Erfahrungen klar sein, dass Sanktionen für die Machthaber ins Leere laufen und nur der Bevölkerung Schaden zugefügt wird. „Wissenschaftliche Analysen ökonomischer Auswirkungen von Sanktionen im Laufe der Geschichte förderten bisher ausschließlich Ernüchterndes zu Tage: Derartige Maßnahmen sind nicht nur wirkungslos, sondern erzeugen beim Gegenüber darüber hinaus auch noch eine Art Wagenburgmentalität." schrieb Inge Kloepfer im Hauptstadtbrief 16.7.2022.

Und wenn, wie im Fall Russland, der Schaden in Deutschland durch verringerte Gaslieferungen als katastrophal bezeichnet werden muss, der russische Staat aber durch Preiserhöhungen der Restlieferungen eine Zunahme der Devisenschwemme verzeichnen kann? Objektiv betrachtet, wurde dem deutschen Volk erheblicher Schaden zugefügt, dem

Klima durch Laufzeitverlängerungen der Kohlekraftwerke übrigens auch.

Nach Artikel 56 und 64 des Grundgesetzes leisten der Bundespräsident, der Bundeskanzler und die Bundesminister bei der Amtsübernahme vor dem Bundestag den Eid mit vorgegebenem Text: „Ich schwöre, dass ich meine Kraft dem Wohle des deutschen Volkes widmen, seinen Nutzen mehren, Schaden von ihm wenden, das Grundgesetz und die Gesetze des Bundes wahren und verteidigen, meine Pflichten gewissenhaft erfüllen und Gerechtigkeit gegen jedermann üben werde". Der Eid des Bundespräsidenten erfolgt vor versammelten Mitgliedern des Bundestages und des Bundesrates. Soweit das Gesetz.

„Schaden von ihm wenden" ist eine eindeutige Aussage, im Falle fehlender Gaslieferungen aufgrund von Sanktionen bleibt kaum Raum für Interpretationen.

Die deutsche Bevölkerung verurteilt in der Mehrheit den Angriffskrieg Russlands gegen die Ukraine und befürwortet Waffenlieferungen. Ein bedrängtes Volk zu unterstützen, ist immer richtig. Über die Art und Weise mag man streiten. Die Aktionen in den europäischen Staaten haben 2022 gezeigt, dass eine weitverbreitete Hilfsbereitschaft vorliegt.

In unserer vernetzten globalen Welt den freien Handel einzuschränken, führt aber zwangsläufig zu wirtschaftlichen Einbußen durch Mehraufwand, Ersatzhandlungen, höheren Kosten oder den Verlust bestehender Lieferketten bei allen beteiligten Handelspartnern.

Die Konsequenz daraus ist so offensichtlich wie notwendig: Auch wenn wir Handlungen bestimmter Staaten missbilligen oder verurteilen und deren Unterdrückten Hilfe gewähren, sollte der Austausch von Waren und Dienstleistungen der Privatwirtschaft nicht unterbrochen werden.

Inkonsequent ist das, was wir immer wieder praktizieren: einige wenige Sanktionen, ein bisschen Handel, wenig Vertrauen in den Staat, den wir verurteilen, enge Beziehungen zwischen Geschäftspartnern, soweit es der eigene Staat noch zulässt. Unter Inkaufnahme hoher Verluste durch Unterbrechung von Lieferketten, Stilllegung ganzer Branchen, Steigerung der Arbeitslosigkeit auf beiden Seiten wird für die eigentliche Sache kaum Erfolg erzielt, Verschwendung generiert.

Bleiben dagegen Handelsbeziehungen bestehen und findet ein Austausch von Meinungen weiterhin statt, ist für eine Konfliktbeilegung immerhin noch eine Chance vorhanden.

Meine Meinung ist klar: Jegliche Unterstützung der Unterdrückten gegen ihre Widersacher, zur Schadensbegrenzung keine Eingrenzung der Handelsbeziehungen.

Nutzen für den Klimaschutz?

Mit Erdgas betriebene Gaskraftwerke sind als CO_2-Lieferanten klimaschädlich, keine Frage. Wir benötigen sie aber solange, bis sie auf Wasserstoff umgestellt sind. Das kann dauern.

Um Dunkelzeiten überbrücken zu können, gehören wasserstofffähige Gaskraftwerke zum Energiekonzept der Zukunft. Die Erzeugung von Wasserstoff ist technisch möglich, erfordert aber sehr viel elektrische Energie, den wir klimaneutral jetzt und in weiter Zukunft nicht liefern können. Warum mit Solartechnik und Windanlagen nicht ausreichend Strom erzeugt werden kann, hatten wir schon.

Trotzdem wird von unseren Politikern der Trend gesehen, aufgrund der Gasknappheit die Ziele zur Klimaneutralität eher zu erreichen, als bisher publiziert wurde. Eigentlich eine großartige Sache, leider ein Trugschluss. In vielen Ländern besteht kein Gasmangel, sie bieten uns Lieferungen über zusätzliche Erdgasleitungen und mit Schiffen transportiertes Flüssiggas über Hafenterminals an. Es häufen sich die Meldungen, dass weder die technische Ausrüstung noch das Fachpersonal zur Verfügung steht, um den Umstieg auf autarke Energieversorgung der Wohnungen und Häuser vorantreiben zu können. Sobald also andere und weitere Quellen zur Gaslieferung als Ersatz für den russischen Liefermangel geschaffen sind, werden Einsparungen aus den Privathaushalten wieder einkassiert. Wer will schon zuhause mit dickem Pullover herumlaufen, wenn nur der Thermostat höher gedreht werden kann. Energie wird teurer werden, Gas besonders. Aber der Sparwille wird nur dort einsetzen, wo die gefühlte Lebensqualität nicht eingeschränkt wird. Natürlich ist es Verschwendung, ein ganzes Haus auf komfortable 22^0 Celsius zu bringen, wenn nur ein Zimmer genutzt wird. Aber auch hier hilft uns ausschließlich die Einstellung der ganzen Bevölkerung. Noch einmal: Wir müssen nicht sparen, wir sollten Verschwendung vermeiden. Die Definition von Lebensqualität muss sich verändern, aus meiner Sicht unsere einzige Chance zur Beherrschung des Umstiegs auf eine nachhaltige Energieversorgung.

Taktgeber EU

Die EU ist ein Staatenverbund, kein Staatenbund, kein Bundesstaat. Die Europäische Union ist auch kein Staatenbund als Völkerrechtssubjekt. Sie verbindet souveräne Nationen, die einen bestimmten Teil ihrer Regelungskompetenzen auf die EU übertragen und übertragen haben. Die einzelnen Staaten sind im Europäischen Rat und im Rat der Europäischen Union mit ihren Regierungen vertreten, das Europäische Parlament repräsentiert unmittelbar die Unionsbürger. Von den 27 Staaten bilden 19 Staaten eine Wirtschafts- und Währungsunion mit der gemeinsamen Währung des Euros. Die Europäische Kommission als Exekutivorgan legt Regeln fest, die nach Abstimmung in den Organen für alle Mitgliedstaaten verbindlich sind. Sie ist ein regierungsähnliches Gebilde, welche als Hüterin der Verfassung die Einhaltung des Europarechts sicherstellt.

Es gibt keine einheitliche gemeinsame Außenpolitik, die EU tritt nicht geschlossen bei den Vereinten Nationen auf. Sie hat allerdings Einsichts- und Rederecht bei den Vereinten Nationen. Die Mitgliedsstaaten bemühen sich jedoch um eine einheitliche Sicherheits- und Außenpolitik, damit die EU als Mitglied der G20 und der Welthandelsorganisation die Interessen der Mitgliedstaaten vertreten kann.

Die Machtverteilung zwischen den Einzelstaaten und der EU ist für Drittstaaten nicht leicht zu erkennen. Die EU kann nur in Politikbereichen gesetzgebend tätig sein, die in den Gründungsverträgen und deren Änderungsbeschlüssen festgelegt sind. Darüber hinaus gilt die Souveränität der einzelnen Mitgliedstaaten.

Für die Riesenaufgabe der Erreichung der Klimaneutralität ist die komplexe Gestaltung der EU kein Vorteil. Eine partnerschaftliche Gleichberechtigung, die Begegnung auf Augenhöhe mit den USA und China findet nicht statt. Die Einwirkmöglichkeiten, die beiden Großmächte vereint mit Europa auf eine einheitliche Linie zur Erreichung der Klimaneutralität zu bringen, sind sehr begrenzt. Mit anderen Worten: China und die USA nutzen Europa als einen lukrativen Markt, um auch Produkte absetzen zu können, die dem Klima eher schaden als nutzen.

Schlimmer noch, die Großmächte China und USA versuchen durch Verhandlungen mit den einzelnen europäischen Staaten mit unterschiedlichen Akzenten mehr Einfluss zu gewinnen. Es scheint das Ziel zu sein, durch Investitionen in die Infrastruktur, Firmenaufkäufe, Ausbau der Handelswege, Energielieferungen, Ansiedlung von Tochterunternehmen und Handelsverträge mit Ausschließlichkeits-Charakter die einzelnen Länder an sich zu binden. Und Russland hilft noch kräftig mit, die europäischen Staaten durch Desinformationen über das Internet, Cyberangriffen und Fakes auseinander zu dividieren und zu destabilisieren. Was Europa dagegen zu setzen hat, ist eine funktionierende Demokratie mit ihren Vorteilen für die Freiheit der Menschen, mit den Nachteilen der komplizierten, langwierigen Abstimmungsprozesse.

Um Europa als Taktgeber für wirklich umwälzende Entscheidungen zum Klimaschutz zu befähigen, müssten mehr Kompetenzen auf die EU übertragen werden. Die Einsicht dazu ist in einzelnen Mitgliedstaaten nicht vorhanden, es werden im Gegenteil mehr Rechte für die innerstaatliche Gesetzgebung eingefordert. Größtes Hindernis zur Erhöhung der EU-Kompetenz ist die Tatsache, dass alle

Veränderungen der Gründungsverträge der Zustimmung aller Staaten bedürfen. Ein kleines Land wie die Insel Malta kann nicht überstimmt werden, auch wenn die Bundesrepublik das 160-fache an Einwohnern zählt. Ein Mehrheitsrecht würde der EU guttun, ist aber nicht mehr umsetzbar.

Mit dem Europäischen Klimagesetz verpflichtet sich die EU, bis 2050 klimaneutral zu werden. Dieses Ziel ist auch im Übereinkommen von Paris für alle 191 Staaten festgelegt, die das Regelwerk ratifiziert haben. Um die globale Erwärmung auf 1,5 Grad zu begrenzen „sind die Vertragsparteien bestrebt, so bald wie möglich" das Ziel zu erreichen. Eine sehr schwammige Formulierung im Artikel 4 des Pariser Abkommens. Es ist mal wieder nur Europa mit dem europäischen Green Deal konkret geworden. Sauberere Luft, Wasser und Böden, niedrigere Energiekosten, renovierte Häuser, besserer ÖPNV und schienengebundene Verkehrsmittel, für E-Autos mehr Ladestationen, bessere Gesundheit für alle und vieles mehr. Wirtschaftliche, gesellschaftliche und ökologische Ziele sollen die EU zukunftsfest machen. Sowohl der Schutz der natürlichen Lebensgrundlagen als auch der wirtschaftliche Erfolg sollen dabei berücksichtigt werden. Klingt nach der Quadratur des Kreises. Um den Green Deal umzusetzen, braucht die EU mehr Geld. Angebote, mehr zu zahlen, gibt es von den Mitgliedstaaten nicht, wohl dagegen Forderungen für Subventionen, um den Wechsel zu erneuerbaren Energien realisieren zu können.

Zu den klimapolitischen Zielen gehören nicht nur eine saubere Industrie, sondern gleichermaßen eine allumfassende Kreislaufwirtschaft, eine nachhaltige Landwirtschaft sowie der Naturschutz zum Erhalt der Biodiversität – verbunden mit einer nachhaltigen Taxonomie, einer Finanzpolitik, die

die erforderlichen Subventionen steuert. Die EU plant eine Industriestrategie für nachhaltige Produkte der Textil-, Bau-, Elektronik- und Kunststoffsektoren. Mit Zuschüssen sollen dann diese Projekte zum Laufen gebracht werden. Diese Transformation des wirtschaftlichen Entwicklungsmodells unter Berücksichtigung aller umweltgerechten Forderungen ist sehr zu begrüßen.

Die daraus entstehenden finanziellen Belastungen für den gesamten EU-Raum sind gewaltig, die nur mit Zuschüssen aus dem geplanten Sozialen Klimafond abgemildert werden können. Mit einer CO_2-Bepreisung und Emissionszertifikaten auf der Einnahmenseite der EU allein ist das nicht zu schaffen. Allein wenn der globale Handel mit Import und Export, der Warenaustausch weltweit ohne Beschränkungen funktioniert, kann die Wirtschaft (eventuell) zusätzliche Einnahmen generieren. Unterbrechungen durch die Corona-Einbußen und Sanktionen gegen Russland und deren Folgen haben dazu geführt, dass die EU einen korrigierten Zeitplan vorstellen musste.

Green Economy war bereits das Leitthema für nachhaltige Entwicklung bei der Konferenz der Vereinten Nationen 2012 in Rio de Janeiro. Mit der Erkenntnis, dass eine ökologische Nachhaltigkeit, wirtschaftliche Profitabilität und sozialer Inklusion nur funktionierten, wenn „unter einem Banner die gesamte Bandbreite wirtschaftlicher Politiken mit Relevanz für nachhaltige Entwicklung vereint wird“ so UN-Generalsekretär Ban Ki-moon.

Bei allen Konferenzen zum Klimaschutz klingt immer wieder durch, dass der globale Handel mit einheitlichen Regeln die Voraussetzung zur Einhaltung der Ziele des

Weltklimarates ist. Sicherstellen sollte das die Welthandelsorganisation WTO.

Die WTO - Welthandelsorganisation

„Alle Vorteile und Vergünstigungen, die ein Vertragspartner einem anderen gewährt, müssen unverzüglich einem anderen gewährt, müssen unverzüglich und bedingungslos allen Mitgliedstaaten gewährt werden“, so die Grundsätze der WTO.

Die EU mit ihren Mitgliedstaaten verhält sich also widersprüchlich, wenn sie Sanktionen im Handel als Waffe einsetzt. Russland ist Mitglied, die Ukraine auch und alle EU-Staaten ebenfalls, 93% der Weltbevölkerung sind vertreten.

Die WTO ist eine Streitbelegungs- und Schlichtungsinstanz, die den Mitgliedsregierungen eine Plattform bietet, Handelsstreitigkeiten beizulegen. Ihre Hauptaufgabe ist jedoch, Handelshemmnisse abzubauen, Regeln und Vorschriften für den freien Handel zu erstellen, denen die Mitgliedstaaten mit ihren lokalen Gesetzen nicht widersprechen dürfen. Die WTO-Gesetze regeln etwa 96% des gesamten Welthandels. Es ist nicht die Stärke der WTO, sich um Umweltfragen zum Schutz der Biodiversität und des Klimaschutzes zu kümmern. Letztlich bilden diese nur Hindernisse im freien Welthandel.

An die Spitze der Organisation wurde 2021 Ngozi Okonjo-Iweala berufen, eine Wirtschaftswissenschaftlerin aus Nigeria mit amerikanischer Staatsbürgerschaft. Die Ministerkonferenz der Mitgliedsstaaten tagen alle 2 Jahre und legen mit einstimmigen Beschlüssen die künftigen Ziele fest. Viele internationale Organisationen, speziell der Währungsfonds und die Vereinten Nationen, haben einen Beobachterstatus.

Alles klar geregelt. Stellt sich nur noch die Frage, mit welcher Macht sich die WTO gegenüber den Staaten, die auch Mitglieder sind, mit den von den Ministern der Länder geschaffenen Regeln durchsetzen kann. Als außenstehender Beobachter stellt man fest, dass die Wirtschaftsminister der einzelnen Staaten Regelungen zustimmen, die den innerstaatlichen Gesetzen widersprechen.

Die WTO ist für freien Handel. Fairer Handel, Umweltsiegel, Umwelt-Verträglichkeitsprüfungen, Handelsbeschränkungen für fossile Energieträger, Bevorzugung nachhaltiger Produkte gegenüber Billigprodukten werden als Handelshemmnisse gesehen, der Gedanke des Klimaschutzes wird nicht verfolgt.

China wird mit Regeln der WTO argumentieren, um die mit Umweltbelastungen erstellten Waren absetzen zu können. Die EU wird dagegen halten mit den Beschlüssen der Weltklimakonferenz.

So betrachtet, ein furchtbares Szenario, eine Verschwendung von Manpower-Ressourcen, von langwierigen Schlichtungsprozessen, von Gesetzesübertretungen auf beiden Seiten der Argumentationsfronten.

5 – Industrie und Gewerbe, größte Treibhausgas-Verursacher

Der Wechsel zu klimaneutralen Energieformen verlangt umfangreiche Veränderungen in der Technologie und im Ablauf der industriellen Prozesse. Viele Firmen werden den Umstieg nicht schaffen, Insolvenzen sind unvermeidbar. Durch das beschlossene Prinzip, als Verursacher die Kosten von Umweltverschmutzungen tragen zu müssen, ist die Möglichkeit des „weiter so“ verbaut. Entweder verändern die Marktteilnehmer ihre Technologie oder sie bezahlen mit dem Kauf von Zertifikaten ihren CO_2-Verschmutzungsgrad.

Es wird Verwerfungen geben im Mix der Unternehmen, manche werden untergehen, neue Ideenträger werden Märkte erobern. Diesen Wandel sozialverträglich sowohl für die Unternehmer als auch für die Arbeitnehmerschaft hinzubekommen, wird als eine der Hauptaufgaben auf die Politik zukommen.

Der europäische Emissionshandel

Mit 47,2 % haben Industrie und Gewerbe den größten Energiebedarf, davon entfallen 22,1 % auf den Stromverbrauch. Den Bedarf an elektrischen Strom durch nicht fossile Energieträger zu ersetzen, ist kein grundsätzliches Problem. Die Energieversorger als Zulieferer müssen nur genügend klimaneutralen Strom zur Verfügung stellen. Ganz anders verhält es sich mit dem Energiebedarf für industrielle Prozesse mit 6,5 % und Prozesswärme mit 18,7 %. Öl und Gas sind dafür die Hauptlieferanten. Für viele Prozesse wird die offene Flamme benötigt, wie zum Beispiel bei Produktionsprozessen wie Gießen, Spritzgießen, Glühen, Härten, Sintern, Brennen oder für Trocknungsprozesse. Und diese Prozesse sind zu verändern mit neuen Geräten, Anlagen und Einrichtungen. Eine unvermeidbare Umstellung, eine nicht zu umgehende Verschwendung von bisherigem Knowhow und Material. Aber so einfach ist das nicht. Der Austausch von Gas durch alternative Energieträger wird hauptsächlich nur durch Investitionen in neue Technologien möglich sein. Eine kurzfristige Substitution von Erdgas liegt in der Industrie bei relativ geringen 8 %, speziell die chemische Industrie kommt nur auf rund 4 %. Größere Potenziale gibt es nur in der Metallerzeugung und in der Nahrungsmittelindustrie mit jeweils 13 %. Für rund 15 % des Energieverbrauchs liegt noch keine wirtschaftliche Lösung vor, wie der Transformationsprozess ablaufen kann und welche Zeit dafür benötigt wird[15]. Durch den europäischen Treibhausgas-Emissionshandel wird aber jährlich steigender Druck aufgebaut, durch begrenzt zur Verfügung stehende Zertifikate entweder für hohe Preise

Zertifikate zu erwerben oder auf klimaneutrale Energien umzusteigen.

Für das europäische Emissionshandelssystem verteilt die Deutsche Emissionshandelsstelle DEHSt im Umweltbundesamt eine begrenzte Anzahl von Zertifikaten, die zur Emission einer bestimmten Menge von Kohlendioxyd über einen bestimmten Zeitraum berechtigen. Verursacher von Emissionen müssen am Ende des Zeitraums Zertifikate in Höhe ihrer Emissionen an die Behörde abgeben können. Dazu müssen sie von der Behörde oder anderen Verursachern ausreichend Zertifikate erhalten bzw. zukaufen. Überschüssige Zertifikate können an andere Verursacher verkauft werden, fehlende Zertifikate werden mit Strafen belegt.

Der Emissionshandel funktioniert nach dem Prinzip „begrenzen und handeln“ (cap & trade). Die CO_2-Verursacher können also wählen, welcher Weg für sie kostengünstiger ist. Da aber die kostenlose Zuteilung von Zertifikaten jährlich verringert wird, steigt der Zertifikatspreis auf dem öffentlichen Markt und der Umstieg auf Klimaneutralität wird attraktiver.

So weit so gut für den Klimaschutz. Auf der Strecke bleiben nur die Industriebetriebe, die sich weder den Umstieg auf klimaneutrale Herstellungsprozesse noch die stetig teurer werdenden Zertifikate leisten können.

Maßnahmenpakete der Industrie

Industrie und Gewerbe, was ist das eigentlich und was gehört dazu? Zum einen sind es die energieintensiven Betriebe, bei denen der Anteil der Energiekosten an der Gesamtleistung mehr als 15 % ausmacht. Gemessen am Umsatzanteil im verarbeitenden Gewerbe gehören hierzu die chemische Industrie (54 %), Stahlindustrie (18,2 %), Nichteisenmetall -Industrie (15,7 %), Papierindustrie (8,5 %), Glasindustrie (5 %) und Baustoffindustrie (3,1 %). Diese Industrien sind mit rund 1.800 Betrieben für den Emissionshandel gelistet und erhalten Anteile von Zertifikaten kostenfrei. Es sind die Schlüsselindustrien der deutschen Wirtschaft. Sie zu erhalten, ist der Grund der Zuteilung von kostenlosen Zertifikaten. Das nützt aber nur wenig, wenn nicht genügend Öl und Gas zur Verfügung steht. Und genau das ist zu befürchten, wenn wir die unterbrochenen Gaslieferungen aus Russland bedenken. Es ist schon tragisch für diese Wirtschaftskreise, mit einem Zuteilungsstopp der benötigten Energien rechnen zu müssen.

Zum anderen ist es die große Gemeinschaft der Lieferanten, die mit Halbzeugen und Modulen Unternehmen beliefern, die endfertige Produkte herstellen. Vorwiegend werden Herstellungsprozesse und Montagen ausgeführt, die mit elektrisch betriebenen Maschinen und Anlagen umgesetzt werden. Große Probleme für die Transformation zur klimaneutralen Herstellung ihrer Produkte werden nicht gesehen.

Ebenso verhält es sich mit der Vielzahl der Dienstleistungsbetriebe, die in der Regel wenig Energie verbrauchen. Wird die Dienstleistung allerdings unter Dach ausgeführt, ist die Wärmeversorgung auf Elektrik umzustellen. Im Metall verarbeitendem Handwerk werden zusätzlich zum Schweißen und Löten Spezialgase eingesetzt, die ebenfalls durch andere Technologien ersetzt werden können.

Bei allen Gewerbeformen wird es bei der Umstellung auf klimaneutrale Prozesse darauf ankommen, die bisherigen Organisationsabläufe nicht 1:1 auf elektrische Energie umzustellen, sondern die Prozesse zu erneuern und zu verschlanken. Wenn schon ein Transformationsprozess, dann einhergehend mit digitalisierten Abläufen in allen Bereichen des Betriebes. Positiv ausgedrückt besteht die einmalige Chance, durch Wertanalysen jegliche Art von Verschwendung zu vermeiden. Allein der Kundennutzen und die Wirtschaftlichkeit sollten dabei maßgebend im Vordergrund stehen.

Nicht erwähnt wurden die OEMs (Original Equipment Manufacturer – Originalausrüstungshersteller), als die sich unter anderem die Automobilhersteller bezeichnen. Dieser Industriezweig ist von mehreren Einschränkungen gebeutelt. Erstens von den Auflagen zum Emissionshandel in den Fabriken, zweitens von den CO_2-Flottengrenzwerten und drittens von der CO_2-Bepreisung für Benzin und Diesel. Die Umstellung auf Elektrofahrzeuge ist unausweichlich.

Sonderfall Automobilindustrie

Das Auto mit Verbrennungsmotor ist 135 Jahre alt. Der Deutschen liebstes technisches Gerät neben dem Smartphone wurde in dieser langen Zeit stetig weiterentwickelt. Heute ist das Auto ein hoch komplexes Gerät mit dem Bestreben, die Funktionen des Fahrens mit den Funktionen des Smartphones zusammen zu bringen und sich darüber hinaus zum autonomen Fahren zu entwickeln. Und damit beginnt das Problem. Bisher wurde das Auto vom Motor her gedacht. Immer leistungsfähiger mit immer mehr PS und weniger Benzin- oder Dieselverbrauch. Die Steigerung der Komplexität erfolgte schrittweise durch eine Vielzahl von Fahrer-Assistenz-Systemen. Antiblockiersystem, Stabilitätsprogramm, Leuchtweitenregulierung, Distanzregelung, Einparkhilfe, Notbremsassistent, Tempomat, Spurhalteassistent, Navigation, Reifendruckkontrolle, um nur einige zu nennen. Überwiegend werden die Systeme komplett von Zulieferern bezogen, einschließlich der zugehörigen Steuergeräte mit entsprechender Software. Die Aufgabe, diese getrennten, dezentralen Systeme zusammenzuführen, ist nur mit einem Wust von Kabelsträngen und -Bäumen umzusetzen und führt zu einem störanfälligem Gesamtsystem. Tesla hatte wenig Erfahrungen im Automobilbau, jedoch viel Kompetenz in der Vernetzung von Komponenten mit einem Zentralcomputer. Dieses Netzwerksystem vereinfacht zum einen die Verkabelung der Komponenten, zum anderen ist das System erweiterungsfähig auf dem Weg zum autonomen Fahren. Hinzu kommt, dass es leichter ist, sich vor Hackern vollumfänglich zu schützen, eine unabdingbare Forderung für das vollständig automatisierte Fahren.

Den europäischen Autoherstellern wird nichts anderes übrigbleiben, als beim Einstieg in die Elektromobilität die Vernetzung der Systemkomponenten mit einem neuen, zentralen Betriebssystem zu versehen und dessen Entwicklung möglichst inhouse umzusetzen. Prototypen von selbstfahrenden PKWs sind mit einer hohen Anzahl von Sensoren in hochauflösender Technik versehen, die die Umgebung im Straßenverkehr erfassen und nach Auswertung der Daten selbst Entscheidungen für das Fahrverhalten treffen. Mit einer Weiterführung der Vorgehensweise mit dezentralen Komponenten und unterschiedlichen Steuergeräten ist das nicht zu schaffen.

Letztlich bedeutet ein Festhalten an bisherigen Software- und Hardware-Strukturen und lediglich ein Austauschen der Verbrennungsmotoren gegen Elektroantriebe den Untergang der europäischen Automobilindustrie. Das mit dem Internet vernetzte Auto ist weitgehend schon verwirklicht und wird bald zum Standard werden, die Bedürfnisse der Fahrer und Insassen werden sich ändern. Auch wenn der Weg noch weit ist, werden Autopiloten die Steuerung der Fahrzeuge übernehmen, ein Eingreifen von Menschen wird irgendwann nicht mehr erforderlich sein.

Es hat ja seinen Reiz, wenn der Fahrer nicht mehr auf den Verkehr achten muss und entspannt zurückgelehnt mit der Spielekonsole auf dem zentralen Bildschirm ein virtuelles Autorennen fahren kann.

Der fahrerlose Transport wird ebenfalls kommen, ohne Frage. Zwingend erforderlich ist er mittelfristig nur für den ÖPNV und Güterverkehr auf Schienen und öffentlichen Straßen sowie für den innerbetrieblichen Verkehr, wie heute schon vielfach verwirklicht. Automatisiertes Fahren für den

Individualverkehr wird sicherlich noch eine Weile dauern, es ist vor allem eine Kostenfrage für potenzielle Käufer. Der Umstieg auf Elektro-Fahrzeuge ist dringend geboten und für die Klimaneutralität auch sinnvoll, wenn ab 2035 keine Verbrenner mehr neu zugelassen werden. Aber es ist auch eine erhebliche Kostenbelastung für die künftigen Besitzer. Auch wenn autonomes Fahren Wirklichkeit wird, die Marktdurchsetzung wird dauern, weil die Mehrheit der Autofahrer es sich einfach nicht leisten kann. Wenn gleichzeitig automatisierte Fahrdienste angeboten werden, die mit individueller Zieleingabe frei abrufbar sind, wozu dann noch ein eigenes Fahrzeug, wenn die Freude am Selbstfahren sowieso nicht mehr gegeben ist? Aus meiner Sicht wurde hier nicht zu Ende gedacht, Individualverkehr und autonomes Fahren ist eigentlich ein Widerspruch in sich!

Es wird ein Wettlauf einsetzen zwischen den Entwicklungsschritten zum autonomen Fahren. Sollten frei verfügbare Fahrzeuge nach dem car- sharing-System kostengünstig die Bedarfe des Personentransportes decken können, bevor bezahlbare Individualfahrzeuge auf dem Markt sind, sind Gründe für eine Eigenanschaffung kaum noch vorhanden. Die Folgen eines solchen Wandels wären hinsichtlich der Vermeidung von Verschwendung phänomenal. Keine Anschaffungskosten für ein eigenes Auto, keine Steuern, keine Versicherung, keine eigene Garage, keine eigene Ladestation, keine Wartungs- und Reparaturkosten. Der Wagenpark für die Zulassung auf öffentlichen Straßen könnte sich insgesamt drastisch reduzieren. Das Verkehrsaufkommen wird allerdings annähernd gleichbleiben, wenn nicht Gemeinschaftsfahrten organisiert werden können. Aber auch das wird sich fundamental ändern, wenn die Abrufsysteme für

Start und Ziel durch KI optimiert werden. Um allen Anforderungen für ein solches Verkehrsangebot gerecht zu werden, wird es Fahrzeugkonstruktionen mit sehr unterschiedlichen Geschwindigkeits- und angepassten Innenraumangeboten geben müssen, von einfach bis luxuriös, geeignet für Kurz- und Langstrecken.

Die Frage wird sein, ob sich die Besitzer eigener Fahrzeuge künftig auf neue Mobilitätskonzepte einstellen werden. Wir alle schätzen die Freiheit, über ein für uns selbst zugeschnittenes Auto zu verfügen, um zu jeder Zeit an jeden Ort gelangen zu können. Bisherige car-sharing-Systeme lösen das nicht.

Erlauben Sie mir einen vielleicht weit hergeholten Vergleich. Wenn wir eine Ferienwohnung oder ein Urlaubshotel suchen, bedienen wir uns in den meisten Fällen des Internets. Booking.com, HRS, trivago und viele mehr bieten Wohnungen und Zimmer auf der ganzen Welt, abgestuft von sehr einfach bis luxuriös, für Städtereisen, Strandurlaub, Erlebnistouren, Geschäftsreisen und vieles andere mehr in verschiedenen Preisklassen. Dazu bieten sie Flugreisen, Mietwagen, Busreisen und Besichtigungen vor Ort und gerne auch Veranstaltungen jeglicher Art. Mit anderen Worten: eine Rundumversorgung für jeden Anspruch. Kaum jemand würde auf die Idee kommen, sich für die unterschiedlichen Orte jeweils ein eigenes Haus, eine eigene Wohnung zu kaufen. Mit Wohnungseigentum sitzt man durchweg ortsgebunden fest, es bietet nicht das Optimum für alle Anwendungsfälle. Wohnungen nutzen anstatt sie zu besitzen ist für Urlaubszeiten der bessere Weg. Von den Anschaffungskosten ganz abgesehen.

Und beim Auto? Kein Fahrzeug bietet für alle Anwendungsfälle die richtige Lösung. Fahrten zum Baumarkt, zur Oper, mit Großfamilie, allein für Geschäftsreisen, morgens zum Bäcker, Ausflugsfahrten bei Sonnenschein, im engen Stadtverkehr oder über Forstwege - die Anforderungen sind unterschiedlich.

Ob SUV, Kleinwagen, Limousine, Transporter, Bus, Cabrio oder was auch immer, man entscheidet sich bei der Anschaffung eines eigenen Fahrzeugs für einen Kompromiss und muss damit meistens über Jahre zurechtkommen.

Als Dienstwagen habe ich viele unterschiedliche Konzern-Fahrzeuge der VW AG fahren können, jedes Halbjahr weitgehend frei wählbar ein anderes. Je nach Anwendungsfall möglichst das passende Modell, eine sehr begrüßenswerte Situation. Der kurzfristige Tausch war dem Gebrauchtwagenmarkt geschuldet, die „Halbjahreswagen" kamen im Verkauf gut an.

So etwas müsste es für alle geben? Gibt es schon! Mietwagenanbieter bieten Auto-Abos an. „Alles Inklusive" können Fahrzeuge online frei konfiguriert und gebucht werden. Im monatlichen Rhythmus kann zu einem Fixpreis das Auto je nach Anspruch übernommen, danach getauscht und jederzeit gekündigt werden. Das alles läuft im Anfangsstadium noch holprig, da nicht alle Fahrzeugklassen zur Verfügung stehen. Aber das Konzept scheint zukunftssicher und erfolgversprechend. Vor allem lässt es sich ausbauen für die Zeit des autonomen Fahrens: Fahrzeug online aussuchen und zum Festpreis buchen, vor der Tür entgegennehmen, Ziele jeweils online eingeben, nach Nutzungsdauer „irgendwo" abstellen und kündigen. Nächtliche Ladezeiten sollte das Fahrzeug autonom erledigen. Haben wir damit das Mobilitätskonzept der Zukunft? Vielleicht.

Die Autoindustrie wird dagegenhalten und alles tun, dass der Wunsch nach Individualfahrzeugen weitgehend erhalten bleibt. Ein reines Mengenproblem zum Erhalt der hohen Produktionskapazitäten. Es wird nicht die Freude am Fahren sein, die künftig als Kaufargument dienen wird. Die Ausstattung der Fahrzeuge mit einer digitalen Rundumversorgung ist das Ziel. Das „Wohnzimmer" des eigenen Fahrzeugs wird für alle Möglichkeiten der digitalen Welt Lösungen bieten, individuelle Einstellungen zur Steuerung des Fahrzeugs werden gespeichert sein, die Insassen werden sich voll auf die Gestaltung ihrer freien Zeit einstellen können. Schon heute werden wir in den höherpreisigen Fahrzeugen mit riesigen Bildschirmen und mit der Möglichkeit der Installation aller möglichen Apps so versorgt, dass Büroarbeiten und Freizeitgestaltung am Computer möglich sind. Und die Entwicklung geht weiter in Richtung Light, Sound, Games, Karteninformationen und jegliche Art von Sprachsteuerung für die Funktionen des Fahrzeugbedienfeldes. Alle Informationen, die dafür erforderlich sind, werden ebenfalls geliefert. Natürlich werden alle digitalen Angebote und Services auch zusätzliche Kosten und damit Einnahmen der Fahrzeuglieferanten generieren und gleichzeitig Daten liefern, die der Fahrzeughersteller abgreifen kann. Alle namhaften Autohersteller arbeiten mit eigenen Betriebssystemen daran, sich weitgehend von Apple und Google abzuspalten, um diesen Giganten nicht das Feld der Datenabschöpfung der eigenen Fahrzeuge zu überlassen. Den künftigen Insassen autonom fahrender Fahrzeuge soll eine „Heimat" geboten werden, um sich während des Transportes wie zuhause zu fühlen.

Wenn auch der Umstieg vom Verbrenner auf Elektroantrieb aus Umweltschutzgründen vorrangig ist, werden Automobilhersteller konsequent die Chance nutzen, für ein späteres autonomes Fahren die richtigen Weichen zu stellen. Der Schwerpunkt der Fahrzeugentwicklung wir sich aber auf Fahrzeuge für Fahrdienstleister konzentrieren, die Taxi-ähnlich mit Fahrzeugen unterschiedlicher Größe automatisiert den Personenverkehr weitgehend übernehmen könnten. Nischenprodukte wird es sicherlich noch geben, um auch in Zukunft die Freude am Selbstfahren erhalten zu können.

Wünschenswert wäre es, wenn sich Stadtentwicklungen auf die Umstellung vom Individualverkehr auf den öffentlichen Personennahverkehr (ÖPNV) und das Angebot der autonom fahrenden Fahrzeuge der Fahrdienstleister einstellen würden. Ein denkbares Szenario: Die Stadtzentren mit deren Fußgängerzonen bleiben zu den üblichen Geschäftszeiten autofrei, die autonome Belieferung mit Gütern erfolgt morgens außerhalb dieser Zeiten. Fahrzeuge des Personenverkehrs haben Zufahrt zu den Grenzen der Fußgängerzonen, Parkgaragen werden dort weiterhin und ergänzend benötigt, um autonom fahrende Fahrzeuge zu unterschiedlichen Stoßzeiten ausreichend zur Verfügung zu haben. Dazu wäre die Ausstattung der Parkboxen mit Wallbox-ähnlichen Ladestationen erforderlich, um ein autonomes Laden zu ermöglichen. Machbar, bei Rasenmäher-Robotern funktioniert es ja auch. Wartezeiten sollten dank KI nicht mehr notwendig sein. Außerhalb der Fußgängerzonen könnten sich autonom fahrende Fahrzeuge den Straßenbereich mit Fahrradfahrern teilen, weitgehend auf getrennt geführten Fahrspuren.

Aber wie bereitet sich die Automobilindustrie darauf vor? Wie weit ist die Elektromobilität vorangeschritten, wie haben sich die Fabriken auf die sehr differenzierte Produktionstransformation von Verbrenner auf Elektroantriebe vorbereitet? Wie weit wird das autonome Fahren bereits vorgedacht und bei Fabrikausrüstungen berücksichtigt?

Bisher Erreichtes

Alle kompetenten Autohersteller haben bereits Elektrofahrzeuge im Markt. Die Flottengrenzwerte zwingen sie dazu. Entscheidend für die Käuferschicht zur weiteren Marktdurchdringung der Elektromobilität werden Preise und Reichweiten sein. Erfreulich dabei ist, dass sich die Reichweiten stetig nach oben verschieben, die Kosten für die Anschaffung und den Betrieb aber noch nicht an die Wirtschaftlichkeit von Benzin- und Dieselfahrzeugen heranreichen. Die kontinuierliche Verteuerung der Brennstoffe aufgrund der CO_2-Bepreisung wird das aber kurzfristig ändern. Die Umstellung der Fabriken auf die neue Technik ist in vollem Gange, zum Teil mit Fabrikneubauten auf grüner Wiese für einen schleichenden Übergang vom Verbrenner auf Elektroantrieb. Die Umrüstungen und Neubauten der Fabriken gehen einher mit der Umstellung auf eine klimaneutrale Produktion. Mercedes-Benz treibt die Nachhaltigkeit in allen deutschen Werken mit einer CO_2-neutralen Energieversorgung voran, die zugekaufte elektrische Energie wird nur noch aus regenerativen Quellen bezogen, der Rest des Strombedarfs aus eigenen hocheffizienten Gaskraftwerken. Klingt gut, ist aber nur die halbe Wahrheit, wenn entstehende „Rest"-CO_2-Emissionen durch Kompensationsprojekte ausgeglichen werden. Anders ausgedrückt, Mercedes-Benz muss Zertifikate kaufen. Und von Öl- und Gasverbräuchen für Prozesswärme ist noch nicht mal die Rede. Mit der Factory 56 wird Mercedes bis 2039 als Zero Carbon Fabrik vollständig CO_2-neutral sein, als neuem Maßstab für den Automobilbau (Mercedes-Benz). Auch Ford Deutschland meldet die Nutzung von 100 % grünem Strom. Allerdings besteht das Ziel, bis 2035 in allen Produktionsanlagen klimaneutrale Energie zu verwenden (Ford Deutschland). Das sollte dann Öl- und Gasverbräuche einschließen. „Wir werden beim Erreichen der Klimaneutralität eine Vorreiterrolle übernehmen, weil es das Richtige für die Kunden, den Planeten und für Ford als Unternehmen ist.“ so Bob Holycross, Chief Environment and Sustainability and Safety Officer von Ford. BMW nimmt für sich in Anspruch, Benchmark, also Klassenbester, in Ressourceneffizienz zu sein. „Unsere Spitzenposition bei der Ressourceneffizienz in der Produktion wollen wir auf den gesamten Lebenszyklus unserer Fahrzeuge ausweiten. Mit der neuen Klasse werden wir dabei den nächsten großen Schritt machen“. sagte Oliver Zipse, VdV der BMW AG. Dazu gehört das Bekenntnis zur Klimaneutralität bis 2050. Na ja, kein großer Schritt, bis 2050 verlangt es die EU sowieso. Auch Opel möchte seinen CO_2-Fußabdruck reduzieren als positives Beispiel für die gesamte Branche. Bei Audi wird bereits bis zu 75% klimaneutral produziert, im Werk Brüssel komplett mit Solaranlagen, Biogas und – Sie ahnen es schon – mit Ausgleichszertifikaten. Porsche will über die gesamte Wertschöpfungskette bis 2030 „bilanziell“ CO_2-neutral sein und mit einem vollumfänglichen Ansatz Vorreiter in der Automobilindustrie werden. Es gibt also viele erste Plätze! Und Volkswagen? „Die Transformation bei Volkswagen ist fundamental für die deutsche und europäische Wirtschaft. Das Beste, was VW für den Klimaschutz tun kann, ist eine Vorreiterrolle zu übernehmen und zu zeigen, dass es geht“ (Georg Kell, Sprecher des unabhängigen Nachhaltigkeitsbeirats bei VW).

Die wortreichen Versicherungen der Automobilindustrie, ähnlich der übrigen Industrie, beziehen sich hauptsächlich auf die Beschaffung von grünem Strom. Das ist noch relativ leicht zu bewerkstelligen, wenn denn genügend davon angeboten wird. Erfolge wurden bei Effizienzsteigerungen erreicht, sowohl beim Energieverbrauch als auch durch den reduzierten Einsatz von Ressourcen für die Batterieherstellung. Solange letztere aber aus China kommen, wo der Kohleanteil der Stromerzeugung vorherrscht, sind keine wirklichen Fortschritte zu erwarten. Erst wenn in Deutschland die von einigen Herstellern geplanten oder bereits im Bau befindlichen Batteriewerke fertiggestellt sind, wird die Effizienz signifikant steigen. Der Verbrauch von Prozessenergien wird kaum erwähnt, und wenn, dann mit dem Ziel zur Klimaneutralität bis 2050. Keine Glanzleistung, denn das fordert die EU sowieso mit den flankierenden Maßnahmen des Emissionshandels. Sehr positiv zu bewerten ist jedoch, dass sich die jeweiligen Vorstandsvorsitzenden der Gesellschaften mit den Zielen identifizieren und offensichtlich auch „dranbleiben“. In den nächsten Jahren werden vermutlich neue Technologien entwickelt werden, um den Umstieg auch bei den Prozessenergien zu erleichtern oder überhaupt erst möglich zu machen.

Soweit die Theorie. Wie weit die Vorhaben in der Praxis umgesetzt sind, wollte ich mit einem Besuch des damals von mir geleiteten Werkes der Volkswagen Poznan in Polen in Erfahrung bringen.

Ein beispielhaftes Unternehmenskonzept

Volkswagen Poznan hat sich verändert, vergrößert, weiterentwickelt. Im Stammwerk wurden 2022 arbeitstäglich 750 Nutzfahrzeuge produziert, Transporter T 6.1 und Caddy 5. Neu hinzugekommen und auf grüner Wiese errichtet wurde für den Crafter, ein Nutzfahrzeug der Klasse bis zu 5,5 Tonnen Nutzlast und mit 69 verschiedenen Versionen bestellbar, ein Werk mit einer Tageskapazität von 450 Fahrzeugen. Mit insgesamt 9.500 Mitarbeitern ist VWP einer der größten Arbeitgeber in Polen. Das Leitbild: „Wir sind ein weltweit führender Anbieter von nachhaltiger Mobilität" (Volkswagen Poznan). Die Frage ist, ob unter Nachhaltigkeit auch die Reduzierung der Umweltbelastungen durch die Fabriken gemeint ist. VWP ist, wie viele andere Firmen auch, zertifiziert nach ISO 14001 für das Umweltmanagement und nach ISO 50001 für das Energiemanagement. Die ISO 14001 ist ähnlich der DIN 9001 aufgebaut, nämlich nach dem PDAC-System (Plan, Do, Act, Check – Planung, Durchführung, Kontrolle, Verbesserung), legt allerdings keine absoluten Anforderungen für die Umweltleistung fest. Ähnlich verhält es sich mit der ISO 5001, Energieeffizienz und kontinuierliche Verbesserung stehen auch hier im Fokus, absolute Werte werden nicht gefordert. Sicherlich ist mit der Einhaltung der Norm eine Organisation installiert, die sich kontinuierlich mit der Verbesserung des Umweltschutzes und der Energieeffizienz beschäftig. Man muss allerdings schon genau hinsehen, was belegbar mit Zahlen und Daten erreicht wird.

Intensiver geht die bei VW weltweit schon 2010 eingeführte Umweltstrategie „goTOzero" vor. Hier werden in jedem Werk individuelle, mit Werten angegebene Ziele festgelegt, um für die Marke Volkswagen bis 2030 die

Umweltbelastung um 40% gegenüber 2018 zu senken. Mehr als die Hälfte weniger Energie aus fossilen Brennstoffen, annähernd die Hälfte der CO_2-Emissionen und flüchtigen organischen Verbindungen sowie die Hälfte des Wasserverbrauchs und des Deponieabfalls für jedes produzierte Fahrzeug müssen dabei erreicht werden.

Für die Werke von Volkswagen Poznan gilt das System „Think Blue Factory“. Im Kern dasselbe Ziel. Mit einem Entwicklungsplan für Ressourceneffizienz und Emissionsverringerung im Produktionsprozess soll eine „Zero Impact Factory“ erreicht werden.

Gerne habe ich das Angebot angenommen, mir bei einer Werksführung ein Bild zu machen, ob die Umsetzung der Ziele für einen Werksbesucher denn schon sichtbar und bemerkbar sind. Werksbesichtigungen für die Öffentlichkeit bieten alle namhaften Automobilhersteller als PR-Maßnahme an, Produktwerbung vom Feinsten.

Der Automatisierungsgrad hat sich erheblich erweitert, handwerkliche Arbeiten im Karosseriebau sind kaum noch zu sehen. Roboter-Straßen dominieren die Produktionsstätte. Die Fahrzeug-Endmontage verlangt noch viele manuelle Tätigkeiten, unterstützt von Robotern, wo es irgend möglich ist. Geblieben sind die Farben der Arbeitskleidung der Mitarbeiter: Im Karosseriebau blau, in der Lackiererei weiß, in der Endmontage rot. Vermittelt wird dadurch eine saubere Fabrik, unterstützt durch eine helle, farbenfreundliche Arbeitsumgebung. Ob die bisherigen Umweltschutzziele erreicht wurden, ist für Besucher nicht zu erkennen, wohl auch nur durch Emissionsmessungen belegbar. Den Veröffentlichungen auf den Webseiten der Firmen muss man wohl Glauben schenken, absolut erreichte Werte sind nicht einsehbar.

Entscheidungsfreiräume

Industrie und Gewerbe müssen sich also wandeln, mit neuen Technologien wird sich die Wirtschaft auf die Anforderungen für eine klimaneutrale Welt umstellen, umstellen müssen. Mit zukunftsfähigen Entwicklungen wird es möglich werden, Prozesse neu zu denken und zu realisieren. Womöglich einziger Hinderungsgrund: Gesetze und Verordnungen von gestern und vorgestern. Das passt einfach nicht zusammen. Die Überversorgung mit Gesetzen zum (angeblichen) Schutz der Menschen treibt bereits jetzt seltsame Blüten. Einerseits fordert die Politik mehr selbstbestimmte Initiative zur Unterstützung des Umstiegs zur Versorgung mit erneuerbaren Energien, andererseits wird der Selbsteinschätzung von Gefahren nicht vertraut. Bezeichnend ist, dass Forderungen von namhaften Politikern erhoben wurden, ein Gesetz zu schaffen, um Gesetze auf ihre Innovationsfreundlichkeit zu überprüfen. Dass aber nur neue Gesetze durch diesen Innovations-TÜV müssen, geht am Thema vorbei. Gerade bisher gültige Gesetze behindern Innovationen in vielen Fällen über Gebühr.

Unternehmen bewegen sich auf unbekanntem Terrain, wenn sie Auswege aus der bisherigen Technologie mit der Verwendung fossiler Energieträger suchen und zu neuen Ufern wollen. Um Deutschland wieder in die Nähe eines Technologieführers zu bringen, sollte die Beweislast zur Einhaltung von Gesetzen verändert werden. Neue Ideen, Innovationen sollten ohne Rücksicht auf bestehende Gesetze marktreif entwickelt werden. Sicherheitsregeln wären dabei vom Entwickler derart zu beachten, dass Schäden für die Umwelt ausgeschlossen werden können. Nach einer zeitnahen Prüfung durch den Gesetzgeber, ob die marktreife Innovation Nutzen und keine Gefährdung für die Allgemeinheit bringt, sollten behindernde Gesetze auf Sinnfälligkeit überprüft und erforderlichenfalls abgeschafft werden. Nicht die Innovationen müssten der heutigen Gesetzgebung entsprechen, sondern die Gesetze sind dem Fortschritt anzupassen, auch mit Übergangsregelungen. Sicherlich ist ein solches Modell in der Europäischen Union schwer umzusetzen, viele Gesetze beruhen bereits auf EU-Recht. China hat mit einer solchen Vorgehensweise kein Problem, wirkt deshalb sehr innovationsfreudig, die Einheitspartei richtet es schon. Wollen wir mit ungleichen Waffen zur Eroberung und Umsetzung neuer Technologien antreten?

Selbstverständlich sind Sicherheitsstandards bei Innovationen einzuhalten, eine Abschwächung muss nicht hingenommen werden. Aber warum gibt es Vorschriften, dass zum Beispiel Airbags und Sicherheitsgurte im Auto eingebaut sein müssen. Wenn die Insassensicherheit durch andere Maßnahmen ebenso gewährleistet werden könnte, sollte das System eigentlich frei wählbar sein. Nicht den Weg sollte der Gesetzgeber vorschreiben, sondern immer nur das Ziel, was erreicht werden soll. Die Prozesse zur Umsetzung sollte den Entwicklern vorbehalten bleiben.

Es geht um sichere Prozesse, die so definiert sind, dass ein Handlungsfortschritt nur exakt richtig erreicht werden kann und nicht fehlerbehaftet fortgesetzt wird. Falsche Ergebnisse sind dabei ausgeschlossen. Prozesse sind dabei als die Gesamtheit der Tätigkeiten zu verstehen, die sich gegenseitig bedingen oder beeinflussen und unter Verwendung von Ressourcen Eingaben in Ergebnisse umwandeln[16].

Am einfachsten ist ein sicherer Prozess zu verstehen, wenn ein genormter Stecker mit einer 220 V-Steckdose verbunden werden soll. Man kann es nur richtig machen. Andere Stecker-Systeme passen nicht. Beispiele dazu gibt es auch im öffentlichen Bereich: Drehkreuze als Eingangstore sind nur in einer Richtung zu benutzen, ein sicherer Prozess. Drehsperren als dreiarmige Durchgänge eher nicht, sie sind leicht zu übersteigen.

Die Industrie hat das längst begriffen. Technische Prozesse auch mit manueller Hilfe laufen so ab, dass jegliche Fehler im Ablauf zur Unterbrechung führen, erst nach Fehlerbehebung ist eine Prozess-Fortsetzung möglich.

Gesetze sollten grundsätzlich so strukturiert sein, dass die Ziele bindend beschrieben werden, was mit sicheren Prozessen erreicht oder verhindert werden soll. Die Wege, wie es erreicht werden kann, sollten grundsätzlich offenbleiben. Eine Vielzahl von Gesetzen wäre damit obsolet.

Beispielhaft das unsinnige Gesetz, für jeden Verkaufsvorgang eine Quittung aushändigen zu müssen. Der Kundenwunsch war es nicht, beim Bäcker für ein paar Brötchen einen Zettel entgegenzunehmen. Dabei ging es nur um die Kontrolle, Verkäufe ohne Umsatzsteuer zu vermeiden. Das kann im Digitalisierungs-Zeitalter auf sehr unterschiedliche Art geschehen, die Beweislast läge hier beim Verkäufer.

Das Risiko, Innovationen aufgrund nicht veränderbarer Gesetze nicht vermarkten zu können, liegt beim Unternehmer, keine Frage. Wenn aber von vorne herein die Gewissheit besteht, mit neuen Ideen an bestehenden Gesetzen zu scheitern, wird sich kein Unternehmer auf glattes Eis begeben oder eine Investition im europafernen Ausland vorziehen.

Zur Erreichung der Klimaneutralität ist es fünf vor zwölf. Doch diese Aussage haben wir in der Vergangenheit schon oft gehört. Und immer ist es gelungen, Lösungen zur Problembeseitigung zu finden, bevor es zwölf schlug. Das wird auch in unserer heutigen Situation möglich sein, wenn wir den klugen Köpfen im Land viel Spielraum geben und sie durch Gesetze nicht über Gebühr einschränken.

6 – Herausforderungen für eine CO_2-freie Zeit

Für den Weg zur Klimaneutralität liegen Umsetzungskonzepte vor, die positiv stimmen sollten. Ausgearbeitete Modelle sowohl für den Ausschluss fossiler Energieträger als auch zur Sicherstellung nachhaltiger Energieversorgung wurden der Politik unterbreitet, namhafte Wissenschaftler arbeiten seit Jahren an Strategien zur Zielerreichung. Technisch scheint eine Realisierung möglich, die dafür erforderlichen Ressourcen an Zeit, Material und Personal sind ermittelt, die gesetzlich erforderlichen Grundlagen dazu beschrieben. Für die nahtlose Umsetzung sind die Voraussetzungen allerdings nicht mehr gegeben, das Zeitlimit für eine fristgerechte Realisierung ist überschritten. Größtes Hindernis ist die finanzielle Belastung, die hauptsächlich von Unternehmen und Privatpersonen getragen werden muss. Das Szenario der Wissenschaftler beschreibt eine Vorgehensweise, die von der Mehrheit der Bevölkerung wohl nicht mitgetragen wird. Größte Herausforderung für eine klimaneutrale Zukunft wird deshalb die Vermittlung zur Bereitschaft aller Bürgerinnen und Bürger sein, Opfer zu bringen und Umstellungen in der Lebensweise hinzunehmen.

Veränderungen in unserer Gesellschaft

Die Herausforderungen zur Erreichung eines klimaneutralen Deutschlands mit Erhalt der Biodiversität sind immens, Alternativen mit abweichenden Zielen sind nicht vorhanden. Nichts oder zu wenig zu tun, führt ins Verderben. Es wird nicht anders gehen, ich wiederhole mich da: Die gemeinsame Aufgabe aller Bundesbürgerinnen und -bürger, gefördert und unterstützt vom Staat, wird darin bestehen, die Sinne zu öffnen, um Umweltprobleme überhaupt wahrzunehmen und an deren Lösung mitzuarbeiten.

Aber wie stellen wir uns darauf ein mit einer Bevölkerung, die sich in den letzten Jahren erheblich verändert und gemischt hat?

Drei große Einschnitte in unserer Gesellschaft haben diese Veränderungen in Deutschland bewirkt. Zweifellos waren die Wiedervereinigung mit dem Beitritt der Deutschen Demokratischen Republik zur Bundesrepublik Deutschland am 3. Oktober 1990 und die Folgejahre der Anpassung die größte Veränderung in unserem Land. Die Bevölkerungszahl der Bundesrepublik erhöhte sich an diesem Tag von 62 auf 80 Millionen.

Die zweite große Veränderung musste wirtschaftlich und psychisch mit dem Flüchtlingsstrom 2015 bewältigt werden. Immerhin wurden in diesem Jahr und im nächsten Jahr über eine Million Schutzsuchende aufgenommen. Die Reaktionen in der Bevölkerung waren sehr gespalten, über eine großartige Willkommenskultur hinaus gab es auch Ablehnung, samt niederträchtigen Übergriffen auf die Flüchtlinge.

Durch den Angriffskrieg und Überfall der Russen auf die Ukraine sind bisher mehr als 1 Million Flüchtlinge in

Deutschland aufgenommen worden mit dem Vorteil, dass die Ukrainer als Europäer eine Arbeitserlaubnis haben, ganz im Gegensatz zu den Menschen aus Syrien und Afghanistan Die Integration wird dadurch problemloser erfolgen können. Diese Veränderungen haben unsere Bevölkerungsschichten ordentlich durcheinandergewirbelt. Ob dies positiv oder negativ zu bewerten ist, wird die zukünftige Integration zeigen.

Diese Veränderungen in unserer Gesellschaft haben sehr viel Geld gekostet. Und immer, wenn hohe Summe aufgewendet werden mussten, traten Vorhaben zur Vermeidung der Umweltprobleme in den Hintergrund. Die politischen Entscheidungen dazu sind nachvollziehbar, wirklich verständlich sind sie nicht.

Aus dem ehemaligen 3-Parteien-System ist inzwischen ein 7-Parteien-System geworden, ein Spiegelbild unserer Gesellschaft, welches vielfältiger und bunter geworden ist, politische Entscheidungen aber schwerfälliger macht. Linke und rechte Extreme sind noch in der Minderheit. Die Parteien streben zur Mitte, höchstens noch Mitte Links oder Mitte Rechts, um möglichst viele Stimmen abzuschöpfen. Für die Politiker eine schwere Aufgabe für ein Parteienprogramm, welches genau die große Gruppe der Mitte anspricht und sich trotzdem von den Programmen der anderen absetzt. Aber was ist die große Mitte und welche Bedürfnisse möchte sie befriedigt sehen? Da sind zum einen die Unterschiede in der Bildung, zum anderen in der beruflichen Tätigkeit, zum dritten nach Ausrichtung der Arbeitgeber, zum vierten der bunte Mix der Herkunft von immerhin 26 % mit Migrationshintergrund, auch wenn davon bereits 52 % die deutsche Staatsangehörigkeit besitzen. Darüber hinaus sind die Ansprüche der Stadt- und Landbevölkerung sehr unterschiedlich, detaillierter noch zu sehen für die jüngere und ältere Generation. Und zuletzt noch die unterschiedliche Ausrichtung der Freizeitgestaltung. Klar, dass hier differenzierte Bedürfnisse der eigenen Lebensgestaltung bestehen.

Die Politik wird für diese Schnittmengen ein Zukunftsbild erarbeiten müssen, dass darauf hinzielt, die Aufgaben und Belastungen der klimaneutralen Umwelt für alle tragbar aufzubereiten und Wahlversprechen, die den Staat nur Geld kosten und keinen Fortschritt für eine saubere Umwelt erbringen, zu unterlassen.

Aber so einfach ist das nicht. Geschützt durch unser Demokratieverständnis ist es mit unserem Rechtssystem dazu gekommen, dass wir Entwicklungen zwangsweise tolerieren, die in einem gut funktionierenden Staat nicht vorkommen sollten. Unsere Judikative ist so aufgestellt, dass wir uns gegen Menschenhandel, Drogenkriminalität, Mafia-Strukturen, von Clans besetzten Wohnvierteln nur bedingt durchsetzen können[17]. Solange es in Deutschland ganze Stadtteile gibt, die von Banden beherrscht werden, die dort einen rechtsfreien Raum geschaffen haben, ist wohl nicht anzunehmen, dass diese Bevölkerungsgruppen sich um Umweltschutz und Klimaneutralität scheren. Mit Sozialromantik und Toleranz kommen wir hier nicht weiter.

Meine Wahrnehmung ist, dass die politischen Parteien daran nicht ausreichend arbeiten und sich vor Offenlegung unangenehmer Wahrheiten drücken. Immer noch auf hohes Wachstum zu setzen und die alten Strukturen beizubehalten, ist der falsche Weg in die Zukunft. Wir haben uns zu sehr darauf eingestellt, speziell auch die jungen, arbeitsfähigen Männer aus afrikanischen Ländern zu unterstützen und ihnen ein wenn auch bescheidenes Leben ohne große Anstrengung zu ermöglichen, ohne dass eine Gegenleistung eingefordert wird.

Multikulti ist eine spannende, sicher auch eine bereichernde Situation, in der wir uns schon seit 1989 mit der schrittweisen Öffnung der Grenzen befinden. Multikulti bedingt aber auch, dass es immer schwieriger wird, die unterschiedlichen Bevölkerungsgruppen auf ein gemeinsames Ziel zu fokussieren. Zu viele politische, religiöse und herkunftsbedingte Ausrichtungen mit dem Anspruch, der Staat wird es schon richten, lassen einen gemeinsamen Aufbruch in eine Richtung leicht aus dem Ruder laufen.

Die Botschaft muss anders lauten. Klimaneutralität und Biodiversität haben höchste Priorität und jede Bürgerin, jeder Bürger hat seinen Beitrag dazu zu erbringen.

Energiesysteme zur Umsetzung

Ausgearbeitete Alternativen, alles zum Guten zu wenden, liegen vor. Wie etwa ein Papier der Organisation Agora Verkehrswende:

„Ein klimaneutrales Deutschland ist bereits bis 2045 möglich. Im Vergleich zum Zieljahr 2050 spart das der Atmosphäre knapp eine Milliarde Tonnen CO_2. Mit einem solchen Ziel würde Deutschland wieder zu einem internationalen Vorreiter beim Klimaschutz und zu einem Leitmarkt und Leitanbieter für Klimaschutztechnologien.“[18]

In den Landesgesetzen zum Klimaschutz setzt sich allmählich die Einsicht durch, sich auf die Klimaneutralität bis 2045 einzustellen. So hat zum Beispiel Niedersachsen fest verankert, für gewerblich genutzte Flächen ab 2023 und für Wohngebäude ab 2025 Photovoltaikanlagen vorzuschreiben und für Windkraftanlagen mehr Landesflächen zur Verfügung zu stellen.

Die Stiftung Klimaneutralität[19] hat Wege, Instrumente und wissenschaftlich fundierte Szenarien erarbeitet, bei deren Umsetzung das Ziel erreichbar scheint. Das bestätigt auch das Umweltbundesamt, wie Abbildung 9 zeigt.

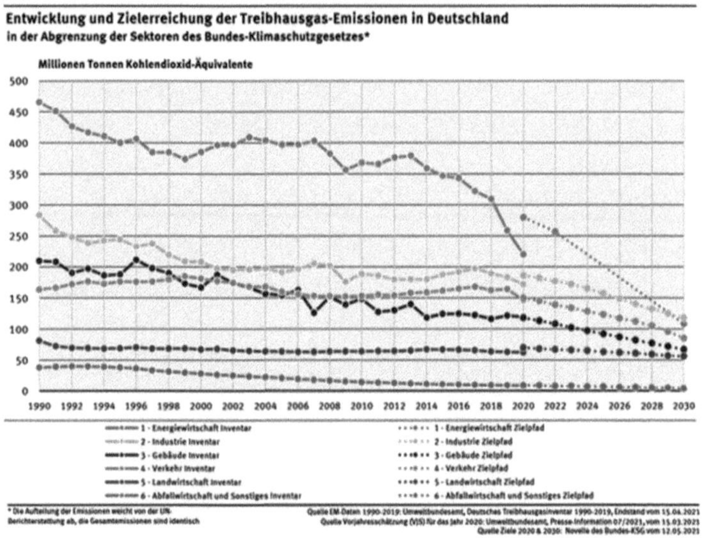

Abb. 9 Quelle: Umweltbundesamt

Ergänzt wird die Studie durch einen Szenarien-Vergleich der „Klimapfade 2.0“, „Aufbruch Klimaneutralität“, „Langfristszenarien für die Transformation des Energiesystems in Deutschland 3“, „Deutschland auf dem Weg zur Klimaneutralität 2045“ mit „Klimaneutrales Deutschland“. Ich habe sie alle gelesen. Und alle Studien kommen zu demselben Ergebnis, dass Deutschland wirklich 2045 klimaneutral sein kann.

Was zu tun ist, wurde in hervorragender Weise in hauptsächlich drei Schritten festgehalten: Die Reduzierung der Treibhausgase um 65 % bis 2030, um 95 % bis 2045 und die Erreichung von Negativemissionen bis 2050.

Alles richtig, alles gut mit einem kleinen Haken. Es ist nicht beschrieben, wie die Energieversorgung bis 2050 funktionieren kann. Da hilft uns ESYS (energiesysteme-zukunft.de).

In einer Initiative der Wissenschaftsakademien acatech, Leopoldina und Akademieunion erarbeiteten und berichten unter dem Stichwort „Energiesysteme der Zukunft“[32] seit 2013 mehr als 100 Energiefachleuten aus Wissenschaft und Forschung in verschiedenen Projektgruppen über Systeme für eine nachhaltige, sichere und bezahlbare Energieversorgung. Sie bieten unter anderem unabhängig und wissenschaftsbasiert ein ausgearbeitetes Konzept zur Stromversorgung 2050 unter verschiedenen Wetterszenarien mit Flexibilitätstechnologien zum Ausgleich von Dunkelflauten ohne Sonne und Wind. Es geht also.

Gaskraftwerke werden dazu in Zukunft weiterhin benötigt, um auch mehrwöchige wind- und sonnenarme Phasen zu überbrücken. Der Erdgasbetrieb ist aber durch Biogas, Wasserstoff oder mit synthetischem Methan zu ergänzen und irgendwann auch zu ersetzen. Industrie und Handel, Landwirtschaft, Haushalte und der Verkehrssektor werden sich auf Wärmespeicher und Pufferkapazitäten einstellen müssen, um zeitlich begrenzte Stromschwankungen ausgleichen zu können. Ein großer Hoffnungsträger ist Wasserstoff als Energiespeicher zur Überbrückung von Zeiten ohne Wind- und Sonnenenergie. Die weitgehend autarke Stromversorgung aller Energienutzer ist dabei Voraussetzung, Solar-Panels, Photovoltaikanlagen, Wärmepumpen und Stromspeicheranlagen wie Batterien, jetzt schon für die Mobilität genutzt, werden vorgeschriebener Standard werden, die Investitionskosten auch autark zu tragen sein.

Sehr kompakt beschreibt Prof. Michael Sterner, wie wir uns unabhängig von Kohle, Öl und Gas machen. Sein Werk „So retten wir das Klima“[20] räumt mit Mythen, Fake News und Unwissen zur Energiewende auf. Mit einem genauen

Fahrplan wird beschrieben, wie es gehen könnte und was zu tun wäre. Aber auch hier: Die Hürden und Risiken der Umsetzung werden einschränkend aufgeführt, die Kosten sehr nebulös dargestellt. Beruhigend ist nur, dass die Technik vorhanden ist, die Energiewende schaffen zu können.

Mit örtlich begrenzten Pilotanlagen wurde der Beweis erbracht, dass die Transformation zu erneuerbaren Energien gelingen kann. Feldheim in Brandenburg wurde zum energieautarken Dorf umgestaltet. Mit einer Kombination aus verschiedenen Energieträgern werden die Haushalte der 130 Einwohner mit Strom und Wärme versorgt, Überproduktionen von Strom in das öffentliche Netz gespeist. 55 Windmühlen, 9844 aufgeständerte Photovoltaikanlagen, eine Biogasanlage mit einem Blockheizkraftwerk zur Strom- und Wärmeerzeugung, ein Biomasse-Holzhackschnitzel-Heizkraftwerk zum Ausgleich für Spitzenlasten sowie ein Speicher-Regelkraftwerk gehören dazu. Und mit der europaweit größten Lithium-Ionen-Speicherbatterie werden Strom-Überangebote und Unterversorgungen ausgeglichen. Sicherlich ist Feldheim kein Muster, welches sich auf größere Gebiete übertragen lässt. Angaben zu den Gesamtinvestitionen, zur Rentabilität, zu Fördermitteln liegen der Öffentlichkeit nicht vor. Das ist auch unerheblich. Wichtig ist nur die Erkenntnis, dass wir uns technisch betrachtet künftig durchaus autark versorgen können.

Die Politik hat damit einen Strauß von Handlungsanweisungen, was zu tun ist und wie es funktionieren kann. Die Umsetzung wird aber von der Industrie, der Landwirtschaft, der Energiewirtschaft und letztlich von allen Bürgern abhängen. 42 % der Deutschen haben ein Bruttojahreseinkommen von weniger als 20.000 €. Erwartet wird, dass in den kommenden Jahren ein neues Elektro-Fahrzeug angeschafft, eine Gebäudesanierung, eine Umstellung auf Solarenergie, eine Heizung über Wärmepumpen und ein verteuerter Energiefremdbezug umgesetzt werden. Das gilt gleichermaßen für Hausbesitzer als auch für Mieter. Letztere werden von ihren Vermietern zur Kasse gebeten werden. Darüber hinaus wird eine Umstellung der Ernährung und eine Veränderung des Kaufverhaltens erwartet.

Die Alltagsrealität sieht so aus, dass ein Fünftel der Bürgerinnen und Bürger mit ihren Monatseinkommen von durchschnittlich 1358 € gerade so über die Runden kommen[21] und schon große Probleme mit einer Anhäufung von Kapital für eine lebenswerte Altersversorgung haben. Zusätzliche freiwillige Ausgaben zur Zielerreichung der Klimaneutralität können nicht erwartet werden. Die Bundesregierung wird nur über neue Gesetze, darunter auch neue Verbote, weiterkommen. Ob der soziale Frieden dabei gesichert ist, bleibt offen.

Alle Szenarien zur Klimaneutralität, soweit ich sie verstanden habe, weichen der Aussage aus, welche Belastungen auf uns als Bürger zukommen. Es wird sehr teuer für jeden Einzelnen, das steht fest. Die plakative Aussage, wenn wir jetzt nicht handeln, wird es noch teurer, nutzt dabei wenig.

Seitens der Industrie, der Energiewirtschaft, der Landwirtschaft werden bei deren umfangreichen Systemveränderungen Preissteigerungen unumgänglich sein. Um aber auf dem Weltmarkt konkurrenzfähig zu bleiben, geht das nur in einem sehr begrenzten Rahmen. Mit der Folge, dass Lohn- und Gehaltserhöhungen in großen Schritten nicht zu erwarten sind.

In jedem gut geführten Unternehmen wird bei einer geplanten Umsetzung neuer Geschäftsideen das Unternehmenskonzept mit Projektstrategie, Prozessanforderungen, Systemanalyse und einer umfangreichen Chancen- Risiken-Abwägung eingeleitet, bevor die eigentliche Planung startet. Bei den „Geschäftsideen" zur Klimaneutralität fehlt dieser ganz entscheidende Schritt. Es reicht einfach nicht, dass die Bundesregierung vielzählige Szenarien zur Planung der CO_2-neutralen Zielerreichung bis 2045 in Auftrag gegeben hat und sich daran weitgehend orientieren wird, auch wenn die Studien dafür hervorragend erstellt wurden.

Sofern es eine detaillierte bis zumindest grobe Finanzplanung für den Bundeshaushalt auch bis 2045 geben wird, und davon gehe ich aus, muss auch die Belastung der Bürger zu ermitteln sein. Wir haben das Recht, zu wissen, was finanziell auf uns zukommt. In den letzten 20 Jahren sind die Einkommen der überwiegenden Anzahl der Bürger nicht in dem Maße gestiegen, wie die Preise nach oben geklettert sind.

Der Verbraucherpreisindex stieg von Januar 2005 mit 85,3 bis zum Januar 2022 auf 111,5[22]. Die Lebenshaltungskosten sind damit um rund 26 % gestiegen. Sicherlich leben wir in einer extremen kostenbelasteten Zeit, verursacht durch die Auswirkungen der Corona-Pandemie und den Ukrainekrieg. Trotzdem ist nicht zu erwarten, dass sich das Niveau des Preisindexes von 2005 im Jahr 2045 wiedereinstellt. Was kommt also wirklich auf uns Bürger zu? Es ist an der Zeit, der Staat muss sich dazu äußern, welche Einschränkungen wir zur Erreichung der Klimaziele wirklich auf uns nehmen müssen. Ein ausgearbeitetes Soll, wie wir 2045 leben werden, wird erkennen lassen, auf was wir verzichten müssen.

Vom heutigen Ist ausgehend, können wir Vieles als Verschwendung definieren und einfach unterlassen. Das wird keine große Belastung für den Einzelnen bedeuten. Einschränkungen gibt es auch heute in großem Maße, man kann sich nicht alles leisten, was der Markt bietet und was man gerne haben würde. Verzichten ist hier ein erforderlicher Schritt, um andere Prioritäten zu setzen, wofür man sein Geld ausgeben möchte. Es ist die Organisation des eigenen Lebensstils. Anders ist es zu bewerten, wenn Verzicht für die Allgemeinheit eingefordert wird, um Umweltbelastungen zu reduzieren. Ob die Menschen dafür bereit sind, hängt davon ab, wie ausgeprägt unser Bewusstsein für das Klima und dessen Veränderungen ist.

Für die Bürger wird die Erreichung der Klimaneutralität als negatives Vorhaben vermarktet. In den Köpfen ist festgemeißelt, dass Entbehrungen auf uns zukommen werden, deren Ausmaß wir nicht annähernd einschätzen können. Da ist es nicht verwunderlich, den Forderungen der Klimaaktivisten äußerst kritisch gegenüber zu stehen.

Aber warum muss das so sein? Die Antwort ist einfach. Das Projekt „2050“ wurde bisher nur mit Zielen des CO_2-Ausstoßes und mit Zielen für die Stromversorgung mit regenerativen Energien beschrieben. Was zu tun ist und wie es funktionieren kann, ist klar dargelegt. Für die Zielerreichung ist aber sehr viel mehr erforderlich. Ähnlich einem Unternehmensprozess ist der gesamte Ablauf zur klimaneutralen Umstellung unseres Lebensraumes allumfänglich zu beschreiben, mit Auswirkungen auf alle Beteiligten und Betroffenen. Sicherlich eine Riesenaufgabe, aber machbar.

Eine sehr detaillierte Aussage dazu liegt vor. Die Stiftung Klimaneutralität[23] hat gemeinsam mit Agora

Energiewende[24] und Agora Verkehrswende[25] Politikinstrumente für ein klimaneutrales Deutschland vorgelegt mit 50 Empfehlungen für die 20. Legislaturperiode (2021–2025). Der Ansatz basiert auf einem Instrumentenmix:

Mithilfe von Emissionshandel, CO_2-Bepreisung, Ordnungsrecht, Fördermaßnahmen und steuerlichen Anreizen könnte eine innovative und vielleicht auch sozial ausgewogene Transformation der deutschen Wirtschaft in Richtung Klimaneutralität gelingen. Die bittere Pille: Mit Ordnungsrecht ist die Belastung der Industrie, des Handels, der Landwirtschaft und der privaten Haushalte gemeint, mit Verboten und Vorschriften geregelt. Durch die große Nähe von Agora Energiewende zum Wirtschaftsministerium ist die Gefahr einer Beeinflussung gegeben, um deren Vorschläge in Gesetzestexte zu fassen. Dazu passt als Beispiel die unausgegorene Vorgabe zur Erneuerung der Heizungen in allen privaten Haushalten mit dem Gebäudeenergiegesetz.

Die 50 (!) Vorschläge sind jeweils mit Maßnahme, Hintergrund, Regelungsvorschlag und Begründung sehr ausführlich beschrieben, angereichert mit Hinweisen auf weitere Untersuchungen. Basis ist, wie bei vielen weiteren Vorschlägen, der europäische Emissionshandel und die CO_2-Bepreisung. In Deutschland wurde für den Klimaschutz ein CO_2-Preis auf Benzin, Diesel, Heizöl und Gas eingeführt. Es handelt sich um eine Steuer auf die Emissionen von Kohlendioxyd.

Bemessungsgrundlage der CO_2-Bepreisung sind die Mengen von CO_2-Emissionen, die bei der Verbrennung dieser fossilen Energieträger entstehen. Die CO_2-Steuer wird anhand eines CO_2-Preises berechnet, den die Bundesregierung nach Vorgaben der EU für eine Tonne Kohlendioxyd festlegt. Nach einer Berechnung des Umweltbundesamtes beträgt der CO_2-Preis 2022 im 2. Jahr nach dem Start der Steuerberechnung bereits 30 Euro pro Tonne. Der Preis für eine Tonne CO_2 wird jährlich angehoben und soll im Jahr 2025 bereits 55 Euro pro Tonne betragen. Hersteller und Händler, die die oben genannten Brennstoffe dem freien Markt zugänglich machen, müssen beim Umweltbundesamt entsprechende Emissionszertifikate kaufen, um die Steuer zu begleichen. Das bedeutet natürlich, dass letztlich die Kosten auf den Endverbraucher umgelegt werden. Wenn bislang nur die Energiewirtschaft, Industrieunternehmen und Fluglinien für Treibhausgas-Emissionen zahlten, müssen jetzt alle Nutzer von eigenen Fahrzeugen und Wohnungen den festen Preis für jede Tonne CO_2 begleichen. Jeder Bürger, der beteiligt ist an der Verbrennung fossiler Grundstoffe, zahlt anteilig die Steuer. Mit der Einnahme der Steuer verfolgt der Staat zwei Ziele. Zum einen soll mit der Steuermehreinnahme der Aufwand für den Klimaschutz unterstützt werden, zum anderen wird Druck auf die Verursacher von CO_2-Emissionen durch Steigerung der Kosten ausgeübt. Der stetig steigende CO_2-Preis setzt damit ein klares Signal für Investitionen in klimaneutrale Technologien und für ein klimaschonendes Konsumverhalten.

Diese Gesetzgebung zur CO_2-Bepreisung zeigt den richtigen Weg in die Zukunft, setzt aber voraus, dass genügend klimaneutrale Energien zur Verfügung stehen. Der Bundesregierung bleibt in dieser 20. Legislaturperiode nichts anderes übrig, als den Empfehlungen der Stiftung Klimaneutralität kompromisslos zu folgen.

Wirtschaftswachstum stoppen?

Jedes Unternehmen hat den Anspruch, stetig besser zu werden. Das ist berechtigt und auch gut so. Stillstand bedeutet Rückgang. Die Felder, wo und wie sich Unternehmen verbessern können, sind vielfältig. Verbesserungen allein auf Wirtschaftswachstum zu reduzieren, ist der falsche Ansatz. Alle Verbesserungen sollten zwar auf den wirtschaftlichen Erfolg ausgerichtet sein, denn ohne eine solide, positive Bilanz, ohne Gewinn auf die eingesetzten Geldmittel ist ein Unternehmen auf Dauer nicht tragbar. Immer mehr, immer größer, stetige Erweiterungen, neue Flächenversiegelungen, vergrößerte Angebote generieren jedoch nicht zwangsläufig einen vergrößerten Kundenstamm. Zufriedene Kunden durch Qualitätsverbesserungen bei gleicher Produktionsmenge können den Bestand eines Unternehmens ebenfalls gut absichern. Wichtig ist nur zu wissen, was der Markt will, ob die eigenen Angebote auf eine ausreichende Anzahl von Nachfragen stoßen. Mit einem Benchmark, einem Vergleich, was die Mitbewerber bieten, ist relativ leicht auszumachen, auf welchen Gebieten Verbesserungen erforderlich sind, um wettbewerbsfähig zu sein.

Wettbewerbsfähigkeit beschreibt das Vermögen eines Unternehmens, gleichwertige oder bessere Produkte und/oder Dienstleistungen anbieten sowie am Markt erfolgreicher absetzen zu können als die Mitbewerber. Der Kunde muss erkennen können, dass er Produkte und Dienstleistungen mit Vorteilen in der Funktion oder im Design, in der Qualität, in der Lieferfähigkeit oder im Preis besser erwerben kann als bei der Konkurrenz. Die Werbung spielt dabei die wichtige

Rolle, diese Vorzüge eines Unternehmens und seiner Produkte bei den relevanten Zielgruppen bekannt zu machen.

Die Schwerpunkte, wo sich Unternehmen verbessern können, wechseln mit den Anforderungen der Kunden an Qualität, Liefertreue und Preis, der Gesetzgebung, den Ansprüchen der Mitarbeiter, den Bedingungen der Lieferanten, und in der heutigen Zeit eben mit der Verwirklichung der Umstellung auf klimaneutrale Energieversorgung.

Produktverbesserungen sowohl bei Waren als auch bei Dienstleistungen stehen vordergründig für den Kunden an erster Stelle. Dabei geht es oft nicht um Innovationen, also um wirkliche Neuerungen, die bisher nicht bekannt waren, sondern um Veränderungen der Ausstattungen und Funktionen. Smartphones sind das beste Beispiel: Innovationen sind zurzeit nicht erkennbar. Ein wenig größere Bildschirme, gerne auch etwas gebogen oder zusammenklappbar, Kameraaugen für Weitwinkel, Normalobjektiv und Tele, obwohl bisherige Objektive mit Zoomfunktionen ausgestattet waren, Töne und Vibrationen mit Musiksequenzen freier Wahl, jegliche Art von Einstellungen für Hintergründe, Symbole und Layouts – alles Schnickschnack. Aber immerhin Grund genug, um neue Geräte anzuschaffen und bisherige auf den Schrott zu werfen. Und so kommen wir, zusammen mit ähnlichen Produkten, auf 8,8 kg Elektroschrott pro Person und Jahr. Reine Verschwendung, obwohl sich immer mehr Unternehmen damit befassen, Altgeräte aufzukaufen und deren Inhaltsstoffe zu recyceln.

Soweit Neuerungen nicht mit Innovationen verbunden sind, ist der Markterfolg von Veränderungen fraglich. Die Konzentration verlagert sich deshalb auf Verbesserungen von Organisationsabläufen, um Personal zu binden, besser zu bezahlen und Nachwuchskräfte einstellen zu können. Das ist bei der heutigen Arbeitnehmerstruktur nicht einfach, viele Unternehmer verschlanken ihre Arbeitsabläufe nur deshalb, um mit immer weniger Personal annähernd gleiche Leistungen zu erhalten. Rationalisierungen in Produktionsabläufen – ein alter Hut. Mit MTM-Methoden (Methods-time Measurement), der Zerlegung von Arbeitsgängen in Sekundenschritte, beschäftigen sich Firmen seit zig-Jahren, das Thema ist ausgereizt. Mit der Digitalisierung, wie im Kapitel mit gleicher Überschrift beschrieben, wären Ablaufverbesserungen auch in der Verwaltung, in Forschung und Entwicklung und im Außendienst in großem Stil möglich. Es fehlt aber an Personal sowohl für die Installation und Inbetriebnahme als auch für den qualifizierten Umgang im laufenden Betrieb.

Meine Befürchtung ist, dass für Verbesserungen längst nicht immer die richtigen Prioritäten gewählt werden. Die volle Konzentration muss der Transformation hin zu den erneuerbaren Energien gelten. Die Krux ist nur, dass die Umstellung der Technologien für den Kunden nicht ersichtlich ist. Die Firmen verringern die Kosten für die CO_2-Bepreisung, müssen weniger Zertifikate zukaufen. Aber das ist ja nur eine Abwehr von Zusatzkosten, die noch ständig steigen können. Eine Überforderung der Unternehmen ist leicht gegeben, wenn weder Geld noch Zeit noch Kapazitäten zur Verfügung stehen, um Innovationen zu entwickeln und in den Markt zu bringen.

Mir ist nicht klar, wie der Green Deal der EU in die Tat umgesetzt werden kann, wenn neben der Verbesserung der Umweltbedingungen auch Verbesserungen für die Lebensqualität der Bürgerinnen und Bürger angepeilt werden. Eine Erhöhung der Lebensqualität lässt sich nur mit

Wirtschaftswachstum, dem Anstieg des BIP (Bruttoinlandsprodukts) eines jeden Landes verbessern. Aber Wirtschaftswachstum ist in der Regel mit einem erhöhten Bedarf an Ressourcen verbunden, genau das, was nicht gewünscht wird. Es besteht zwar das Vorhaben, Wachstum von der Ressourcennutzung abzukoppeln, Pläne dazu liegen in der Öffentlichkeit jedoch nicht vor.

Perfide ist es, wenn ressourcenbelastendes Wachstum, die Herstellung von Produkten mit hohem Anteil an fossilen Stoffen, in das außereuropäische Ausland verlegt wird. Dann wäre in Europa durch Weiterverarbeitung dieser Produkte Wachstum ohne Ressourcennutzung machbar, für das Weltklima aber nichts erreicht.

Bisher ist der Green Deal nur eine Ansammlung von Vorhaben, die schon ziemlich weit ausformuliert sind. Nachhaltigkeit steht dabei im Vordergrund. Ob die Wirtschaft die Leistungen dafür erbringen kann, ist völlig offen.

Wirtschaftswachstum in Europa ist also fraglich, wenn die vorhandenen Geldmittel und Kapazitäten nur dem Erhalt der Unternehmen dienen. Für China steht Wirtschaftswachstum aber an erster Stelle, eine Verdreifachung der Wirtschaftsleistung wird schließlich angepeilt. Das Land wird uns mit Waren überfluten, ohne groß auf die Nachhaltigkeit der Produkte zu achten. Wir müssen uns mit der Lösung befassen, wie WTO-Gesetze eingehalten werden können und trotzdem eine Bevorzugung nachhaltiger Produkte als klare Forderung des Green Deals umgesetzt werden kann.

Ist Wirtschaftswachstum als Maßstab des Erfolges für ein Land nun wichtig und richtig, oder eher nicht? Klare Antwort: Es kommt darauf an, aus welchem Blickwinkel die Frage beantwortet werden soll. Wirtschaftswachstum wird erzielt, wenn mehr und/oder bessere Produkte, Waren und Dienstleistungen auf den Markt gebracht werden. Produktivitätssteigerungen dürfen dabei nicht zu Entlassungen von Werkern führen, sondern müssen der Erhöhung der Produktmenge dienen, die dann auch abgesetzt werden kann. In der Folge profitiert die Bevölkerung durch höhere Einkommen, es werden mehr Steuern gezahlt, der Staat kann sich höhere Sozialausgaben leisten, dem Land mit einem steigenden BIP geht es stetig besser. Nachteilig ist nur, dass der Ressourcenverbrauch steigt, mit neuen Gebäuden, neuen Maschinen, neuer Infrastruktur, um den Unternehmen ein Wachstum zu ermöglichen.

Der unterschiedliche Blickwinkel ergibt sich aus dem Reichtum bzw. der Armut der Länder, dem unterschiedlichen Wohlergehen der Bevölkerung. Es wurde dargelegt, dass wir zu einer neuen Lebensqualität kommen müssen, die Reichtum und Besitz nicht in den Mittelpunkt des Glücksempfindens stellt, um mit dem eigenen Fußabdruck zum Erhalt der Erde beizutragen. Wachstum zur Steigerung der Einkommen in reichen Ländern ist nicht der richtige Weg, der Tenor sollte auf nachhaltiges Leben ausgerichtet sein.

Aber so einfach ist das nicht. Die Unterbindung von Wachstum kann zu verheerenden Auswirkungen führen, Sillstand im BIP ist nicht leicht hinzubekommen. Kein Wachstum zu generieren bedeutet doch, dass Löhne und Gehälter auf dem gleichen Stand bleiben, die Unternehmen zu gleichen Kosten ihre Waren und Dienstleistungen anbieten müssen, der Staat seine Ausgaben in keinem Ressort steigern darf. Bedeutet aber auch, dass Exporte sich nicht erhöhen, Importe im Preis nicht steigen dürfen. Letzteres ist undenkbar, wenn wir nur an die Beschaffung von Energien und

Grundstoffen denken. Sehr bald würden Unternehmen ihre Preise anheben müssen, wenn sie nicht durch Innovationen den steigenden Importkosten entgegenwirken können. Innovationen verlangen aber zusätzliche Geldmittel, die nur durch zusätzliche Umsätze erwirtschaftet werden können. Haushalte könnten aber bei eingefrorenen Einkommen höhere Belastungen nicht verkraften, der Konsum würde zwangsläufig zurückgehen, die Unternehmen würden im Inland ihre Waren und Dienstleistungen nicht mehr in gleichem Maße absetzen können, der Umsatz ginge zurück. In der Folge würde sich eine Lawine entwickeln, die unsere Wirtschaft mit steigender Geschwindigkeit in den Abgrund führen würde, sehr bald würden die jetzt noch reichen Länder dann zur Armut verurteilt sein. Sind wir also zu Wirtschaftswachstum verdammt, zur Zerstörung der Erde faktisch gezwungen? Ja, genau so ist es, wir benötigen im logischen Schluss also schlichtweg mehr Erden.

Wirtschaftswachstum, so wie China es vorhat, wird auf lange Sicht nicht möglich sein, wir müssen mit einer Erde auskommen. Aus meiner Sicht gibt es nur den Ausweg, dass für die ferne Zukunft, beginnend mit den reichen Ländern, ein Feintuning der schwarzen Null für das Wirtschaftswachstum angesteuert wird. Die Volkswirtschaften sind gefragt, das Zusammenspiel von Lieferanten und Kunden, den Unternehmen und den Verbrauchern, mit regelnden Eingriffen so zu steuern, dass geringes Wachstum stets erhalten bleibt. Ein Wachstum von plus-minus Null kann erst erreicht werden, wenn alle Staaten der Erde mitmachen. Und irgendwann in ferner Zukunft muss dieser Punkt erreicht werden, denn wir haben sie nur einmal, unsere Erde.

Steigendes Wirtschaftswachstum in armen und den ärmsten Ländern ist, meistens verbunden mit sehr hohem Ressourcenverbrauch, jedoch durchaus erwünscht. Allen Menschen auf der Erde ein menschenwürdiges Leben zu ermöglichen, entspricht den noch immer gültigen UN- Menschenrechtskonventionen. Und das geht nur, wenn es dem Land durch Wirtschaftswachstum immer besser geht.

Wir, die Mittel- und Nordeuropäer, leben, auf unseren Fußabdruck bezogen, weit über unsere Verhältnisse, schlimmer noch, auf Kosten der ärmeren Bevölkerung. So gesehen, ist eine Diskussion über Wirtschaftswachstum, steigende BIPs dieser Länder, eine Farce.

Wenn wir uns auf eine neue Lebensqualität einstellen, können wir ein zufriedenes Leben führen. Wir müssen uns natürlich vorstellen können, dass andere Länder den gleichen Lebensstandard anstreben werden. Länder wie China, Indien und besonders die Länder Afrikas sind davon noch weit entfernt, die Bestrebungen Chinas zur Verdreifachung seiner Wirtschaftsleistung ist aus dieser Sicht vielleicht sogar zu verstehen.

Weitergedacht, bedeutet das aber auch, dass von diesen Ländern eine Anpassung an den Green Deal erst erwartet werden kann, wenn menschenwürdige Verhältnisse eingetreten sind.

Wir in Europa können uns keine Welt zimmern, die nur auf uns zugeschnitten ist. Der Green Deal wird nur in Abstimmung mit den Großmächten China, Russland, USA unter Einbeziehung von Indien, Afrika und Lateinamerika zu einer klimaneutralen Welt führen.

Analysen des „Global Footprint Networks" messen den Verbrauch an natürlichen Ressourcen von Nationen über

Jahre hinweg. Aktuell verbraucht Europa so viele Ressourcen, als hätten wir 2,8 Planeten zur Verfügung, die USA verbrauchen 4,8 Erden. Ausgeglichen wird der Wert zum Teil durch Regionen wie Lateinamerika mit einem Verbrauch von 0,5 Erden. Aber schon die Gesamtbilanz stimmt nicht mehr, die Menschheit benötigt inzwischen 1,7 Erden. In den ärmeren Ländern wird durch Wirtschaftswachstum der Fußabdruck steigen, keine Frage. Wird nun alles noch schlimmer, aussichtsloser? Keinesfalls, wenn wir die mögliche Zeitleiste erforderlicher Veränderungen mitberücksichtigen. Eine einfache Rechnung, wenn auch nur als Annahme oder Vermutung: Eine weitere Strapazierung des Ressourcenverbrauchs können wir hinnehmen, wenn Klimaneutralität bis 2050 mit einer Erderwärmung von 2 Grad erreicht wird. Mit den kontinuierlich zu erwartenden Werten zur Erhöhung des Fußabdrucks in ärmeren Ländern, der den Wert für 1 Erde äquivalent natürlich nie überschreiten darf, müssen wir Europäer, vor allem wir Deutschen, den Wert von jetzt 12 auf 5 Tonnen CO_2 Äquivalente pro Haushalt pro Jahr nach WWF-Berechnung bis 2050 reduzieren. Mit Vermeidung von Verschwendung, mit einem neuen Lebensstil, mit Nutzung der Marktmacht, mit Vermeidung von Flächenversiegelungen und der konsequenten Abkehr von fossilen Energieträgern sollte das zu schaffen sein.

Widersprüche bisheriger Planung

Deutschland hat den Anspruch, durch intelligente Systeme zum Umweltschutz internationaler Vorreiter in der Umstellung auf klimaneutrale Energiequellen zu werden, ohne die Lebensqualität seiner Bewohner über ein erträgliches Maß hinaus einschränken zu müssen. Die bisherigen Planungen dazu sind jedoch (noch) nicht widerspruchsfrei umzusetzen.

Wenn Widersprüche in der Planung bestehen, ist entweder die Entscheidung für eine Richtung erforderlich mit Inkaufnahme der Nachteile beim Verlassen der gegenläufigen Planung. Oder man sucht (faule) Kompromisse. Oder es deuten sich zur Auflösung der Konflikte innovative Entwicklungen an und man wartet erst einmal ab. Im Folgenden sollen einige dieser Widersprüche skizziert und mögliche Auswege aufgezeigt werden.

- Ausbau Biogasanlagen versus Flächenerhalt Naturschutz
  Klimaneutralität zu erreichen ist nur möglich mit regenerativen Energiequellen, der Abschied von fossilen Energieträgern ist beschlossene Sache. Die künftige Energieerzeugung soll zu 100% aus Wind-, Solar-, Wasserkraft- und Biogas-Anlagen erfolgen. Die heute bekannten und empfohlenen Energieszenarien gehen davon aus, dass in Dunkelflauten ohne Energielieferung aus Wind- und Solaranlagen Gaskraftwerke erforderlich sein werden. Methan aus Biogasanlagen kann in das bestehende Erdgasnetz eingespeist werden. Die bisherigen ca. 9000 nationalen Biogasanlagen sind hauptsächlich so ausgelegt, dass das Gas verstromt

wird. Das kann geändert werden. Trotzdem reicht die Gasmenge nicht aus, um erforderliche Gaskraftwerke in Dunkelflauten zu betreiben. Ein Ausbau der Biogasanlagen ist daher erforderlich. Mist, Gülle, Pflanzenreste und Mais sind als Substrate der Rohstoff. Ohne großflächigen Maisanbau reicht die Versorgung mit den übrigen Substraten nicht aus. Und genau dieser Maisanbau soll verhindert werden, um die Biodiversität zu erhalten.

- Naturschutzgebiete versus Neubaugebiete, Landwirtschaftsflächen
  Den Erhalt und die Ausweitung von Naturschutzgebieten hat die EU in der „Biodiversitätsstrategie 2030“ festgelegt. Danach sollen 30% der Land- und Meeresflächen unter Naturschutz gestellt werden. Dazu gibt es die Pläne in Deutschland, Grenzstreifen landwirtschaftlicher Flächen als Grünstreifen für Wildpflanzen auszuweisen und Neuversiegelungen von Flächen zu vermeiden, um die Biodiversität zu stützen. Das bedeutet aber, dass landwirtschaftlich nutzbaren Flächen zu verkleinern sind und Neubaugebiete nur beschränkt ausgewiesen werden. Verfolgt wird zurzeit die gegenläufige Richtung. Die Kornkammer Ukraine ist durch den Krieg als Quelle weitgehend versiegt, zusätzliche Ackerflächen zum Weizenanbau müssen gefunden werden. Die Flüchtlingszunahme verlangt einen Ausbau von Wohnungen, die Tendenz geht dahin, neue Baugebiete zu schaffen und die strengen Umweltschutzauflagen zur Energieeinsparung bei Neubauten

zu umgehen. Und die Zeit verrinnt, um die Umweltvorgaben noch erreichen zu können.

- Erdgasbezug aus Russland versus Kohlekraftwerke, Fracking-Gas
  Bisher hat die Bundesregierung mit Verträgen des Staates unter Mitwirkung der privaten Energiekonzerne zur Versorgung der freien Wirtschaft in ausreichendem Maße und zu sehr guten Konditionen Erdgas und Erdöl aus Russland bezogen. Das war ein richtiger und akzeptabler Weg, um die Energieversorgung mit einem bis dato verlässlichen Partner kostengünstig darzustellen. Gefehlt hat nur ein Plan B, um bei Ausfall des Hauptlieferanten auf andere Wege fossile Energien (FE) zu beziehen. Sträflich leichtsinnig war die Entscheidung, Gasspeicher auf deutschem Boden in russische Hand zu geben und damit die Kontrolle unserer Versorgungssicherheit auf ein russisches Staatsunternehmen zu übertragen. Die EU-Sanktionen gegen Russland schließen Gas- und Öllieferungen mit ein, die Deutschland ganz besonders treffen. Wir waren nicht in der Lage, Ersatzlieferungen ohne immense Kostensteigerungen zeitnah zu beschaffen. Bereits die Ankündigung, künftig, möglichst bis Jahresende 2022, auf Gas aus Russland zu verzichten, hatte mit solider Planung nichts zu tun. Die krampfhafte Suche nach Alternativen zur Versorgungssicherheit treibt schon seltsame Blüten. Die Laufzeit-Verlängerung vorhandener Atomkraftwerke über 2023 hinaus und eine Wiederinbetriebnahme von stillgelegten Meilern wird von der Politik ausgeschlossen. In Erwägung gezogen wird die

Verlängerung der Laufzeit von Kohlekraftwerken und der Bezug von Fracking-Gas mit Tankerschiffen aus den USA. Alles kontraproduktiv zum Erreichen der Klimaneutralität in der vorgegebenen Zeit.

- Laufzeitverlängerung AKW versus Temperaturabsenkung privater Haushalte
  „Bestehende Atomkraftwerke wieder in Betrieb zu nehmen oder deren Laufzeit zu verlängern bringt nichts." So die Aussage der Politik. Ebenso eine Gasgewinnung durch das in Deutschland verbotene Fracking oder Gasbohrungen in der Nordsee. Wenn aber aufgerufen wird, neben anderen Wärmeenergieeinsparungen die Temperatur des Duschwassers in Privathaushalten zu reduzieren, dann bringen anscheinend kleine Maßnahmen doch respektable Ergebnisse.

- CO_2-Bepreisung versus Überlebensfähigkeit der Wirtschaft
  In den Szenarien zur Erreichung der Klimaneutralität ist aufgeführt, mit welchem Anteil an CO_2-Minderung die Energiewirtschaft, die Industrie, die Gebäude, der Verkehr, die Landwirtschaft und Abfall beteiligt sein müssen, um die Ziele bis 2045 zu erreichen. Vom Staat eingesetztes Mittel ist die CO_2-Bepreisung, die von Jahr zu Jahr angehoben wird. Damit wird unterstellt, dass die benannten Wirtschaftszweige sich eine fossile Energieversorgung nicht mehr leisten können. Um sich auf die ausschließlich zur Verfügung stehende Energieform Strom umzustellen, sind Investitionen in noch unbekannter Höhe erforderlich. Nicht bekannt und

ausgeplant ist, ob die Wirtschaft in weiten Teilen dabei überlebensfähig bleibt. Wenn China als aufstrebender Weltmarktführer nicht gleichermaßen eine CO_2-Bepreisung in gleicher Höhe einführt, was nicht zu erwarten ist, wird die deutsche und auch europäische Wirtschaft nicht konkurrenzfähig bleiben. Der private Sektor mit Wohnungen und Eigenheimen steht vor einem ähnlichen Problem. Was erreicht werden soll, ist klar. Ob es finanziell umzusetzen ist, kann durch fehlende Angaben der Investitionskosten noch nicht ausgesagt werden.

- Anpassung CO_2-Bepreisung versus Bereitstellung ausreichender klimaneutraler Energie.
  Windkraft liefert schon jetzt den größten Anteil an erneuerbaren Energien. Dieser Zweig der Versorgung muss überproportional ausgebaut werden. Gelingt der geplante Ausbau der Windkraft nicht in der vorgegebenen Geschwindigkeit, wird zwangsläufig der Fall eintreten, hohe CO_2-Preise zahlen zu müssen, ohne auf klimaneutrale Elektroenergie umsteigen zu können. Das gefährdet den Fortbestand vieler Unternehmen. Entsprechend dem Fortschritt des Windenergieausbaus den CO_2-Preis anzupassen, wird nur schwer möglich sein, da die Kostenerhöhungsschritte von der EU vorgegeben werden.

- Neue Herstellungsprozesse versus alte Gesetzgebung
  Die Industrie wird sich auf klimaneutrale Herstellungsprozesse umstellen müssen. Völlig neue Wege sind zu beschreiten, die heute noch nicht bekannt sind.

Handlungsfreiheit ist gefragt. Die bestehende Einengung durch Gesetze, die in den meisten Fällen in einer Zeit verabschiedet wurden, als Treibhausgasneutralität noch kein Thema war, sind entsprechend anzupassen. Zu erkennen ist das nicht. China kennt dieses Problem nicht. Die Partei bestimmt die Richtung der Gesetzgebung, gesteuert nach dem Prinzip der Marktnotwendigkeiten. Um gegen China als Mitbewerber bestehen zu können, müssen wir uns anpassen, schnell und unbürokratisch.

- Photovoltaik versus Naturschutzgebiete
  Für großflächige Photovoltaikanlagen in bisher landwirtschaftlich genutzten Gebieten stehen keine freien Flächen zur Verfügung. Neue Flächen auszuweisen widerspricht den Vorhaben zur Erweiterung der Naturschutzgebiete. Versuche, Photovoltaik-Elemente auf Stelzen zu stellen und die Flächen darunter landwirtschaftlich zu nutzen, sind nur mit eingeschränkter Ausbeute der Nutzflächen möglich.

- Terminverzögerungen für regenerative Energieanlagen versus Bereitstellung von Fachkräften, Material
  Der Ausbau von Biogasanlagen, der Wind-, Sonnen- und Wasserkraft erfordert Handwerker, Bauarbeiter, Ingenieure, Planungsbüros, Material in bisher nicht gekanntem Maße. Weder Fachleute mit ausreichender Kompetenz stehen zur Verfügung noch Material in allen Formen des Bedarfs. Bei Terminvorstellungen

wurden diese Einschränkungen wohl nicht berücksichtigt.

- Holz versus Kunststoff
  Holz ist Mangelware geworden, die Preise sind um mehr als 50% gestiegen. Importverbote von russischem Rundholz und die steigende Abnahme von Holz durch China sind die stärksten Preistreiber. Naturschutzvorgaben sehen vor, dass nur so viel Nutzholz geschlagen werden soll, wie entsprechend nachwachsen kann. Obwohl es noch immer passiert, verbietet sich die Rodung von Regenwald zur Erhaltung des Grüngürtels. Vielfach ist es möglich, fehlendes Holz durch Kunststoffe zu ersetzen, welche sich aber nur umweltschädlich entsorgen lassen.

- Nationales Know-how versus Fremdbezug
  Deutschland war führender Planer, Entwickler und Hersteller von Atomkraftanlagen, Windrädern und Photovoltaikanlagen. Technologieführer zu sein und zu bleiben, gelingt nur, wenn ständig weiter geforscht und entwickelt wird. Das geht bezahlbar nur, wenn Aufträge platziert werden, um entwickelte Technologien auch abzusetzen zu können. Durch die Atomausstiegsbeschlüsse und die Stopps für Förderprojekte zum Ausbau der Wind- und Solarenergie ist das Wissenspotenzial für diese Lieferanten klimaneutraler Energien in Deutschland völlig verloren gegangen, Hersteller wurden in die Insolvenz getrieben. Diese politischen Entscheidungen sind maßgeblich dafür verantwortlich, dass eine Beschleunigung des Ausbaus

der Energieträger Wind und Sonne kaum möglich ist. Eine Wiederbelebung der heimischen Industrie ist nur noch mit Zusagen von Aufträgen unter Ausschluss internationaler Ausschreibungen, die nur Zeitverzögerungen und keine beschleunigenden Ergebnisse bringen, möglich. Das wird aber zusätzliche, erhebliche Geldmengen erfordern.

- Sachinformation versus Zweckinformation
  Das Verhalten der politischen Parteien ist darauf ausgerichtet, den Menschen ein Weltbild zu zeigen, in dem die Probleme der Zukunft ohne wesentliche Einschränkungen der Lebensqualität beherrschbar sein werden. Nach dem heutigen Stand der Technik und den aufgezeigten Widersprüchen zur Erreichung der Umweltziele ist das aber unmöglich. Eine krasse Form der Information zur Aufklärung aller Unwägbarkeiten schließt das Risiko ein, dass größere Teile der Bevölkerung sich extrem-rechtsgerichteten Parteien zuwenden. Die Tendenz dahin ist bereits ersichtlich. Einen Rechtsruck mit einer Abkehr von Klimazielen wie bereits in einigen Staaten Europas können wir uns aber nicht leisten. Die jetzige Vorgehensweise, mit Gesetzen die notwendigen Maßnahmen festzuschreiben, ohne den Menschen klarzumachen, was da auf sie zukommt, während sie deren Tragweite aus Informationsmangel nicht erkennen, kann künftig zu erheblichen sozialen Unruhen führen.

- Ziel 1,5 Grad versus Realität 2,4 Grad
  Das Pariser Klimaziel bezieht sich auf eine Begrenzung der Erderwärmung auf 1,5 Grad Celsius. Dieser Wert erscheint in allen Publikationen, nationalen Programmen und Veröffentlichungen des Weltklimarates. Schließlich haben sich alle dort vertretene Staaten auf dieses Ziel geeinigt mit der Zusage, die dazu notwendigen Begrenzungen anzustreben. Tatsache ist, dass die CO_2-Werte global steigen, der größte Verschmutzer China mit seinen Kohlendioxid-Begrenzungen erst 2030 starten wird. Ein Temperaturanstieg von maximal 2 Grad ist realistisch noch zu erreichen. Dazu sind erhebliche Anstrengungen erforderlich, sonst landen wir bei mit unkalkulierbaren Auswirkungen verbundenen 2,4 bis 2,7 Grad. Wir sollten uns ehrlich machen und uns auf das erreichbare Ziel 2 Grad Erderwärmung mit all seinen bekannten Nachteilen einstellen.

- Kriegsauswirkungen versus Klimaschutz
  Die größtmöglich denkbare Verschwendung ist zweifellos ein Krieg zwischen Völkern und Staaten, wie aktuell der Überfall der Russen auf die Ukraine. Menschenleben werden geopfert, Wohngebäude und Industrieeinrichtungen zerstört, fruchtbarer Boden durch die Bombardierung auf Jahrzehnte hinaus verseucht sowie eine Unmenge von Waffen hergestellt und vernichtet. Und alle Kriegsaktionen setzen darüber hinaus durch Feuer und Freisetzung von Chemikalien in beschädigten Gewerbegebieten klimaschädliche Gase frei. Ernsthafte Bemühungen um Kompromisse zur

Beendigung der Kriegshandlungen sind von beiden Seiten nicht zu erkennen, das Verteidigungsrecht eines angegriffenen Staates allerdings zu akzeptieren. Waffenlieferungen in Krisengebiete hatte Deutschland grundsätzlich untersagt. Mit Waffenlieferungen werden Geldmittel für den Klimaschutz entgegenwirkende Maßnahmen eingesetzt. Die Abwägung zwischen moralisch vertretbarer Unterstützung, dem handfesten Interesse, Russland von Gebietseroberungen fernzuhalten und Klimaschutz ist hier nicht sorgfältig getroffen.

- Freier Handel WTO versus Green Deal EU
  Nicht von Deutschland lösbar, aber ein Widerspruch in der Politik der EU ist der Green Deal. Die WTO bekämpft Handelshemmnisse jeglicher Art, um weltweit einen freien Handel zu ermöglichen. Die Ausarbeitungen des Green Deal der EU-Kommission greifen aber entschieden in den Handel ein, für fossile Energieträger und deren Produkte daraus gibt es klare Begrenzungen bis zu Null-Lieferungen bei Klimaneutralität bis 2050. Wie die europäische Gesetzgebung aussehen kann, um Gesetze der WTO zu umgehen, wird ein Streitpunkt bleiben.

- PKW-Verbrenner-Aus versus Verbrenner-Motoren mit E-Fuels
  Der Beschluss der EU, ab 2035 keine PKW- und LKW-Neuwagen mit Verbrennungsmotoren mehr zu genehmigen, wurde blockiert von der Forderung, Verbrenner-Motoren mit synthetischen Kraftstoffen weiterhin zuzulassen. Auch hier treiben die Diskussionen

der Befürworter und Gegner seltsame Blüten, als wenn über ein Entweder – oder zu entscheiden wäre. Gewünscht wird dabei nur eine Technologieoffenheit, um für die bestehende Bestandsflotte der PKW eine klimaneutrale Betankung zu ermöglichen, die bis 2035 entwickelt werden könnte.

- EE versus FE - Differenzierte Beurteilung der Wissenschaft

  Klimaforscher orientieren sich an gemessenen Daten. Der Trend zur Erderwärmung einhergehend mit dem Anstieg der CO_2-Konzentration in der Luft ist unstrittig. Der weitere Verlauf des Temperaturanstiegs in Korrelation zum CO_2-Anstieg ist allerdings unklar. Die Klimaforscher haben deshalb Bandbreiten vorgelegt, was bestenfalls und schlimmstenfalls passieren wird. Hier beginnt der Widerspruch in der Beurteilung durch Klimaaktivisten und Wirtschaftswissenschaftler, auf beiden Seiten mit namhaften Vertretern. Professor Schellnhuber meint „Jenseits der 2 Grad steht die Existenz unserer Zivilisation auf dem Spiel". Professor Sterner lässt verlauten „Die Technologien für eine 100%ige Energiewende sind da". Diese Fraktion sieht die Umsetzung der Klimaschutzmaßnahmen als vorrangig an.

  Professor Vahrenholt „Rettet unsere Industrie" und Professor Sinn „Wiedereinstieg in die Atomwirtschaft, Fracking, neue Erdgas-Pipelines, neue Erdgasspeicher" warnen vor einer zu schnellen Umsetzung der Klimaschutz-Vorhaben, um Wirtschaftswachstum erhalten zu können. Die Krux: Befürworter für einen

sofortigen Umstieg auf EE nehmen Einschnitte in unser Wirtschaftssystem in Kauf, Gegner erhoffen sich einen langsamen Anstieg der Erderwärmung.
Mein Fazit aus den Widersprüchen: Windräder und Solarpanels in hoher Geschwindigkeit ausbauen, Gaskraftwerke errichten, Wasserstoffproduktion aufbauen, CO_2-Bepreisung in Grenzen halten, Verbote für FE aussetzen.
Was immer sich mit unserem Klima auch einstellt, wir könnten reagieren, sobald ausreichend EE zu günstigen Preisen zur Verfügung steht. Bleibt die EU-Vorgabe zur Erreichung der Klimaneutralität bis 2050, müssen wir uns wohl den Klimaaktivisten beugen.

Innovationen zur Zukunftssicherung

Um den Klimawandel aufzuhalten und die Erderwärmung auf 1,5 Grad, zumindest auf 2 Grad Celsius zu begrenzen, sind auch solche Maßnahmen umzusetzen, die dem Staat und jedem Bürger viel abverlangen. Nicht nur Mehrkosten, auch Veränderungen im täglichen Ablauf. Verhaltensänderungen sind unumgänglich, Einschränkungen aus heutiger Sicht nicht zu vermeiden. Wird es uns dadurch schlechter gehen? Sind die besten Jahre vorbei? Ich meine: Nein. Forschung und Entwicklung der freien Wirtschaft werden sich darauf einstellen, mit der kommenden Situation fertig zu werden und Veränderungen im positiven Sinne einleiten, die wir uns heute noch nicht vorstellen können. Das war immer so und wird auch so bleiben: Innovationen gestalten die Welt um uns herum erträglich. Unbedingte Voraussetzung ist aber, dass die Politik sich zeitnah äußert, welche Empfehlungen zur Klimaneutralität denn nun umgesetzt werden sollen, was auf die freie Wirtschaft, was auf den einzelnen Bürger zukommen wird. Haben die Anbieter für Waren und Dienstleistungen erst einmal Planungssicherheit zu den Klimamaßnahmen bis 2050, werden sie mit Investitionen eine neue Welt schaffen, die anders und vielleicht besser wird, als wir es uns heute vorstellen können. Entwürfe für Städteplanungen mit fahrerlosen Transportsystemen für Menschen und Material, Freiräume für das Leben in Gemeinschaften, Versorgung mit Gütern des täglichen Lebens, Gastronomie und Freizeitanlagen liegen bereits vor. Welche Ideen in die Wirklichkeit umgesetzt werden, wissen wir nicht. Sicher ist, dass sich die freie Wirtschaft umstellen muss, um weiterhin überlebensfähig zu bleiben. Und sie wird es mit hohem

Einfallsreichtum tun, davon bin ich überzeugt. Gemeint sind nicht nur die stetigen kleinen Veränderungen, die schrittweise ein Produkt verbessern können. Innovationen, am besten mit Erneuerungen übersetzt, gehen darüber hinaus. Gemeint ist die grundsätzliche Überarbeitung des Produktes oder der Dienstleistung, umgesetzt und in den Markt gebracht mit einem zusätzlichen Nutzen für den Unternehmer oder den Kunden. Erfindungen und gezielte Entwicklungen gehören zweifellos dazu, wenn sie denn in die Tat umgesetzt werden.

Eine große Hoffnung zur Zukunftsgestaltung sind die Ideen junger Menschen, die mit Startups Innovationen auf den Markt bringen werden, die den Anforderungen an die Klimaneutralität genügen und unser aller Leben verbessern können. Aber Vorsicht: Nicht alle großartigen Ideen kommen auf den Markt, weil in der Vorbereitungs- und Planungsphase inkonsequent vorgegangen und Schritte auf dem Weg zum Erfolg einfach vergessen oder unterlassen werden. Fehler in der Umsetzung von Ideen beinhalten, dass mit Zeitverschwendung und Mehrkosten nachgebessert werden muss oder eine Verwirklichung der Idee dadurch nicht zustande kommt. Wir hören von erfolgreichen Startups, die mit völlig neuen Produkten großen Erfolg einfahren, mit hohem Marktwert der Firma aufwarten. Von den vielen Ideenträgern, die während der Startphase am Markt gescheitert sind, hören wir fast nichts.

Planung ist alles, das hatten wir schon. Allen Startups ist zu empfehlen, dass sie die Schwierigkeiten, denen sie sich aussetzen, von Beginn an richtig einschätzen. Ich empfehle die Anwendung des Unternehmens- oder Führungsprozesses, der sich in unserer Firma in Polen und später bei

Unternehmensberatungen immer wieder bewährt hat. Der Unternehmensprozess wird im Teil II ausführlich beschrieben.

Mit der gleichen Systematik können natürlich auch Produkte und Dienstleistungen auf den Markt gebracht oder wiederbelebt werden, die niemand wirklich braucht, die an den Bemühungen zur Klimaneutralität vorbeigehen und nur darauf ausgerichtet sind, den Unternehmen hohe Profite zu bescheren. Wir erlebten das in der Extremsituation im Frühjahr 2022. Nach den langen Einschränkungen durch die Maßnahmen zur Begrenzung von Covid 19 will eine große Anzahl von Bürgern ihr während des Lockdowns gespartes Geld für Urlaubsreisen mit Fernflügen und Kreuzfahrten unter die Leute bringen. Eine gefährliche Tendenz!

Innovationen sollten zwei Problemkreise bedienen: Erstens, wie kommen wir mit weniger Energie- und Ressourcenverbrauch zu besseren Produkten und Lebensweisen? Zweitens, mit welchen Ideen können wir die Erzeugung klimaneutraler Energien von Sonne und Wind beschleunigen oder deren Ausbeute verbessern?

Ganz spannend wird sein, wie künftige Innovationen den Arbeitsmarkt verändern werden. Es wird eine digitale Welt werden, soviel ist wohl sicher. Zu vermuten ist, dass weiterhin einfache, gering bezahlte Arbeitsplätze wegfallen und durch Roboter und andere Automatisierungsmechaniken ersetzt werden. Künstliche Intelligenz wird dabei Unterstützung bieten, um Produktions- und Transportaufgaben soweit zu entwickeln, dass Eingriffe von Menschenhand nicht mehr erforderlich sind. Nach über 30 Entwicklungsjahren bieten Roboter schon jetzt perfekte Lösungen für alle Aufgaben als Ersatz körperlichen Einsatzes, spezielle Handwerker- und

Pflegetätigkeiten ausgenommen. In der Öffentlichkeit werden diese Umwälzungen in der Arbeitswelt kaum diskutiert, die Politik bietet noch keine Antworten auf absehbare Fragen, wie zum Beispiel jene, wie entfallende Arbeitsplätze zur Herstellung von Produkten durch gut bezahlte Dienstleistungen im Handel, in der Organisation, in Forschung und Entwicklung, in Bildung und vor allem in den vielen sozialen Bereichen ersetzt werden können. Arbeitsplätze nicht für alle anbieten zu können, wird den sozialen Frieden stören, ein überschwappendes Angebot an Freizeitgestaltung bietet hier bestimmt keinen Ausgleich.

Aus meiner Sicht ist hier ein mögliches Szenario als Lösung denkbar: das Vorhaben einer Bildungsgesellschaft konsequent umzusetzen. Von der Politik wird das Wort Bildungsgesellschaft oft genannt, über Inhalte kaum gesprochen. Bildung sollte erstens als grundlegendes Gut angesehen werden mit dem Anspruch auf persönliche Entwicklung und beruflichen Erfolg. Zweitens ist unabhängig vom sozialen Hintergrund oder dem Alter eine hohe Bildungsbeteiligung zu fördern. Das setzt drittens eine breite Verfügbarkeit von Bildungseinrichtungen voraus, an der chancengleich alle Bevölkerungsgruppen teilhaben können. Voraussetzung ist dafür viertens, den Wert von Wissenschaft und Forschung als Motor für wirtschaftlichen Erfolg anzuerkennen.

Innovationen auf diesem Gebiet werden und wurden eher zur Weiterbildung der eigenen Mitarbeiter in großen Unternehmen der Industrie und des Handels umgesetzt. Innovative, hoch technisierte Firmen waren schon immer gezwungen, fehlendes Wissen der Schul- und Studienabgänger nachzurüsten. Das kenne ich noch aus eigener Erfahrung bei der VW AG, wo ich intern und extern Pflichtseminare sowie selbst gewünschte Weiterbildungskurse besucht habe. Die Kultusminister der Länder hinken allerdings hinterher, schulische Umgestaltungen wurden oft mit Weiterentwicklungen des Bildungswesens verwechselt. Hier muss der Staat den Rahmen bieten, Bildungssysteme gleichlautend für die ganze Republik entwickeln und umsetzen zu können. Umsetzen heißt, innovative Angebote aus der freien Wirtschaft zu nutzen, ein Bildungswesen zugeschnitten auf die digitale Welt mit Kommunikationsmitteln nach dem jeweiligen Stand der Technik aufzubauen und ständig anzupassen.

Weiterbildung gilt für alle Berufszweige. Hier sind die Volkshochschulen gefragt, bezahlbare Programme anzubieten, welche auch auf zum Beispiel Handwerker, kommende Führungskräfte und Manager zugeschnitten sind. Da ist noch viel Luft nach oben. Sicher gibt es qualifizierte Bildungseinrichtungen, allerdings verbunden mit hohen Kosten und dem Nachteil, kaum berufsbegleitende Abendkurse anzubieten.

Prinzip der kleinen Schritte

Mit der Vermeidung von Verschwendung allein können nicht alle Umweltprobleme gelöst werden. Aber das Thema ist noch nicht ausgereizt, wir brauchen neue Ansätze, um Verschwendung so zu definieren, dass wir mit kleinen Maßnahmen und hoher Beteiligung doch einiges bewirken können. Und wenn die große Politik nicht in der Geschwindigkeit vorankommt, die das Zeitfenster verlangt, dann sollten wir als überzeugte Umweltschützer – hoffentlich bezeichnen sich schon viele so - schon mal mit den kleinen Dingen anfangen.

Die Wegwerfmentalität von materiellen Konsumgütern, speziell von Gebrauchsgütern, gezielt einzugrenzen, wäre eine Möglichkeit. Sich mit Verbrauchsgütern, wie Nahrungs-, Putz- und Pflegemittel, richtig einzudecken, folgt einer sehr individuellen Einstellung eines jeden Einzelnen. Planung ist auch hier gefragt. Mit der Auswahl umweltschonender Artikel in den richtigen Mengen ist für die Reduzierung des ökologischen Fußabdruckes viel getan.

Je mehr auf Vermeidung von Verschwendung geachtet werden soll, umso besser und detaillierter sollte die Planung sein. Ein sehr gutes Beispiel bietet die Vorbereitung und Durchführung eines Segeltörns. Als Skipper habe ich es vielfach durchexerziert.

Für einen reibungslosen Ablauf ist ein umfangreicher Plan zu erstellen. Das Segelrevier, die Yachtcharter, die täglichen Törns, die anzulaufenden Häfen, die Aufgabenverteilung für die Crew-Mitglieder und vieles, vieles mehr. Ganz wichtig: Die Proviantliste für die Erstversorgung an Bord, auf dem Wasser gibt es keine Supermärkte. Die strategische

Ausrichtung dabei: Die Sicherheit an Bord zu garantieren und mit geringstem Aufwand und sparsamsten Einsatz von Verbrauchsgütern die Freude am gemeinsamen Erlebnis sicherzustellen.

Eine Segelyacht für Törns in der Nord- und Ostsee oder im Mittelmeer hat für eine Crew von 6 Personen die gängigen Maße von 12 bis 14 m Rumpflänge und eine mittige Breite von 3 bis 4 m. Untergebracht sind unter Deck auf rund 30 qm ein Salon als Wohnraum, eine Pantry als Küche, der Navigationstisch mit Instrumenten und Karten, der Motorraum, der Treppenabgang, 3 Kojen als Schlafräume, Toiletten und Duschraum. Enger geht es kaum, aber alle Crew-Mitglieder kommen für zwei bis drei Wochen bestens damit klar. Die täglich anfallenden Kosten sind mit den Lebenshaltungskosten zuhause durchaus vergleichbar, da an Bord Selbstversorgung vorherrscht.

Die Enge auf der Yacht zwingt dazu, alles Überflüssige konsequent wegzulassen. Mit Beherrschung der wichtigsten Seemannsknoten reichen Leinen und Bändsel meistens aus, das Schiff auch für Schwerwetter entsprechend herzurichten und Reparaturen auszuführen, anderes wird kaum gebraucht. Es ist erstaunlich und es war immer wieder eine freudige Erkenntnis, mit wie wenigen persönlichen Sachen und vorhandenem Bewegungsraum jeder Einzelne klargekommen ist und trotzdem ein großartiges Glücksgefühl empfunden hat. Und dazu noch die Genugtuung, völlig CO_2-frei nur vom Wind getrieben reisen zu können. Abzuleiten ist daraus mit Sicherheit, dass das riesige Angebot an Freizeitgestaltung und verschwenderischer Gastronomie bei Kreuzfahrtschiffen keine bessere Alternative für Seefahrterlebnisse darstellt.

Segeln ist so etwas wie Camping auf dem Wasser. Durchaus vergleichbar mit Caravaning, dem Urlaub im Wohnwagen oder Wohnmobil. Auch hier das Leben auf engstem Raum. Auch hier durchweg fröhliche, glückliche Menschen, die ohne große Verschwendung das Leben genießen können. Sehr erfreulich die Tatsache, dass diese Form des Urlaubs immer beliebter wird und hoffentlich immer mehr auf Fernreisen verzichtet werden kann.

Glück und Verschwendung, passt das überhaupt zusammen? Diese Frage beschäftigte schon viele Generationen vor uns, allgemein gültige Antworten wurden nicht gefunden. Sicherlich ist es toll, sich eine neue, wertvolle Armbanduhr anzuschaffen, einen protzigen SUV entgegenzunehmen, für eine Lederjacke immens viel Geld auszugeben, ein übergroßes Wohnhaus zu besitzen, sich öfters Champagner zu leisten, im Weltraum die Schwerelosigkeit zu erleben. Sicherlich sind es Glücksgefühle für den Augenblick der Verwirklichung – von Dauer sind sie nicht. Ein Ferrari ist nach kurzer Gebrauchszeit auch nur ein Auto, eine goldene Uhr zeigt auch nur die Zeit und Champagner genießt man nur in netter Gesellschaft. Natürlich sind Luxusgegenstände hervorragend geeignet, damit anzugeben oder Neid und Missgunst auszulösen. Aber ist das Glück? Trotzdem ist diese Art der Verschwendung noch zu tolerieren, wenn damit bleibende Werte geschaffen werden. Anders verhält es sich, wenn mit verschwenderischem Verhalten ein Mehr an Umweltbelastung einhergeht. Die Lösung des Problems besteht wohl darin, das Glück so zu definieren und im Gedankengut der Menschen unterzubringen, das Glück mit Besitz über die beschriebene Standardausstattung hinaus eigentlich sehr wenig bis gar nichts zu tun hat. Liebe, Sex, Freundschaft,

Geselligkeit, Kultur, Spiel, Sport, Bildung und Arbeit tragen wesentlich mehr zur Befriedigung der persönlichen Bedürfnisse bei als jede Art von Reichtum und Besitz. Was kümmert einen engagierten Menschen bei einer Tätigkeit, die ihn in einer völligen Abgeschiedenheit von der Außenwelt in den Flow bringt, mit welchen Mitteln er diesen glücklichen Zustand erreicht?

Die eigentliche Herausforderung zur Erreichung von besseren Werten zum Klimaschutz besteht doch darin, begrifflich zu erfassen, dass wir mit Beiträgen zum Umweltschutz sehr viel tun und erreichen können, ohne auf ein glückliches Leben verzichten zu müssen. Das kann mit kleinen Schritten anfangen, muss aber bei einer konsequenten Fixierung auf ein umweltgerechtes Verhalten nicht aufhören.

In „Was, wenn wir einfach die Welt retten?“[33] gibt Frank Schätzing einen hervorragenden Überblick über alle Bereiche des Bedarfs, was jede/ jeder durch gezieltes Handeln, bewusstes Einkaufen an Verbesserungen erreichen kann. Nachlesen lohnt sich. Nur, der Autor setzt auf Überzeugung und Einsicht. Wie weit es damit her ist? Hatten wir schon. Für den täglichen Bedarf mag es funktionieren, dass auf Produkte mit Umweltsiegeln für eine bessere Welt zurückgegriffen wird. Bei Gebrauchsgütern, die solange verwendet werden sollten, wie sie funktionieren, sieht es schon anders aus.

Die gesetzlich garantierte Gewährleistung beträgt 2 Jahre. Sie bezieht sich auf Produktmängel, welche die Funktion einschränken oder die Funktion verlieren. Die Beweislast, dass der Mangel von Anfang an bestand, liegt nach 12 Monaten beim Käufer.

Garantien sind freiwillige Leistungen der Hersteller. Sie schließen auch Beanstandungen ein, die während der

Nutzung entstehen und sind vorwiegend auch auf 2 Jahre begrenzt.

Mängel und deren Behebung gehen nach dieser Zeit zu Lasten des Käufers – oft verbunden mit der Entscheidung „Reparieren oder Wegwerfen“.

Hersteller für Billigartikel haben sich darauf eingestellt, die geplante Nutzungszeit nicht viel höher als 2 Jahre anzusetzen, um günstig produzieren und Anschlussverkäufe ermöglichen zu können. Ein System gezielter Verschwendung. Es kann nicht richtig sein, zum Beispiel T-Shirts so niedrigpreisig kaufen zu können, dass sich nicht mal das Waschen lohnt, weil die Passform nicht erhalten bleibt.

Hersteller von Luxusgütern verfolgen meistens eine andere Strategie. Die Artikel zeichnen sich durch hohe Qualität und durch lange Lebensdauer aus. Die Verkaufspreise sind entsprechend nach oben angepasst.

Den Warenangeboten für Billigartikel stehen über das gesamte Spektrum des Marktes auch Artikel mit gehobenem Standard gegenüber. Die Entscheidung liegt beim Käufer, ob höhere Qualität und Lebensdauer den erhöhten Preis rechtfertigen und am Ende nicht den preisgünstigeren Weg aufzeigen.

Nur ein Denkmodell und mein Vorschlag: Die Gewährleistung und die Garantie auf 6 Jahre für alle materiellen Gebrauchsgüter erhöhen und gesetzlich absichern. Europaweit. Billige Wegwerfartikel würden vom Markt verschwinden, die Warenhersteller müssten sich weltweit auf die neue Situation einstellen.

Damit würde auch ein Weg eröffnet, die Chancengleichheit zwischen asiatischen und europäischen Herstellern zu verbessern: Artikel mit höherer Qualität und höherer

Lebensdauer erfordern besser qualifiziertes Personal mit besserer Bezahlung.

Modeorientierte Käufer werden sicherlich weiterhin die jährlich neuen Modelle erwerben wollen. Es wird nur erheblich teurer. Profitieren wird davon der Second-Hand-Markt mit neuwertigen Produkten.

Ein weiterer Vorschlag: Die Entsorgungskosten von materiellen Gebrauchsgütern nach Nutzungsdauer staffeln. Eine Entsorgung von funktionsfähigen Waren muss richtig teuer werden! Bei defekten Gütern wird es dann entsprechend teurer, wenn die Ware schon nach einem Jahr kaputt ist und nicht erst nach fünf.

Dabei besteht die Gefahr, kennen wir jetzt schon, dass alte Gebrauchsgüter in der freien Landschaft entsorgt werden. Kontrollen wären nur erfolgreich möglich, wenn der Eigentümer ermittelt werden könnte. Die Technik ist dazu in der Lage, neue Produkte mit Chips zu versehen, auf denen der Code des Eigentümers enthalten ist. Jetzt schon einfach durchzuführen, funktioniert bei Haustieren auch. Umdenken ist gefragt.

Das Entsorgen von Abfall in der freien Natur ist strafbar. Das Gesetz zur Förderung der Kreislaufwirtschaft und Sicherung der umweltverträglichen Bewirtschaftung von Abfällen (Kreislaufwirtschaftsgesetz - KrWG) regelt in § 28 Ordnung der Abfallbeseitigung:

(1) Abfälle dürfen zum Zweck der Beseitigung nur in den dafür zugelassenen Anlagen oder Einrichtungen (Abfallbeseitigungsanlagen) behandelt, gelagert oder abgelagert werden.

und in § 69 Bußgeldvorschriften:

(1) Ordnungswidrig handelt, wer vorsätzlich oder fahrlässig entgegen § 28 Absatz 1 Satz 1 Abfälle zur Beseitigung behandelt, lagert oder ablagert.

Dass es sich beim Wegschmeißen von einem Becher nach dem Coffee to go oder beim Rauswerfen einer Zigarettenkippe aus dem Autofenster auf die Straße bereits um illegale Müllentsorgung handelt, ist vielen Menschen nicht bewusst.

Das Abladen von Müll an Orten, die nicht für die Entsorgung vorgesehen sind, ist generell verboten. Extrem schwierig ist die Identifikation der Verursacher. Städte und Gemeinden müssen jährlich Millionenbeträge aufbringen, um illegal entsorgten Abfall zu beseitigen.

Die Festlegung von Strafen, die extrem sein können, haben aber nur dann eine Wirkung, wenn Täter erwischt und zur Rechenschaft gezogen werden können. Ob es sich um Ordnungswidrigkeiten oder um Straftaten handelt, hängt von der Schwere der Tat ab. Meistens werden sie mit Bußgeldern geahndet.

Bei einer hohen Umweltbelastung, wenn Sondermüll oder Gefahrenstoffe illegal entsorgt wurden oder eine Verschmutzung von Luft, Boden oder Gewässern vorliegt, wird die illegale Müllentsorgung als Straftat eingestuft und mit Geldstrafen sowie Freiheitsstrafen geahndet.

Dringend brauchen wir Konzepte, um mit einfachen Systemen diesen Missbrauch der Umwelt durch Verursacher-Identifikation verhindern zu können!

Und noch ein Vorschlag, der uns wenig an Einschränkungen beschert: Umverpackungen unterlassen. Umverpackungen dienen einerseits dem Schutz verpackter Ware zum Transport und andererseits der Werbewirkung von Artikeln.

Oft erleben wir Umverpackungen, wenn Waren im Internet bestellt und per Paketzusteller ausgeliefert werden. Ein Beispiel: Bestellung eines Smartphones. Das Handy – verpackt in Plastikfolie, das Ladekabel – verpackt in Faltkartonage, die Ohrstöpsel mit Leitung – ebenfalls verpackt. Das Ganze in einer Pappschachtel untergebracht und mit einer werbewirksamen Hülle versehen. Zum Versand dann nochmals verpackt, muss ja heil ankommen! Sicherlich ist das alles schön und bequem, nötig ist es nicht.

Um das ganze einzudämmen, gibt es die Verpackungsverordnung von 1991 mit der Umwandlung von 2019 zum Verpackungsgesetz und der Überarbeitung (VerpackG2)[26] 2022. Es wird zwischen Verkaufsverpackungen, Umverpackungen und Transportverpackungen unterschieden.

In 38 Paragrafen ist genau festgelegt, wie mit Verpackungen umzugehen ist – nachlesen lohnt sich!

Das Gesetz bezweckt, die Auswirkungen von Verpackungsabfällen auf die Umwelt zu vermeiden oder zu verringern. Um dieses Ziel zu erreichen, soll das Gesetz das Verhalten der Verpflichteten so regeln, dass Verpackungsabfälle vorrangig vermieden und darüber hinaus einer Vorbereitung zur Wiederverwendung oder dem Recycling zugeführt werden.

Hersteller von Verpackungen „sind verpflichtet, gebrauchte, restentleerte Verpackungen der gleichen Art, Form und Größe wie die von ihnen in Verkehr gebrachten am Ort der tatsächlichen Übergabe oder in dessen unmittelbarer Nähe unentgeltlich zurückzunehmen."

Die Regeln zum getrennten Sammeln von Verpackungen sind weitgehend bekannt, mit „grüner Punkt", „gelber Sack" und Sammelcontainer sind Kennzeichnungen und

Entsorgungsmöglichkeiten vorgegeben. Schön und gut. Das Ziel der Vermeidung nicht erforderlicher Umverpackungen wird damit aber nicht gelöst.

Soweit die Möglichkeiten zur Vermeidung von Verschwendung, die noch keine besonderen Eingriffe in unser gewohntes Leben bedeuten. Nur, reichen diese Maßnahmen aus? Wir werden uns damit befassen müssen, alles, was wir doppelt und mehrfach besitzen und umweltbelastend im Überfluss nutzen, einzuschränken und abzuschaffen. Freiwillig werden große Teile der Bevölkerung diese notwendigen Schritte nicht machen.

Die großen Aufgaben, die vor uns liegen, werden wir besser erledigen können, wenn wir Lösungen zur Erreichung der Ziele präsentieren können, die zeitnah zwingend umzusetzen sind, mit keiner allzu großen Belastung für die Bevölkerung.

Größter Kontrahent – die Werbung

Sie zeigt uns eine heile Welt und präsentiert uns breit gefächert, was der Markt in seiner unendlichen Vielfalt zu bieten hat, die allumfassende, überall auftretende, ständig gegenwärtige Werbung. „Mein Haus, mein Auto, mein Boot". Dieser vor 30 Jahren von der Werbeagentur Jung von Matt geprägte Werbespruch der Sparkassen läutete ein, was jetzt allgegenwärtig ist. Es wird uns eine Welt vorgegaukelt, in der wir eigentlich nicht leben möchten. Einerseits der übertriebene Luxus, den kaum einer braucht, andererseits die Überschwemmung mit Billigangeboten, die den Herstellern durch harten Konkurrenzkampf kaum Luft zum Atmen lassen. Wenn es denn unbeachtet an uns vorbeilaufen und wir nur bei wirklichem Bedarf auf beworbene Artikel zurückgreifen würden, wäre ja alles in Ordnung. Tut es aber nicht. Mit einer perfiden Strategie versuchen die Werbeexperten, uns, die Verbraucher, mit allen Tricks zu manipulieren. Schon Rockefeller hat Öllampen verschenkt, um den Bedarf an Öl zu fördern. Und dieses System hat sich immer mehr verfeinert. Wir bekommen Geschenke, hohe Gewinne bei Glücksspielen, Rabatte bei Mehreinkauf, kostenlose Angebote, garantierten Service und verlängertes Umtauschrecht, nur um uns unser Geld aus der Tasche zu leiern. Sehr nachdenklich stimmen sollte uns die Tatsache, dass das Ringen um unsere Daten, das nebenbei ebenfalls abläuft, nur dazu dient, uns noch besser manipulieren zu können.

Sie kennen das: „Kunden, die dieses gekauft haben, interessieren sich auch für …". Mit dem Abgreifen unserer Daten werden unsere Schwachstellen ermittelt, die Produkte, auf die wir zugreifen werden, wenn uns die entsprechende

Werbung zur richtigen Zeit in der richtigen Form erreicht. Doch wenn wir Bedarfe decken, die wir im Grunde genommen nicht haben, ist das Verschwendung. Und nicht nur Verschwendung im Sinne von Anhäufung von Unnötigem, sondern auch die Verschwendung unserer finanziellen Mittel und die Verschwendung von Ressourcen.

Die Lösung lautet, den Spieß umzudrehen, um diesem Teufelskreis zu entweichen. Also als erstes den erforderlichen Bedarf ermitteln und dann recherchieren, wer dafür das beste Angebot hat. Im Internet, in der Presse, im Fernsehen, in Schaufenstern, in den Läden und in der täglichen Flut von Werbeschriften im Briefkasten bieten sich ausreichend Möglichkeiten, das Geeignete zu finden. Aber Achtung: Was, wenn der erforderliche Bedarf durch Manipulation der Werbestrategen erst initiiert wurde? Hier hilft nur „langsames" Denken und sorgfältiges Planen. Wir müssen uns resistent machen gegen die Flut der Werbung. Konsequent Werbung auszublenden, ist nicht einfach, muss trainiert werden. Man kann daraus ein Spiel machen, unerwünschte Werbung als etwas Schreckliches anzusehen und gezielt diese beworbenen Produkte nicht zu kaufen. Es wird Spontankäufe geben, sicherlich. Sie sollten aber die Ausnahme sein.

Was, wenn die Werbung ins Leere läuft und keiner mehr das kauft, was andere uns suggerieren? Nutzen wir die unendlich große Macht der Käuferschicht, den Markt so zu beeinflussen, dass auch das Datenabgreifen der drei Großen, Apple, Google und Amazon letztlich zwecklos wird. Hier den Hebel anzusetzen, ist der wirkungsvollste Weg, um Verschwendung vermeiden zu können.

Sicherlich ist Werbung ein Grundpfeiler von Marketingstrategien. Wenn sie denn so aufgebaut ist, dass der potenzielle Käufer die für ihn erforderlichen richtigen Informationen bekommt, ist gegen Werbung in jeglicher Form nichts einzuwenden. Sie darf auch ruhig ansprechend und kaufanregend aufgemacht sein. Gegen marktschreierische Werbung sollten wir uns aber immun machen.

Vom Egoisten zum Altruisten?

Was jeder Einzelne von uns im täglichen Leben umsetzen kann, um umweltbewusst zu leben, ist im Artikel „Prinzip der kleinen Schritte“ beschrieben. Den Grad der Erfüllung möchte natürlich jeder für sich entscheiden können, Eingriffe des Staates durch weitere Gesetze sehen wir meistens als Einschränkung unserer Lebensqualität. Vorgaben werden eher nicht eingehalten, wenn eine Kontrolle der Umsetzung eher großzügig gehandhabt wird oder nicht durchführbar ist. Die Ursache liegt in dem Bewusstsein der Gängelung durch den Staat. Jegliche Einschränkung wird negativ ausgelegt, wenn damit ein Umdenken eingefordert wird, auf Dinge zu verzichten, die der täglichen Gewohnheit entsprechen.

Verwunderlich ist das nicht. Ein Beispiel aus Hannover, meiner Einkaufsstadt in 20 km Entfernung. Gerne fahren wir mit dem eigenen Auto, einem Plug-in-Hybrid mit einer elektrischen Reichweite von rund 50 km – also rein elektrisch. ÖPNV mit Bus und Bahn ist für uns sehr umständlich, die Fußwege mit Einkaufsballast zu lang. Wir sehen unser Verhalten als positiven Beitrag zum Umweltschutz. Dagegen das Ziel des grünen Oberbürgermeisters: Die autofreie Innenstadt. Verbote über Verbote verbunden mit dem Vorhaben, die Stadt zum Fahrradparadies zu entwickeln. Kann man machen, kann aber auch für Fahrradbenutzer, Fußgänger und Autofahrer positiv verkauft werden. Wenn schon eine autofreie Innenstadt, die ja begrüßenswert ist, dann auch attraktive Angebote für die Autofahrer, wo und wie sie günstig und stressfrei parken oder auf sonstigen ansprechenden Wegen die City erreichen können. Die Politik irrt, wenn sie Projekte verkündet, die auf Verbote beruhen.

Der Werbeindustrie würde so etwas nicht passieren: Kunden Angebote zu unterbreiten, die mit Nachteilen verbunden sind. Hier muss ein Umdenken der Politiker in dem Sinne erfolgen, alle Umweltvorhaben als Gewinn für uns alle zu unterbreiten.

Was zu erwarten war, ist auch eingetreten: Proteste der Opposition, Proteste der Geschäftsinhaber der Innenstadt, der Ärzteschaft, der Wirtschaftsverbände und vieler Bürger. Nach dreijähriger Diskussion, in der Presse gut zu verfolgen, das positive Umdenken. Die City soll jetzt „Auto arm" werden, für die Parkhäuser soll weiterhin eine Anfahrmöglichkeit bleiben, wenn auch über neue Strecken. Ein Innenstadt-Konzept mit den geplanten Veränderungen wurde der Öffentlichkeit vorgestellt, Verbesserungen sollen diskutierbar sein. So geht Kommunikation, so können alle Bürgerinnen und Bürger mitgenommen werden.

Umweltschützer, ich meine die wirklich engagierten Mitbürger, haben das längst begriffen, sie handeln aus Überzeugung. Ihre Sicht auf eine andersgeartete Philosophie entspringt der Einsicht, dass sie für sich und für andere etwas Gutes tun. Vielleicht können wir aus deren Verhalten lernen, unsere Gewohnheiten schrittweise den neuen Anforderungen anzupassen und dabei ein gutes Gefühl zu haben.

Die Änderung unserer Gewohnheiten gelingt allerdings nur dann, wenn wir darin Vorteile für uns erkennen. Liegen keine bisherigen negativen Erfahrungen vor, behalten wir unsere Gewohnheiten bei. Wir sind immer stärker motiviert, Verluste zu vermeiden als Gewinne zu erzielen. Diese Verlustaversion führt dazu, Bewährtes beizubehalten.

Dabei sollte doch eigentlich klar sein, dass wir uns auf Klimaschutz einstellen müssen. Das Ziel ist klar formuliert, der

Istzustand bekannt, die Abweichungen zeigen das Ausmaß der Probleme überdeutlich auf.

Manager und Unternehmer sind es gewohnt, sich rational, also verstandesgemäß, auf die Umweltprobleme einzustellen und entsprechende Entscheidungen zu treffen. Politiker glauben das von sich ebenso. Rationales Denken bestimmt ihren Alltag. Intuitives Denken geschieht nur bei halb automatisierten Abläufen wie Essen, Trinken, Schwimmen, Fahrrad fahren, Bälle fangen usw. Wissen wir eigentlich alle, stimmt aber leider überhaupt nicht. Es ist genau umgekehrt.

Der Wirtschaftsnobelpreis 2017 ging an Professor Richard H. Thaler. Thaler von der University of Chicago hat herausgefunden, dass Politiker, aber auch Manager und Unternehmer längst nicht immer rationale Entscheidungen treffen. Viele Verhaltensweisen seien im Alltag nicht so vernünftig, wie man in seinem Fach über lange Zeit angenommen hat. Sehr aufschlussreich dazu ist das Buch „Thinking, Fast and Slow“ von Daniel Kahnemann[34]. Kahnemann ist Professor für Psychologie an der Princeton University. Er hat für seine sehr umfangreichen Untersuchungen zum „Schnellen Denken, langsamen Denken“ 2002 den Wirtschaftsnobelpreis erhalten.

Dabei ist das schnelle Denken das intuitive, automatische Denken; das langsame Denken das bewusste, rationale Denken. Kahnemann und Thaler haben in mehreren Projekten zusammengearbeitet und festgestellt: Die Funktionsmechanismen des menschlichen Denkens sind darauf ausgelegt, dass das intuitive Denken viel einflussreicher ist und unseren Alltag bestimmt. Unser sechster Sinn für Gefahren und Bauchentscheidungen gehören ebenfalls dazu.

Zwei einfache Beispiele: Hauptstadt von Frankreich – die Antwort kommt sofort: Paris. 16 x 34 – anstrengendes, langsames Denken, Kopfrechnung.

Oder: Ein Federballschläger und ein Federball kosten zusammen 11 €, der Schläger kostet 10 € mehr als der Ball. Intuitiv kostet der Ball 1 €, – und rational?

Wir haben, abgeleitet aus unseren Erfahrungen, immer sofort eine Antwort parat, ziehen voreilige Schlüsse und liegen damit sehr oft falsch. Wenn mir früher solche Fehler unterlaufen sind, sagte mein Vater zu mir: „Du sollst nicht denken, Du sollst nachdenken." Das zielt in die gleiche Richtung.

Kahnemann hat dafür einen festen Begriff. WYSIATI – "What you see is all there is". Ausschließlich im Moment verfügbare Informationen beeinflussen das intuitive Denken und bilden Entscheidungsgrundlagen.

Es ist allen bekannt: Ein Flugzeugabsturz löst ein mulmiges Gefühl in einem aus, nachhaltig sogar beim eigenen nächsten Flug. Dabei gibt es Tausende von Starts und Landungen täglich, bei denen nichts passiert. Die Logik der Wahrscheinlichkeit müsste einem sagen, dass es wahrscheinlicher ist, 1 Million € im Lotto zu gewinnen als heute über den Alpen abzustürzen. Langsames Denken hat sehr viel mit Statistik und Algorithmen zu tun. Und mit einer Abwägung und Berücksichtigung aller relevanten Umstände, die Entscheidungen beeinflussen können. Langsames Denken verlangt nicht nur eine Bewertung, was sich gerade ereignet, sondern auch eine Betrachtung, was sich nicht ereignet.

Schnelles Denken lässt Optionen für weitere neue Informationen nicht zu. Es sind Schnellschüsse. Genau diese Erkenntnisse führen dazu, dass mit Umweltproblemen sehr leichtfertig umgegangen wird. Man denkt nicht darüber nach. Was macht es schon aus, wenn ein paar Tierarten verschwinden, es ist ja im täglichen Ablauf nicht sichtbar. Oder zum Beispiel mit Streugiften Ameisen vernichten, ist ja nur zum eigenen Schutz. Wer möchte schon sowas im Garten haben? Nur: „Jeder dumme Junge kann einen Käfer zertreten. Aber alle Professoren der Welt können keine herstellen" (Arthur Schopenhauer *1788).

Klimaschutz verlangt Altruisten, die sich uneigennützig für das Wohl unserer Umwelt einsetzen, auch wenn es mit Nachteilen verbunden ist. Aber das sind wir nun einmal in der Mehrheit nicht. Wir sind durchweg Egoisten, wenn auch in unterschiedlicher Ausprägung. Auch wenn wir die Bestrebungen zum Schutz der Umwelt als richtig und notwendig anerkennen, beschäftigen wir uns mit Fragen, wie das eigene Hab und Gut und die bisherige Lebensweise zu schützen und zu erhalten sind. Nahrung, Hygiene, Kleidung, Haushalts- und Freizeitgeräte spielen dabei eine untergeordnete Rolle. Wird schon irgendwie auch in der Zukunft funktionieren. Als existenzielle Bedrohung werden nötige Änderungen für die Wohnung, das eigene Haus gesehen. Mit Recht. Was ist zu tun, wenn kein Erdgas als Energieträger mehr zur Verfügung steht und Fernwärme aus Kohle- und Gaskraftwerken nicht mehr geliefert wird? Wenn Ölheizungen obsolet werden? Wie bekomme ich bezahlbar Solarpanels auf mein Dach, wie installiere ich eine Wärmepumpe, wie isoliere ich die Außenwände und wie stelle ich meine Heizung auf elektrischen Strom um?

Die Politik bietet dafür noch keine für die Allgemeinheit gültige Lösung, obwohl Förderprojekte die Vorhaben zur autarken Energieversorgung unterstützen, wenn entsprechende

Eigenleistungen eingebracht werden. Wohl wissend und in Charts veröffentlicht, dass die Wärmebereitstellung für Wohnungen mit 8,4% am CO_2-Ausstoß beteiligt und damit dringend anzupacken ist. Wenn allerdings die geforderten Eigenleistungen den persönlichen Finanzrahmen sprengen, fällt es wirklich schwer, zu Altruisten zu werden.

Einen Vorgeschmack, was da auf uns zu kommt, bringen uns die Diskussionen um eine wirksame Unterstützung der überfallenen Ukraine durch den russischen Einmarsch.

Schon beim Ausbleiben der Gaslieferungen aus Russland aufgrund beschlossener Sanktionen, setzte ein Verteilungs- – sollte ich das„-krieg“ nennen? – ein. Auf Erdgas angewiesene Industriezweige verlangen im Bedarfsfall eine Unterversorgung der Privathaushalte, die Politik hält (noch) dagegen, und die Hausbewohner wundern sich, wohin das führen könnte.

Aber dieser Machtkampf wird stattfinden, wenn eine Umstellung der Industrie oder Haushalte im einen oder anderen Fall nicht so schnell gelingt, wie der CO_2-Minderungsplan es vorsieht. Wir haben aber auch gelernt, dass die Erderwärmung nicht über 1,5% ansteigen darf. Der gordische Knoten ist noch nicht durchschlagen!

Mir scheint also, dass zurzeit das schnelle Denken vorherrscht. Bloß nicht zu viel darüber nachdenken, was uns in den nächsten Jahren blüht. Wie könnten die Politiker sonst so selbstsicher verkünden, bis 2045 den Ausstieg aus den fossilen Energieträgern zu schaffen.

Kopf in den Sand stecken geht also auch nicht. Nachdenken ist gefragt. Nachdenken und das mögliche Ergebnis und Ende betrachten über alles was wir tun? Gibt es dafür ein Patentrezept?

7 – Chancen zur Zukunftssicherung

Um mit den Anforderungen an eine klimaneutrale Umwelt klarzukommen, sind Veränderungen erforderlich, die tief in die Lebensweise der Bürgerinnen und Bürger eingreifen. Vieles wird anders werden. Ob besser oder schlechter ist eine fast so philosophische Frage wie die nach der halbvollen oder halbleeren Flasche. Pessimisten werden es zweifellos schwerer haben, sich den gesellschaftlichen Umwälzungen zu stellen. Wenn die bisherigen Strategien des Green Deal der EU zum Tragen kommen, ist deutlich zu erfassen, was auf uns zukommt. Nicht klar ist, wie sich die Vorhaben auf das Privatleben der Bevölkerung auswirken werden. Es ist die Chance der Optimisten, Neuerungen als Bereicherung des Lebensstils zu entdecken und Möglichkeiten von Innovationen zu nutzen, die wir heute noch nicht kennen.

Empfehlungen zum klimaneutralen Verhalten

Wenn ich an Managementmethoden von früher denke, dann fällt mir der Grundsatz ein, auch unter den stressigsten Bedingungen vor wichtigen Entscheidungen jegliche Störung zu unterbinden, um die Denkprozesse nicht zu unterbrechen. Oft verbunden mit Anweisungen an die Sekretärin, keinerlei Telefonanrufe oder Besuche zuzulassen – mit dem erheblichen Nachteil, wichtige Informationen erst verspätet oder zu spät zu erhalten.

Bei meiner beruflichen Tätigkeit war es erforderlich, sowohl ausreichend Zeit zur Erarbeitung von Unterlagen zur Verfügung zu haben als auch über Situationen im Umfeld informiert zu sein. Das ging, mit einer simplen Methode. Jede Störung im Tagesablauf wurde mit einem Kurzvermerk auf einem Zettel notiert, die Störung unmittelbar unterbunden, der Denkprozess fortgeführt. Am Abend, wenn der offizielle Arbeitstag zu Ende war, wurde der so entstandene Zettelstapel, der oft ziemlich hoch war, abgearbeitet. Sortiert nach to-do-Listen, Rückrufen, Besprechungserfordernissen, Betriebsbegehungen und Papierkorb. Die to-do-Listen hatten Rubriken für das Problem, Soll/Ist-Vergleich, Ausmaß des Problems, mögliche Ursachen, Lösungsalternativen und Umsetzungsvorhaben. Zugegeben: Zettelwirtschaft, die „Blackberrys“ kamen erst 1999 auf den Markt und waren damals nicht so ausgereift, dass ein sinnvolles Arbeiten damit in allen Situationen möglich war. Alle Zettel wurden täglich abgearbeitet, die Aufgabenlisten mit Terminen versehen, es ging nichts verloren. Allerdings erforderte diese Arbeitsweise ein hohes Maß an Disziplin.

Die Struktur der Arbeitsweise war klar: Das übergeordnete, selbst gesetzte Ziel nie aus den Augen verlieren und alle Handlungsweisen danach ausrichten. Diese Struktur sollten wir auf die heutige Zeit der Computer und Smartphones übertragen.

Das Ziel lautet hier: Keine vermeidbare Umweltbelastung zulassen. Mit Verzicht auf fossile Energieträger bis 2045 klimaneutral mit erneuerbaren Energien werden.

Ziele setzen bedeutet, etwas Neues auf den Weg zu bringen, was vorher noch nicht erreichbar war. Und von dem man nicht mit Sicherheit weiß, ob es erreicht werden kann, ob ein Scheitern auch möglich ist.

Standards, die bereits erreicht wurden, bilden ein Soll. So soll es sein und nicht anders, sonst liegt ein Problem vor. Um ein neues Soll zu definieren, ist Planung erforderlich.

Um Ziele zu erreichen ist oft viel Arbeit abzuleisten. Um Standards als Soll zu erreichen, ist ein Problem zu beseitigen. Das wird oft verwechselt.

„Ich habe das Ziel, mein Normalgewicht wieder zu erreichen“ Das stimmt so nicht! „Ich habe ein Problem mit Übergewicht“ ist die korrekte Aussage, klingt aber nicht so gut. Das Soll ist mit „Normalgewicht“ genau genug bezeichnet.

Wenn das Soll so fixiert wird, kann auch jeweils das Ist und damit die Abweichung als Ausmaß des Problems erkannt werden. Nach Bestimmung der Ursachen und daraus abgeleiteten Lösungsalternativen folgt die Entscheidung, was wann umgesetzt werden soll.

„Ich habe ein Übergewicht von 15 kg, ich esse zu viel und zu süß und vielleicht zu fett, ich könnte weniger essen, mich als Veganer oder Vegetarier auf mehr Obst und Gemüse einstellen. Ab sofort esse ich nur noch pflanzliche Produkte“.

Hier zeigt sich der systematische Übergang vom schnellen, intuitiven Denken zum langsamen, rationalen Denken.

Wenn es möglich wäre, den Warenkorb als Standard zum laufenden notwendigen Lebensunterhalt anzuerkennen und ein Überschreiten als Verschwendung und damit als Problem zu sehen, wäre für uns alle viel gewonnen. Wenn dann noch der Wunsch besteht, daraus entstehende Probleme zu lösen, sind wir auf dem richtigen Weg.

Es ist also nur eine Frage der persönlichen Einstellung, diese Art der Problembeseitigung zur Gewohnheit werden zu lassen. Es ist nur unendlich mühsam und schwer, eingefahrene Gewohnheiten zu verlassen und sich auf neue Gewohnheiten einzustellen. Eigentlich gelingt das nur, wenn die Schritte zur Umstellung nicht zu groß sind. Sich von „schlechten" Gewohnheiten zu trennen und gute einzuüben, dafür gibt es eine Vielzahl von Methoden – bei Essgewohnheiten immer wieder in der bunten Presse zu lesen, samt einer Reihe von Diätmethoden. Beispielhaft dafür auch, wie oft ein Rückfall in den normalen Tagesablauf erfolgt. Maximale Wirkung mit minimaler Veränderung verspricht James Clear mit seiner 1 %-Methode[27]. Der Kern seiner Botschaft ist, unerwünschte Gewohnheiten damit zu unterbinden, dass Auslösereize vermieden werden, der Aufwand zur Erfüllung erhöht wird. Um jeden Tag 1 % besser zu werden, sind erst einmal 325 Seiten zu verarbeiten. Auch wenn das Buch gute Anregungen und viele Binsenwahrheiten enthält, eine Verinnerlichung ist bei mir kaum hängengeblieben.

Sich selbst in Zugzwang zu bringen, ist der einfachste Weg, an Vorhaben zur Veränderung dranzubleiben. Viel darüber zu erzählen, was man vorhat, bewirkt immer ein Nachfragen, wie weit man denn schon gekommen ist. Funktioniert immer. Diese Praxis lässt sich auch anwenden zur rationalen Problemlösung. Erst nachdenken, dann verkünden, danach handeln.

Meine Empfehlung ist, dazu eine Problemlösungstechnik anzuwenden, die sich seit Jahren und immer wieder bewährt hat. Die 6-Stufen-Methode lässt sich mit langsamem Denken durchaus im Kopf umsetzen. Und wenn nicht sofort, dann gibt es auf dem Smartphone ein Notepad, um mit kurzen Notizen an die Problembearbeitung zu erinnern:

Soll-Ist-Vergleich, Problem festlegen
Ist-Daten ermitteln und bewerten
Mögliche und wahrscheinlichste Ursachen festlegen, Diagnose
Maßnahmen erarbeiten und bewerten
Auswahl, Entscheidung treffen
Durchführung sicherstellen

Wir sind es gewohnt, und es liegt beim Menschen tief in den Genen verankert, dass wir ständig Probleme lösen, Entscheidungen treffen. Meistens intuitiv, ohne die Ursache des Problems richtig zu erkennen. Es sind oft keine bewussten Abläufe, entschieden wird aus dem Bauch heraus. Wiederholungsfehler mit dem gleichen Problem sind gang und gäbe.

Beispiele gewünscht? Der elektrische Rasenmäher funktioniert nicht, schaltet sich beim Mähen aus. Schnelle Lösung: Stecker ziehen, neu einschalten, läuft. Jedenfalls für eine gewisse Zeit. Rationale Lösung: Ursachenermittlung, Vergleich mit dem Normalbetrieb an anderen Tagen, Rasen höher gewachsen als sonst. Schnitthöhe verändern, Problem erledigt. Ein anderes Beispiel? Den gleichen Kuchen immer wieder gebacken mit bestem Ergebnis. Nur heute mit glitschigem Streifen. Schnell: Wird auch so wohl schmecken, nicht so schlimm. Rational: Hefe nicht ausreichend? Herdtemperatur nicht erreicht? Backofentür zu schnell geöffnet? Vergleich mit Normalbetrieb!

Diese Denkweise lässt sich einüben. Und sie beschert einem jedes Mal das Glücksgefühl und Erfolgserlebnis, ein Problem für sich dauerhaft gelöst zu haben. Für alle komplexeren Probleme, die sich so nicht lösen lassen, ist eine Schriftform unumgänglich. Verwendet werden kann dazu eine einfache Excel-Tabelle mit den Rubriken der 6-Stufen-Methode.

Die Methode kann noch unterstützt werden, wenn verinnerlicht wird:

Jede Abweichung vom Soll ist ein Problem
Jedes Problem ist eine unerwünschte Veränderung
Jedes Problem hat eine entscheidende Ursache
Jede Ursache ist die entscheidende Veränderung Ist/Soll

- bisher lief es gut, jetzt nicht mehr, was genau ist passiert?

Jede Datenermittlung erfolgt mit Fragen zum Ist-Zustand
Jede Fragestellung enthält: was, wo, wann, wie lange, wie oft

- die gleichen Fragen, die professionelle Handwerker zur Fehlerbehebung stellen, Polizeibeamte und Feuerwehrleute übrigens auch!

Bei der Beantwortung sind allerdings Tatsachen von Vermutungen klar zu trennen, wenn Irritationen zur Ursachenermittlung vermieden werden sollen.

Es passiert immer wieder, oft unbewusst, vielfach auch als felsenfeste Behauptung, dass reine Vermutungen als Tatsachen verkauft werden. Deshalb oft die Hartnäckigkeit von Kriminalbeamtinnen und -beamten – wir kennen das aus den TV-Krimis bei ihren Ermittlungen. Vermutungen taugen als Beweise überhaupt nichts. Allerdings: Vermutungen zu äußern kann sehr hilfreich sein, wenn sie denn als solche benannt werden!

Wenn wir in die politische Welt blicken, erkennen wir oft, dass Vermutungen als Tatsachen behandelt werden. Wenn sich Politiker unklar ausdrücken, was leicht passiert, wenn frei gesprochen wird, wird gerne von der politischen Opposition eine auch gehässige Interpretation der gesprochenen Worte vorgenommen und als Tatsache verkauft, ohne Rücksicht auf das, was der Vortragende denn eigentlich gemeint hat. Freie Reden sind deshalb so selten geworden, mit Redekonzepten können Falschinterpretationen leichter ausgeschlossen werden. Schade eigentlich, denn solche Diskussionen um „könnte gemeint haben“, lenken von der oft notwendigen sachlichen Diskussion ab.

Zugegeben, rationales, langsames Denken ist zeitaufwendiger und komplizierter als das schnelle, emotionale Handeln, ohne groß nachzudenken. Deshalb ist es ein beliebtes Spiel, bei Problemen die Ursache zu vermuten, dass jemand anderer schuld daran war, vom Standard abzuweichen. Dann liegt die Lösung auf der Hand, man kann nichts tun! Bequem, nicht wahr?

Allerdings kann auch sauber ermittelt öfter der Fall eintreten, dass der Verursacher einer Abweichung eine andere, ein anderer ist. Und manchmal passiert es dann, dass die- oder derjenige wiederum die Schuld auf andere weiterschieben kann. Solche Fehler-Ursachen-Ketten treten nicht selten auf. Die Frage ist dann nur, was beinflussbar ist oder auch nicht.

Ein Beispiel? Am 20.05.2022 titelte die Hannoversche Allgemeine Zeitung: „Detmolder Landwirt will VW zu mehr Klimaschutz zwingen“ und berichtete über den Beginn eines Gerichtsprozesses. Der Landwirt will „sein Recht auf Erhalt treibhausgasbezogener Freiheit“ mit Unterstützung von Greenpeace einklagen, weil „die Erhitzung“ die Landwirtschaft erschwert. Nach deutschem Recht gilt das Verursacherprinzip: Wer Schaden anrichtet, muss dafür haften. Dafür haben wir europaweit die CO_2-Bepreisung für die Energiewirtschaft, den Flugverkehr und die Industrie, in Deutschland 2021 ergänzt für Verkehr und Gebäude mit Preisanstiegen für Heizöl und Kraftstoffe. Aber eine Haftung im Einzelfall? Wer ist Verursacher für die Umweltprobleme des Detmolder Landwirts? Er selbst, weil er treibhausgasemittierende Kühe hält? VW, weil es Autos mit Verbrenner-Motoren baut? Oder die Autofahrer, die CO_2 emittieren? Oder die Tankstellen, die Kraftstoffe verkaufen? Die Raffinerien, die Benzin und Diesel herstellen? Die Öl-fördernden Länder? Eine Ursachen-Wirkungs-Kette fast ohne Ende. Das Gericht wird es schwer haben.

Ein einfacheres Beispiel: Duschwasser kalt, Heizungsstörung, Heißwasserpumpe klemmt, Monteur bestellt, Reparaturtermin nicht zu bekommen, Fachkräftemangel, zu wenige Auszubildende, geburtenschwache Jahrgänge, …

Noch einfacher? Mülltrennung nicht umsetzbar, Gelbe Säcke fehlen, der Handel kann nicht liefern, neuer Abfall-Entsorger hat keine ausreichenden Mengen geordert, Liefererhöhungen kurzfristig nicht machbar, …

Schnelles Denken: nicht meine Schuld! Langsames Denken: Ersatzlösung schaffen.

Triviale Beispiele, zugegeben. Die Botschaft sollte klar sein. Ursachen-Wirkungs-Ketten zu verfolgen ist nur soweit sinnvoll, wie mit eigenem Handeln eine Lösung des Problems möglich ist. Bei Diskussionen über den Umweltschutz kein gängiges Vorgehen. Wir alle, Politiker und Wirtschaftslenker eingeschlossen, wissen genau, was andere erst einmal zu tun haben, bevor wir selbst tätig werden. Ein solches Handeln verschleppt die Problemlösung, oft gewollt, um aus der Schusslinie zu kommen. Ganz gezielt wird dieses Verfahren von Firmen angewandt, die sich gerne zu Werbezwecken als „grün" geben, aber aus wirtschaftlichen Gründen Umweltschutzmaßnahmen bewusst umgehen. Greenwashing ist dafür schon die richtige Bezeichnung.

Eine Vielzahl der Sachbücher über Umweltschutz sind genau nach diesem Prinzip aufgebaut. Der verehrte Leser erfährt, was Umweltschutz bedeutet, welche Katastrophen zu erwarten sind und was unbedingt sofort in der Welt geschehen muss, um Unheil von uns Menschen, der Tier- und Pflanzenwelt abzuwenden. Wenn nicht darauf eingegangen wird, was hier und heute geschehen muss und wie jeder seinen Beitrag dazu erbringen kann, sind solche Bücher nicht zielführend. Wenn allerdings der Tenor darauf ausgerichtet ist, das Wissen über die Erderwärmung, über Klimaneutralität, Biodiversität und so weiter zu vermehren, um das Verhalten der Leser im Sinne des Umweltschutzes zu beeinflussen, sind solche Schriften sehr wertvoll.

Das Problembewusstsein zum Umweltschutz und zur Vermeidung von Verschwendung ist noch nicht weit verbreitet. Stammtischlösungen als Patentrezepte funktionieren in der Regel nicht, weil Diskussionen oft zu flach geführt werden und nicht alle relevanten Fakten bekannt sind. Die oft vernommene Aussage „Die sollten doch einfach mal …“ sollte sich ändern in „Wie kann ich helfen, bei anstehenden Problemen die Ursache zu finden, Lösungsvorschläge zu machen und den besten Vorschlag umzusetzen?“ So kommen wir weiter!

Schon heute werben vor allem grüne Politiker dafür, das Auto stehen zu lassen und aufs Fahrrad umzusteigen. Und wenn schon Autofahren, dann bitte elektrisch. Es geht ebenso in Richtung „Plastik vermeiden“, unterstützt durch Gesetze zum Ersatz von Plastikgeschirr und Plastiktüten durch recycelbare Alternativen. Empfehlungen für umweltfreundliches Verhalten penetrant in die Öffentlichkeit zu bringen, ohne mit Verboten zu drohen oder Alternativen auszuschließen, scheint der richtige Weg zu sein. Fahrrad fahren bietet hier ein gutes Beispiel. Städteplaner, die es schaffen und zum Teil auch geschafft haben, mit Fahrradwegen das Radfahren zur Freude zu machen und Anfahrstraßen sowie

Parkhäuser zu bauen oder zu erhalten, die ein Erreichen der City ohne Parkplatzsuche in ausreichendem Maße ermöglichen, leisten mehr für einen Sinneswandel als ein Ausspielen der Radfahrer gegen die Autofahrer. Wir Menschen verhalten uns nun mal so, dass wir die angenehmsten und bequemsten Alternativen bei unseren Entscheidungen wählen.

Die große Aufgabe der Politiker wird sein, die Angebote zu einer umweltbewussten Lebensweise so zu gestalten und zu bewerben, dass uns einerseits bei umweltschädigendem Verhalten ein unangenehmes Gefühl beschleicht und andererseits umweltgerechtes Verhalten Glücksgefühle auslöst. Die Vermeidung von Verschwendung ist dabei wohl der einfachste Weg.

Nutzung unserer Marktmacht

Durch die Eindämmung von Verschwendung ist der schnellste und wirksamste Erfolg zu erzielen. Die Marktmacht der Menschen ist fast grenzenlos, wenn sich denn alle 41 Millionen Haushalte einig wären. Gegen die Macht der Käufer ist kein Hersteller gefeit, auch nicht mit ausgeklügelter Werbung, wenn bewusstes Handeln ausschließlich auf Umweltschutz ausgerichtet ist. Regional einkaufen, den Handel vor Ort präferieren, Internethandel begrenzen, Verpackungen vermeiden, Lieferwege vom Hersteller zum Käufer kurzhalten, die heimischen Hersteller unterstützen und nur das einkaufen, was wirklich gebraucht wird und nicht dem Überfluss dient. Das grenzt ein wenig an Protektionismus, aber was China vorhat mit der Flutung des europäischen Marktes, entspricht auch keinem fairen Verhalten einer freien Marktwirtschaft.

Wir müssen einen Weg finden, die Marktmacht von China zu durchbrechen und China zum Umdenken in Bezug auf die Einhaltung der Umweltstandards zu bringen. Durch die Flut von Artikeln, die in China hergestellt werden und nirgend anderswo zu erschwinglichen Preisen auf der Welt zu erhalten sind, sind wir auf diesen Geschäftspartner mehr oder weniger angewiesen. Den freien Handel mit China sollten wir nicht mit Embargos einschränken, das würde uns mehr schaden als nutzen. Aber Bedingungen können wir als Käufer schon stellen, wenn wir auf „Made in China“ nicht verzichten wollen.

Ein gangbarer Weg wäre, dass unsere Regierung ein international anerkanntes Zertifikat oder ein Label auf den Markt bringt, indem die Regeln für Lieferungen festgeschrieben sind: Produkte hergestellt mit nachhaltigen Energien unter Vermeidung fossiler Brennstoffe, verbunden mit dem Nachweis, dass deren Zulieferer unter gleichen Bedingungen fertigen müssen. Besser wäre es natürlich, wenn die EU diese Forderungen aufstellen würde. Um den Import und Export mit China unter Vermeidung neuer Handelshemmnisse aufrecht zu erhalten, wären wir als Bürgerinnen und Bürger aufgefordert, nur Artikel zu erwerben, die ein solches Label tragen. Ähnliches gibt es ja schon für den fairen Handel mit Drittländern.

China ist in der misslichen Lage, durch den Aufbau der neuen Seidenstraße und der Erweiterung der Lieferungen als stetig wachsende Handelsmacht ihre Produkte auch wirklich absetzen zu müssen. Es wird, das hatte ich aufgezeigt, ein Überschwemmen der Märkte mit chinesischen Artikeln geben, ohne Frage. Was aber, wenn wir nur kaufen, wenn unsere Anforderungen erfüllt werden? China würde sich umstellen, da bin ich mir sicher. Im Wege stehen würde nur eine mangelnde Disziplin der europäischen Bürgerinnen und Bürger, ausschließlich Produkte zu erwerben, die mit dem Umweltlabel ausgezeichnet sind.

Kontraproduktiv ist dabei die Tatsache, dass bereits eine Unmenge von Labels für „gutes“ Verhalten und „gutes“ Leben existiert, deren Bedeutung nicht immer klar ist. Meine Empfehlung: Alles abschaffen! Labels, die nicht verständlich, nicht aussagekräftig, kaum verbreitet, eher verwirrend sind und weitgehend nur der Werbung dienen, sind reine Verschwendung. Sie verwässern die eindeutige Aussage, welche Artikel dem Erhalt unserer Umwelt dienen und welche nicht. Klar, es gibt den Umweltengel, Fair-Trade-Labels,

Qualitätssiegel und vieles mehr. Diese und weitere Anforderungen unter ein Label zu konzentrieren, wäre die Aufgabe unserer Regierung unter Einbeziehung der Politik, der Wirtschaft, des Handels, der Wissenschaft und auch der Umweltverbände.

Beklagen wir uns nicht über die Reichen dieser Welt. Wir als Käufer haben deren Reichtum mit unserem Kaufverhalten erst begründet. Wirklicher Reichtum entsteht nur dann, wenn leben und leben lassen nicht mehr im richtigen Verhältnis zu einander gesehen werden kann. Aber das können wir ändern. Durch unsere Marktmacht als Käufer brauchen wir allerdings eine Orientierungshilfe, wie wir mit dem gezielten Erwerb von Produkten – das allumfassende Angebot von Amazon mit einbezogen – und auch Dienstleistungen – dazu zählt schließlich auch Google – die Welt noch verändern können.

Eine solche Marktbeeinflussung setzt nicht auf Verbote oder Beschränkungen, sondern allein auf das Verhalten der riesigen Käuferschicht. Vorstellen könnte ich mir, dass mit einer „neuen“ Lebensqualität und der Vermeidung von Überfluss jeglicherart die weniger werdenden Anschaffungen auch bezahlbar bleiben würden. Qualität vor Quantität wäre die alternative Form, um zufrieden durchs Leben zu kommen.

Die Millionäre und Milliardäre dieser Welt können ihren Reichtum nur vermehren, wenn wir es wollen. Tun sie es in der Art und Weise, dass sie Massenartikel in bester Qualität zu erschwinglichen Preisen, versehen mit einem neuen Umweltlabel auf den Markt bringen, sollte es uns nicht stören. Exzesse weniger Reiche werden nicht die Wohlhabenden beeinflussen, die sich durch persönliches soziales Engagement und umfangreiche Spenden in der Gesellschaft einen Namen erworben haben, der Achtung und Anerkennung verdient. Sicherlich eine weitgehend unbekannte Minderheit, über die in der Öffentlichkeit wenig berichtet wird. Jede Organisation, jede Gesellschaft sollte aber auch ein paar Außenseiter mit einem protzigen Gehabe ertragen können, die das Leben vielleicht auch interessanter, abwechslungsreicher und spannender machen können.

Die „neue“ Lebensqualität

Wie könnte die angesprochene „neue“ Lebensqualität konkret aussehen? Zunächst einmal: Begrenzen heißt nicht abschaffen, einschränken heißt nicht unterlassen, sparen heißt nicht entsagen, Verschwendung vermeiden heißt nicht auf Lebensqualität zu verzichten.

Wir alle werden ein anderes Leben führen, wir werden mit weniger umweltbelastenden Produkten klarkommen müssen. Aber alles, was wir zu einem glücklichen Lebensstil benötigen, wird vorhanden sein. Die Industrie, die Unternehmen werden mit Innovationen dafür sorgen, dass alles vorhanden und erwerbbar sein wird, was zum Leben erforderlich ist. Die neue, klimaneutrale Zeit wird sicher spannend werden, weil es Produkte und Dienstleistungen geben wird, die wir uns heute noch nicht vorstellen können.

Ich wage schon mal ein paar Vermutungen, wie die neue Lebensqualität aussehen könnte und was sich logischerweise entwickeln muss. Da ist zum einen die Wohnqualität. Weniger Wohnfläche in Neubauten, auf unwirtschaftlich zu führenden Altbauflächen mit Abriss alter Häuser errichtet, wird kein Problem darstellen. Die Einrichtungen werden sich verändern, Hausarbeiten werden automatisiert erledigt. Alle künftigen externen Versorgungseinrichtungen wie Heizung, Kühlung, Licht, Wasser und auch die Entsorgung werden, auf den Bedarf optimiert, programmgesteuert ablaufen. Der Flächenbedarf für Kommunikationsmittel wird gen Null gehen, Kabelsalat wird der Vergangenheit angehören.

Balkone wird es nicht mehr geben, Starkwind und Hitze werden den Aufenthalt dort unmöglich machen. Dafür werden geschützte, voll überdachte Loggien sicherlich zum

Standard gehören, temperiert für eine erholsame Zeit im Freien. Der Bestand an vorhandenem Wohnraum wird sich so schnell nicht ändern, wohl aber dessen Nutzung. Smarthome, die Hausautomatisierung wird auch hier einkehren. Eine Vernetzung aller technischen Geräte mit einer zentralen automatisiert ablaufenden Steuerung ist heute schon möglich, Strom sparen damit gezielt umsetzbar. Alle Funktionen werden auch individuell und extern über das Smartphone steuerbar sein, darunter Sicherheitsfunktionen, zeitliche Abläufe im Haus, ablesbar am Handy. Heizungen werden bedarfsgesteuert arbeiten mit automatisierter Erkennung, ob sich Personen im Raum befinden. Auf Standby-Funktionen, welche bei Nichtnutzung der Geräte nur Stromverbraucher sind, kann verzichtet werden, Zentralfunktionen bei Abwesenheit regeln das.

Der Durchschnitt des Stromverbrauchs pro Haushalt beträgt 3.106 kWh/a, der Energieverbrauch gesamt pro Haushalt 17.678 kWh/a[28]. Wohnraum-Heizung und Warmwasserbereitung verbrauchen den Hauptteil der Energie, durchweg erzeugt mit den fossilen Brennstoffen Erdgas und, eher bei Altanlagen, Erdöl. Ein Wechsel auf erneuerbare Energien wird eher stufenweise erfolgen. Wärmepumpen zur kompletten Ablösung bisheriger Heizungen sind mit großem Kostenaufwand verbunden, für viele Haushalte nicht bezahlbar. Der Markt bietet aber schon jetzt Zusatzheizungen für einzelne Wohnräume, die für frostarme Zeiten ausreichend sein können. Ausgelegt für jeweils einen bewohnten Raum, sind sie als Klimaanlage zur Kühlung und als Heizsystem einsetzbar, von der Funktion her eine Luftwärmepumpe im Kleinformat.

Die Versorgung mit Lebensmitteln und Verbrauchsartikeln aus dem nahen Umfeld werden direkt den Wohnungen zugeliefert, mit Robotern auf öffentlichen Straßen und Wegen, in Warenaufzügen in Neubauten.

Smarthome kann so weit getrieben werden, dass der Inhalt des Kühl- und Lebensmittelschrankes überwacht wird und die Normal-Befüllung speichert. Automatisierte Nachbestellungen sind möglich, ein Zuviel an Waren wird es nicht geben, verdorbene Lebensmittel sind weitgehend abgeschafft. Womöglich kann sogar der moderne Supermarkt auf diese Daten zugreifen, sodass auch hier keine Lebensmittel mehr entsorgt werden müssen, weil der Absatz sicher prognostiziert werden kann. Der Fleischkonsum wird sich verringern, die Preise dafür werden steigen. Es bedarf aber der Einsicht, sich mit heimischen Produkten versorgen zu wollen.

Die Mobilität wird sich verändern, wie bereits beschrieben. Fahrrad fahren wird bleiben. Daneben aber wird es eine Vielzahl von persönlichen Fortbewegungsmitteln wie E-Bikes, E-Roller und elektrische Einräder geben, wie es sich heute schon andeutet. Die Ortschaften und Städte werden sich auf die neue Art der Mobilität einstellen müssen.

Freizeiteinrichtungen werden sich verändern. Sportliche Anforderungen an die persönlichen Leistungen werden zunehmen, um die körperlich einseitige Tätigkeit in digitalen Einrichtungen ausgleichen zu können. Die Städte werden sich darauf einstellen, Freiflächen für sportliche Aktivitäten bereitzustellen mit Einrichtungen zum Fitnesstraining, Skaterbahnen werden zunehmen, Mountainbike-Strecken neu ausgewiesen.

Einkaufserlebnisse wird es immer geben, im spezialisierten Einzelhandel mit kleinen Läden und begrenztem Angebot an Qualitätsartikeln für das Schöne im Leben. Kaufhäuser wird es nicht mehr geben, der Einkauf über Internetportale wird mit Bestellung und Zulieferung so einfach werden, dass sich Mischangebote in Geschäften nicht mehr lohnen.

Roofwalking, das Begehen begrünter, mit Brücken verbundener Dächer, ist ein neuer Trend, wird sich vielleicht auch durchsetzen. Eher ist aber ein Abriss großer Warenhäuser zu vermuten, um die Renaturierung voranzutreiben und um Flächen für Freizeiteinrichtungen zu schaffen.

Die Urlaubspläne der Mehrheit der Deutschen werden sich verändern. Flugreisen mit Kerosin als Antriebsstoff und Kreuzfahrten auf dieselbetriebenen Schiffen werden nur noch sehr eingeschränkt wahrgenommen werden. Das hat mehrere Gründe. Zum einen wird der Aufenthalt in südlichen Ländern wegen des Temperaturanstiegs und der Trockenheit, verbunden mit Unwettereinbrüchen, eher ungemütlich bis untragbar sein. Zum anderen werden Flugzeuge und Kreuzfahrtschiffe erst nach Umstellung auf erneuerbare Energien voll einsatzfähig sein – Gesetze werden deren maximalen Energieverbrauch vorschreiben. Des Weiteren wird den Bürgerinnen und Bürgern schlichtweg das Geld fehlen für Reisen in die weite Welt. Und die Alternative?

Der heutige Trend steigender Energiepreise wird nicht anhalten. Mit Anstieg der autarken Versorgung der Wohnungen und Häuser und der Zunahme der erneuerbaren Energieträger Wind, Sonne, Wasser und Biomasse werden sich die Kosten nach unten bewegen. Der Ausnahmezustand –

August 2022 – dass fossile Brennstoffe durch CO_2-Bepreisung, Gasmangel und Gasumlage innerhalb eines Jahres um das 2,8fache gestiegen sind, wird nicht von Dauer sein. In begrenztem Umfang wird es wieder möglich werden, Urlaubspläne zu verwirklichen. Unsere Bürgerinnen und Bürger werden ihren Urlaub in Europa verbringen. Die neue Mobilität wird das Reisen günstiger und angenehmer gestalten. Da sich der Dienstleistungssektor radikal ändern wird, bedingt durch automatisierte Produktionen mit Freistellung der dort Beschäftigten, wird Personal für den sozialen Bereich und für die Gastronomie ausreichend vorhanden sein – Sozialromantik einmal mit Versorgung ohne Gegenleistung ausgeklammert. Denkbar sind Restaurants mit automatisierter Bedienung. Bildschirme, in den Gästetischen integriert, werden Menükarten ersetzen, die Bestellungen erfolgen mit Tastdruck. Alternativ werden Bestellungen über Smartphones ebenso möglich sein, während der Corona-Pandemie bekamen wir einen Vorgeschmack darauf. Roboter werden die Speisen und Getränke an die Tische bringen und auch wieder abräumen. Es ist eher verwunderlich, dass nicht schon heute bei dem jetzigen Personalmangel ein solcher Weg gewählt wird, technisch ist es bereits möglich.

Auch wenn es Bürgergeld weiterhin geben wird, muss es verdient werden. Der Staat wird sich eine Überversorgung arbeitsfähiger Menschen nicht leisten können, Dienstleistungen werden einzufordern sein. Die Gastronomie in Europa wird eine Blütezeit erleben, wenn es gelingt, ausreichend Personal zur Verfügung zu haben und die Preise durch teilautomatisierte Abläufe gering zu halten. Da heutige Kapazitäten des Beherbergungssektors nicht ausgeschöpft sind und der Anteil des Caravanings steigen wird, sind Neubauten für Urlaubsdomizile eher nicht zu erwarten, die Gesetzgebung wird es auch verhindern.

Voraussetzung für ein Leben ohne Verschwendung ist die Umsetzung einer Bildungsinitiative in großem Ausmaß. Um Veränderungen zu einer positiven Lebensführung ohne Verschwendung umzusetzen, bedarf es einer bildungsnahen Bevölkerung. Es muss bei allen Teilen der Gesellschaft die Akzeptanz vorhanden sein, sich auf neue Lebensformen einzustellen.

Die Arbeitsschwerpunkte der Regierung werden sich verändern. Das Wohlergehen und die Sicherheit werden im Mittelpunkt stehen, Nebenschauplätze werden sich mündige Bürger nicht mehr bieten lassen. Diskussionen um Genderformen, nichtbinäre Geschlechtsidentitäten, Diskriminierungen, Ungleichbehandlungen wird es nicht mehr geben. Die neue Lebensqualität bedingt ein liberales Zusammenleben aller Bevölkerungsschichten, jeder wird sich geschlechtlich so einordnen können, wie er es für richtig hält. Die Gesetzgebung gestattet es schon heute, abweichende Lebensformen von der noch weit verbreiteten Form der Zweigeschlechtlichkeit werden so selbstverständlich sein, dass es keine Themen mehr für öffentliche Auseinandersetzungen sein werden.

Arm und Reich wird es auch in Zukunft geben. Unterstellt, dass zu einem Stichtag alle Bewohner über das gleiche Vermögen verfügen würden, wäre nach einem gewissen Zeitraum wieder eine Ungleichheit hergestellt. Manche würden investieren, das Vermögen vermehren, andere es ausgeben.

Künftige Steuergesetze werden so ausgelegt sein, dass Reichtum stärker besteuert wird. Die Grenze der Belastbarkeit wird durch die Sicherstellung der wirtschaftlichen Entwicklung der Unternehmen, Unternehmer und Investoren gegeben sein, um eine Abwanderung in steuerlich günstigere Länder zu verhindern.

Die Chancen stehen gut, um die positive Entwicklung gestalten zu können, Risiken sind allerdings ausreichend vorhanden.

Klimaleugner ist ein Unwort, sollte man nicht verwenden. Aber es gibt sie noch zuhauf, diejenigen, die die menschliche Verantwortung für den Klimawandel bestreiten. Ganze Organisationen, nicht wissenschaftliche Institute, Vereine, Politiker, Pseudowissenschaftler behaupten, der aktuelle Klimawandel sei etwas Natürliches, ein Eingriff nicht nötig. Nimmt die Anzahl bildungsferner Bevölkerungsgruppen zu, besteht die Gefahr, dass diese Klientel sich dem erforderlichen Wandel verweigert. Bestehendes zu belassen ist immer einfacher als sich auf einen Wandel einzustellen. Hier liegt die größte Baustelle der Regierung: die Bevölkerung in der Mehrheit mitzunehmen auf den Weg zu einem klimagerechten Verhalten. Dieses „Mitnehmen" kann sehr unterschiedlich interpretiert werden. China geht den Weg der totalen Überwachung ihrer Bürgerinnen und Bürger durch den Staat, gesteuert von der allumfassenden Macht der Einheitspartei. Andere Staaten werden folgen, weil es einfach faszinierend ist, zu wissen, wie sich die Menschen in einer gesteuerten Organisation verhalten. Die Möglichkeiten der Überwachung werden immer einfacher anwendbar, neue technische Entwicklungen erlauben die Verwendung von

Gesichtserkennungs-Methoden, derer sich heute schon Privatunternehmen bedienen können. Mit diesen technischen Errungenschaften unter Anwendung von KI ist das Verhalten der Bevölkerung leicht auszumachen, Eingriffe zur Steuerung dann eher möglich. In einer Demokratie undenkbar?

Das statistische Bundesamt erhebt Daten als öffentliches Gut zur Wahrung des gesellschaftlichen Wohlstands, derer sich jeder, vor allem die Politik, die Verwaltung und die Wirtschaft bedienen kann. Entscheidungsträger können sich dadurch schneller auf sich verändernde Situationen einstellen und entsprechend nachbessern. Das Bundesamt stellt auch spezifische Datenformate für Dritte zur digitalen Weiterverwendung und Wertschöpfung bereit. Alles in allem eine hervorragende Sache, wenn fundierte Informationen über die gesellschaftlichen, wirtschaftlichen und ökologischen Zusammenhänge zur Verfügung stehen, sie gehören unverzichtbar zur demokratischen Gesellschaftsordnung. Diese Datenbasis ist aber leicht zu ergänzen durch heute schon erhältliche Spionagesoftware, um das statistisch ermittelte Verhalten auf das einzelne Individuum zu übertragen. Leicht möglich, überhaupt nicht gewollt? Kritische Stimmen werden laut: „Gesichtserkennung per IT ist der Traum jeden Überwachungsstaates, China wird so dem Ziel näherkommen, alle Bürger ständig zu kontrollieren. Auch in Demokratien werden sich die Menschen an immer mehr Gesichtserkennung gewöhnen, wie sie sich an Videoüberwachung gewöhnt haben. Das Recht, über seine persönlichen Daten zu bestimmen zerbröckelt, wenn der Bürger sein Gesicht an den Staat verliert“ vermeldet Stefan Ulrich, Süddeutsche Zeitung, bereits am 8. August 2018.

Die Zukunft ohne Überwachungsstaat wird nur gelingen, wenn wir uns auf den Weg machen, Bildungsinhalte soweit zu treiben, dass jeder, wirklich jede und jeder, ermessen und beurteilen kann, welches Verhalten wir zur Gestaltung einer „neuen“ Lebensqualität an den Tag legen müssen.

Europa, Zentrum der Aktivitäten

Es muss unser Anliegen sein, nicht aus den Augen zu verlieren, wie das Weltklima zu retten ist. Alle Staaten der Erde bemühen sich, ihre Umweltprobleme in den Griff zu bekommen. Manche nur mit Lippenbekenntnissen, manche mit sehr konkreten Maßnahmen. Wir haben nur sehr beding darauf Einfluss. Aber wenn es uns gelingt, die uns selbst gesetzten Ziele punktgenau zu erreichen und unsere neu definierte Lebensqualität zu verwirklichen, können wir ein Umdenken auch für andere Staaten bewirken.

Einzig und allein die Konzentration darauf, wie wir uns als Bürgerinnen und Bürger im Beruf und privat verhalten, um die Umweltziele der Bundesregierung zu unterstützen und mit guten Beispielen voranzugehen, wird uns maßgeblich nach vorne bringen.

Wird aber Deutschland als winziger, einzelner Staat in der Staatengemeinschaft der 196 Staaten und rund 8 Milliarden Menschen überhaupt wahrgenommen? Oder die EU mit ihren 27 Staaten und rund 447 Millionen Einwohnern? Mit Selbstbewusstsein und geschickter Nutzung unserer Marktmacht, mit Einfluss auf bestehende Entwicklungshilfen und Mengen-Reduzierung unserer Importe mit dem Wechsel von Quantität zur Qualität, mit Umsetzung des Green Deals sollten so viele positiv Signale von Europa ausgehen, dass damit eine Bewegung losgetreten werden kann. Wir, die Bürger der EU, müssen doch wohl erwarten können, dass mit Hilfen und Wareneinkäufen auch Bedingungen verknüpft werden. Genauso, wie der Welthandel mit Einkaufs- und Lieferbedingungen für die EU nach Siegel beeinflussbar gestaltet werden könnte, sollten für alle wirtschaftlichen Transaktionen Umweltforderungen eingehalten werden. Was das bedeutet? Strenge Auflagen für den Handel mit Staaten, die nicht eine Reduzierung ihrer CO_2-Emissionen entsprechend ihrer Möglichkeiten nachweisen. Damit sind wir wieder bei China und den USA. Beide Staaten streben an, Welthandelsmarktführer zu werden oder zu bleiben. Beide Staaten gönnen sich gegenseitig nichts, auch wenn sie in vielen Geschäften aufeinander angewiesen sind. Mit eingeschränkten Exporten nach Europa wird keiner der beiden Mächte seine Vormachtstellung im Welthandel behaupten können.

Dazu einige Fakten: China und die USA sind fast gleichauf die wichtigsten Handelspartner der EU. Importe und Exporte zusammengenommen, wurden zwischen China und der Europäischen Union 2021 Waren im Wert von 696 Milliarden Euro gehandelt. Das sind 16 % des gesamten EU-Warenverkehrs. Der Anteil der USA lag bei 15 %. Getrennt für Importe und Exporte betrachtet, gibt es erhebliche Unterschiede. Die EU lag mit 22 % der Importe aus China weit vor Importen aus der USA mit 11 %. Mit anderen Worten: Die EU bezieht den doppelten Warenwert aus China gegenüber dem der USA. Immer noch sind die USA bei den Exporten das wichtigste Zielland mit 18 %, China nimmt dagegen nur 10 % an Warenwert auf. Wenn bedacht wird, dass China anstrebt, immer mehr Produkte auf Weltstandard zu bringen und zu exportieren, wird sich dieses Verhältnis von Import zu Export für die EU noch verschlechtern. Die EU kann also Forderungen und Bedingungen für den Import, verbunden mit Auflagen für den Umweltschutz, durchaus aufstellen und einfordern. Es ist auf jeden Fall zu erwarten, dass die heutigen Exportgüter der EU nach China abnehmen, mit eigenen Produkten aller Warenbereiche wird der Markt von chinesischen Produkten überschwemmt werden. Wenn wir es denn ohne Auflagen zulassen. Für Deutschland kann sich das zu einem erheblichen Nachteil auswirken. In Europa sind wir das einzige Land, welches einen Exportüberschuss gegenüber den Importen aus China ausweisen kann. Immer mehr wird sich zeigen, dass der Know-how-Transfer der vergangenen Jahre sich für Europa nicht ausgezahlt hat.

Mehr Kunde als Lieferant für China sollte die EU die Einhaltung ihrer Green Deal -Ziele schlichtweg einfordern, „Null-Schadstoff-Ziel für eine schadstofffreie Umwelt“ lässt sich nun mal nicht auf Europa beschränken.

Zu den klimapolitischen Zielen des Green Deals gehören eine nachhaltige Finanzpolitik (Taxonomie), eine Kreislaufwirtschaft (Ressourcen), die nachhaltige Landwirtschaft (farm to fork), eine saubere Industrie sowie der Naturschutz (Biodiversität), wie Abbildung 10 zeigt.

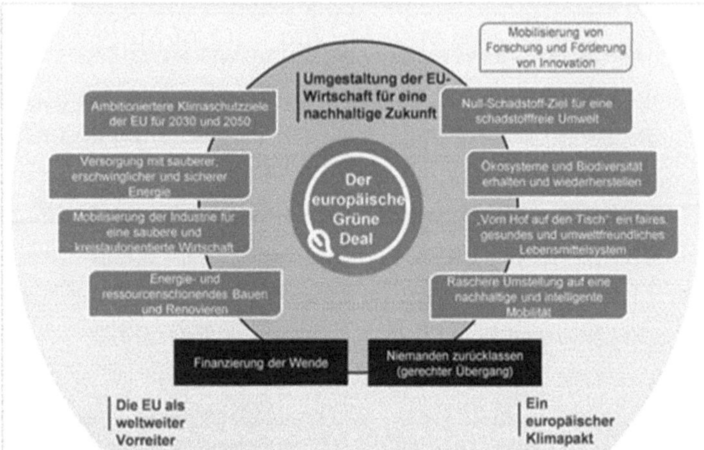

Abb. 10

Alles vernünftige Forderungen, die für die ganze Welt gelten sollten, vor allem für unseren Hauptlieferanten China. Der EU-Kommission ist bewusst, dass eine übergroße Wettbewerbsverzerrung entsteht, wenn europäische Unternehmen die Regeln gegen einen Welthandel ohne gleichwertige Auflagen umsetzen sollen. Sollten die internationalen Partner dem Beispiel der EU nicht in vergleichbarem Maße folgen, besteht das Risiko einer Verlagerung von CO_2-Emissionen, das heißt die Produktion könnte von der EU in andere Länder mit weniger strengen Emissionszielen wandern. Sollte dies eintreten, würden sich die weltweiten Emissionen nicht verringern. Die Kommission schlägt deshalb ein CO_2-Grenzausgleichssystem vor. Damit werden Einfuhren bestimmter umweltbelastender Güter auf Grundlage der mit ihnen verbundenen CO_2-Emissionen mit einem Preis beaufschlagt:

„Wir wollen unsere Klimaschutzziele aufrechterhalten, indem wir verhindern, dass die Anstrengungen unserer Industrie zur Emissionsminderung durch unlauteren Wettbewerb aus dem Ausland untergraben werden.

Die Kommission schlägt deshalb einen Mechanismus vor, der sicherstellt, dass Unternehmen aus Ländern mit weniger strengen Klimavorschriften, die ihre Produkte in die EU einführen möchten, ebenfalls einen CO_2-Preis entrichten müssen."

Gleiches wird dann auch für den Luft- und Seeverkehr umzusetzen sein, eine CO_2-Bepreisung ist auch dafür geplant.

„Die neuen Vorschläge werden sich auf die gesamte Wertschöpfungskette in Bereichen wie Energie und Verkehr sowie dem Bau- und Sanierungsgewerbe auswirken und zur Schaffung nachhaltiger, lokaler und gut bezahlter Arbeitsplätze in ganz Europa beitragen" so die offizielle Website der EU.

Unter dem Label „Fit für 55" hat die EU-Kommission alles an Vorschlägen zusammengefasst, was umgesetzt werden muss, um das Ziel zu erreichen, die Nettoemissionen bis 2030 um mindestens 55% gegenüber 1990 zu verringern (siehe Abbildung 11). Es ist ein Verbund von angestrebten Maßnahmen, bestehend aus Forderungen und Förderungen zur Einleitung eines gerechten, wettbewerbsorientierten und ökologischen Wandels. Das ganze Paket wurde in Glasgow auf der Klimakonferenz vorgelegt. Eine erhoffte internationale Zustimmung gab es nicht.

Die legislative Arbeit durch das Europäische Parlament und dem Europäischen Rat zur Umsetzung der Vorschläge wurde erst begonnen, Korrekturen sind sicherlich zu erwarten. Fit für 55 ist ein schlüssiges Gesamtpaket, eine Umsetzung nur erfolgversprechend, wenn alle zusammenhängenden Maßnahmen als Block funktionieren.

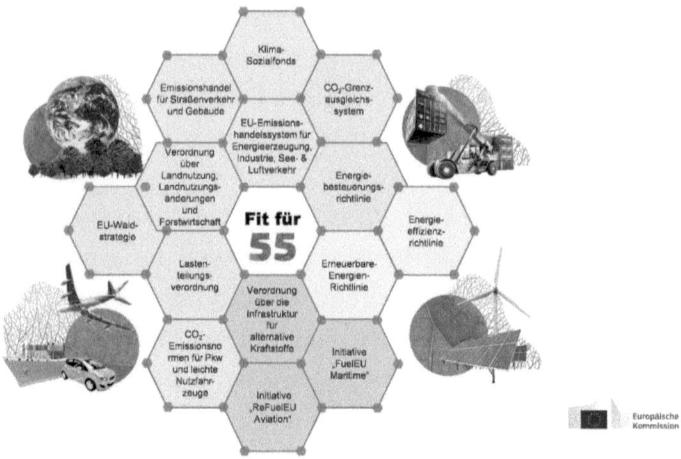

Abb. 11
© Europäische Union

Wenn der geplante Ausgleich zwischen den zu erzielenden Einnahmen und den Unterstützungen aus diesem Gesamtprojekt aus dem Gleichgewicht gebracht wird, nur eines der Maßnahmen nicht umgesetzt werden kann, bricht das Kartenhaus zusammen. Alle unter dem Kapitel „Widersprüche bisheriger Planung“ aufgeführten und noch bestehenden Problemkreise sind aufzulösen, eine zeitraubende und vielleicht nicht zielführende Detailarbeit.

Auch wenn es die EU in ihren Maßnahmenplänen nicht zugibt, wird der Green Deal nur mit einem starken Druck auf alle EU-Länder und auch auf unsere Lieferländer funktionieren. Obwohl alle 27 EU-Länder dem Konzept des Green Deals zugestimmt haben. Aber sicher nur, weil Ausführungsdetails noch nicht vorgelegt werden konnten. „Fit für 55“ ist ein solch riesiges Projekt, dass auch hier ein Wettrennen zwischen Zeit und Ausplanung stattfinden wird. Meine Einschätzung nach Sichtung des Aufwandes für den gesamtwirtschaftlichen Ansatz: Die Ausplanungsgeschwindigkeit wird den zeitlichen Anforderungen zur Umsetzung der Klimaziele nicht gerecht werden. Den Weg der kleinen Schritte hat die EU verlassen, wenn alles von allem abhängig gemacht werden soll.

Der Green Deal sollte von den europäischen Staaten so verstanden werden, dass die nationalen Ziele mit hoher Geschwindigkeit umzusetzen sind und für „Fit für 55“ die Basis bilden, damit Einzelziele mit dem Gesamtprojekt in Einklang zu bringen sind.

Auswirkungen weltweit

Die europäischen Vorstellungen in allen Ehren, sie sind gut gemeint, detailliert vorgedacht, sinnvoll zueinander ins Verhältnis gesetzt, Aufwand und Nutzen gegeneinander abgewogen und leider recht kompliziert.

Sie wären zielführend, wenn eben alle mitmachen. Es soll für den jeweiligen Staat ja nicht viel kosten, weil Einnahmen und Ausgaben sich die Waage halten. Also könnte es doch ein Muster für alle Staaten dieser Erde werden.

Wird es aber nicht, die Vorhaben zur Entwicklung der eigenen Wirtschaft laufen weltweit in diametrale Richtungen. Die großen Wirtschaftsblöcke auf der Welt sind nun mal neben Europa die USA, China, Indien, Japan/Korea, Russland, die afrikanischen Staaten sowie Mittel- und Südamerika mit ganz unterschiedlichen Vorstellungen, wie sie leben und sich entwickeln wollen.

Demokratien und Scheindemokratien, die sich eher als vom jeweiligen Staatsoberhaupt diktatorisch geprägt präsentieren, haben sehr differenzierte Wertevorstellungen, die leicht durchschaubar sind.

Nehmen wir die USA. Die Freiheit des weißen Mannes steht für die Hälfte der Bevölkerung immer noch ganz oben auf der Prioritätenliste. Waffenbesitz, Nähe zu den Republikanern, Gewaltbereitschaft zur Verteidigung des eigenen Besitzes zeugen davon. Umweltschutzmaßnahmen sind bei den politischen Verhältnissen mit Pattsituationen kaum durchzusetzen. Oder China. Wirtschaftsmacht vor Lebensqualität, Kontrolle der Bevölkerung auf unbedingte Unterstützung des Machtgefüges der Partei ausgerichtet. Oder Russland. Territoriale Ansprüche zur Wiederherstellung der früheren

Großmacht der Sowjetunion, ausgelöst durch den Mann an der Spitze des Staates, unterstützt durch große Teile der eigenen Bevölkerung. Oder einzelne Staaten Südamerikas. Machtansprüche der demokratisch gewählten Führer zur Bereicherung der eigenen Klientel durch Korruption, Ausbeutung der natürlichen Ressourcen zur Aufrechterhaltung des Staatsgefüges. Oder Afrika. Stammesfehden, kriegerische Auseinandersetzungen mit militanten Gruppen, offener Kampf um die Staatsführung.

Glauben wir wirklich, dass sich diese Staaten durch das komplizierte, sehr langsam und demokratisch entstandene Geflecht von „Fit für 55“ beeindrucken lassen? Klimaschutz ist lästiges Beiwerk, was auch irgendwie erledigt werden muss, es sollte aber das Hauptanliegen des Staates nicht stören – so die herrschende Meinung. Gefragt ist ein vereinfachtes europäische Angebot als strategische Zielrichtung, mit der sich alle Staaten dieser Erde identifizieren können.

8 – Strategische Ausrichtung

Komplexe Aufgaben, nur als Zukunftsideen und Visionen vorhanden, lassen sich demokratisch, mit Mehrheitsbeschlüssen, großen Gremien und vielen länderübergreifenden Arbeitsgruppen nicht lösen. Eine solche Aufgabe ist allerdings nun mal die Berücksichtigung aller Begleiterscheinungen bei der Transformation von fossilen Ressourcen zu nachhaltigen Energieträgern mit den fast unüberschaubaren Auswirkungen auf die Gesamtheit der Bevölkerung. Das Bestreben, es allen recht zu machen, keine und keinen im Regen stehen zu lassen, für alle eine bessere Zukunft zu ermöglichen, wird nicht gelingen. Der Versuch, den die EU gerade mit viel Verve unternimmt, passt nicht zur Zeitleiste der erforderlichen Umsetzung. Das Ergebnis? Das Ziel ist beschlossen, die Schritte dahin aufeinander abgestimmt, die Konsequenzen nicht ausformuliert, die Vorgehensweise nicht ausgeplant, die Zeit verstreicht. Sicherlich kann es gelingen, die fossilen Energieträger in der vorgegebenen Zeit zu reduzieren. Das ist ja auch nicht schwierig, wie die Termine für die Außerbetriebnahme von Atom-, Kohle- und Gaskraftwerken zeigen. Der Ersatz mit erneuerbaren Energien kommt aber zu langsam voran, es fehlt der Politik das Durchsetzungsvermögen zur Wegbereitung mit den dazu erforderlichen Gesetzen und Verordnungen. Dabei ist es möglich, mit einem Wechsel der strategischen Ausrichtung hin zu einer Zielorientierung und der dazu erforderlichen Hinwendung zu mehr betriebswirtschaftlichem Denken die Kurve zu kriegen, um Wind- und Sonnenenergie in ausreichendem Maße termingerecht zur Verfügung zu haben.

Projektsystematik

Stellen wir uns vor, es soll eine Brücke gebaut werden. Die Idee und das übergeordnete Ziel sind leicht definiert: Personen- und Güterverkehr von einem Ufer zum anderen.

Die Politik gibt den Rahmen für das Projektvorhaben mit Ortsangaben, Verkehrsaufkommen und beiderseitigen Uferanbindungen vor und beauftragt eines von mehreren Planungsbüros im Ausschreibungsverfahren – mehr ist nicht nötig und nicht sinnvoll.

Danach beginnt die Projektarbeit mit einer Projektskizze, einem Vorentwurf mit Rahmen für Kosten und Termine sowie mit einem Konzept zur Umsetzung durch ein externes, kompetentes Planungsteam.

Das Ergebnis wird der Politik zur Entscheidung vorgelegt, mit der Möglichkeit Alternativen einzufordern. Diskussionen zum Inhalt der Projektskizze wären unsinnig, die Tragfähigkeit von Brückenpfeilern lässt sich nicht demokratisch mit Mehrheitsbeschlüssen ermitteln. Ist die Entscheidung zur Umsetzung gefallen, beginnt die „frozen period", die Zeit, in der „von außen" keine Änderungen mehr möglich sein sollten.

Danach erfolgen die Projektplanung und die Umsetzung bis zur Übergabe an den Betreiber der Brücke. Projektkontrollen, Einholung behördlicher Genehmigungen, Korrekturen und Sachstandsberichte erledigt ausschließlich das Planungsbüro. Alle erforderlichen Zwischenschritte im Projektmanagement (im Anhang als Kurzversion vorgestellt) erledigt das Team des Planungsbüros mit den ausführenden Baufirmen.

So denken prozess- und projektorientierte Ingenieure, um Projekte fristgerecht mit Einhaltung der Qualität und der Kosten umzusetzen. Politiker haben vielfach den Weg im Auge, Ingenieure das Ziel.

Die Umstellung von der fossilen zur erneuerbaren Energie stellt sich eigentlich genau so simpel dar wie der Brückenbau: Schaffung von regenerativen Energien mittels Sonne, Wind, Biomasse und Wasserkraft, unterstützt durch Erdwärme mit Wärmepumpen für Haushalte.

Da dieses Ziel bereits unverrückbar durch die deutsche Politik festgezurrt wurde, ist eine Diskussion über mögliche Alternativen zwecklos. Dabei wäre die Betrachtung von Alternativen, deren Vor- und Nachteilen, Chancen und Risiken für eine wirtschaftlich optimale Lösung sinnvoll. Frei von Ideologien sollte berücksichtigt werden, dass der Wirkungsgrad der Umwandlung von Wind und Sonne in elektrischen Strom bei 50%, die Effektivität durch Windarmut und Dunkelzeiten bei 30% liegt. Die regenerativen Energielieferanten haben nun mal eine sehr geringe Leistungsausbeute, die Erzeugung ist und bleibt kostspielig, auch wenn Weiterentwicklungen bessere Ergebnisse bringen werden.

Kernenergie ist ausgeklammert, Wind und Sonne müssen es bringen.

Terminfestlegungen für die Stilllegung von Atom-, Kohle- und Gas-Kraftwerken, Vorgaben zu Öl- und Gasverbräuchen sind eigentlich überflüssig, sie ergeben sich aus der zeitlichen Bereitstellung von Ersatzenergien.

Und was macht die Politik? Sie setzt Termine für den Ausstieg aus der Kernenergie und für die Abschaltung von

Kohle- und Gaskraftwerken, ohne Ersatz in ausreichendem Maße zur Verfügung zu stellen. Sie stellt die Logik einer Versorgungssicherheit buchstäblich auf den Kopf, sie denkt von unten nach oben: erst Bestehendes abschaffen, danach Neues erstellen.

Der bessere Weg

Stellt man sich Deutschland als grüne Wiese mit punktueller Anordnung der Leistungsabnehmer elektrischer Energie vor, wäre die Anzahl, Platzierung und Leistung von erneuerbaren Energieträgern relativ leicht zu ermitteln. Ein flächendeckendes Netz von Abnehmern und Erzeugern unter Berücksichtigung der Verhältnisse von Sonnenstunden und Windtagen würde entstehen, Speichernotwendigkeiten durch Wasserkraft und Biomasse offenkundig. Ist Wasserstoff zur Speicherung zusätzlich nötig, ist entsprechend mehr regenerative Energie zu erzeugen. Sind Speichermöglichkeiten nicht in ausreichendem Maße vorhanden, müssen als Backup Gaskraftwerke vorhanden und zuschaltbar sein. Soviel praxisbezogene Realität ist unabdingbar. Dieses theoretische, ideale Modell gäbe Aufschluss über eine angenäherte Umsetzung unter Berücksichtigung bebauter Flächen. Das daraus entwickelte, praxisnahe Konzept wäre von der Politik „freizuschalten“, durch Gesetze, Verordnungen und Entschädigungen, soweit Ansprüche von Grundbesitzern befriedigt werden müssten.

Aber so denken Ingenieure, das Ziel vor Augen, die Hindernisse als unliebsames und einzugrenzendes Beiwerk betrachtend. Erst wenn klar festgelegt wurde, was zur Zielerreichung erforderlich ist, anders gesagt, was alles getan werden muss, um ein Ziel zu erreichen, werden auch die Hindernisse auf dem Weg dorthin offengelegt. Die Aufgabe ist dann, diese Hindernisse als Probleme zu sehen, dafür Lösungen zu finden. Im Umkehrschluss bedeutet das jetzige Vorgehen der Politik, die Umsetzung der Wind- und Solarenergie schrittweise zu planen und umzusetzen, keine Gewissheit darüber zu haben, ob das angestrebte Endergebnis überhaupt zu erreichen ist. Auch bei einem schrittweisen Vorgehen sollten die Stufen von Beginn an sauber ausgeplant, die Machbarkeit geprüft, das Ende des Weges bekannt und ausformuliert sein.

Mit einer solchen Strategie der Zielfokussierung macht man sich natürlich nicht nur Freunde. Für Politiker mit Blick auf die nächste Wahl, die gewonnen werden muss, wäre das ein harter, wenn auch für die Aufgabe ein sehr erfolgreicher Weg. Politisches Handeln mit Kritik aus der Bevölkerung mit ihren vielen politischen Strömungen, die öffentliche Bloßstellung durch die Presse, die Anfeindungen der Opposition, alles nicht leicht zu ertragen. Die „Vierte Gewalt", die Macht der Medien, spielt dabei eine ganz besondere Rolle. Wir, die Bürgerinnen und Bürger, lernen unsere Politiker nur durch die Medien kennen – in Talkshows, durch TV- und Zeitungsinterviews, Kurzausschnitte bei öffentlichen Auftritten. Ausführliche Berichterstattungen und Übertragungen von Diskussionen im Bundestag finden kaum statt, um sich ein Bild über die politische Einstellung der unterschiedlichen Parteien machen zu können. Und wenn Politiker sich in der Öffentlichkeit äußern, ist für sie nur hier die Möglichkeit gegeben, sich als Person gut darzustellen und für die nächste Wahl zu qualifizieren. Es ist nicht die politische Meinung gefragt, sondern mehr die Beurteilung der Themen, die die Medien vorgeben: „Die Themen werden ohnehin kaum noch bewusst gesetzt und weiterverfolgt, sondern von medialen Erregungskurven vorgegeben. Der Gala-Journalismus nimmt in dem Maß zu, in der die politischen Unterschiede der etablierten Parteien abnehmen. Wo kein Parteiendissens herrscht, muss zumindest ein Personendissens gefunden werden, und wo viele in die gleiche Richtung laufen, müssen die wenigen Außenseiter vorgeführt werden.“ (Precht/Welzer, Die vierte Gewalt)[29]. „Gala-Journalismus“ hat nun mal das Ziel, durch selbst erzeugte Hysterie mit hoch gejubelten Ereignissen Interesse zu erzeugen und die Auflagen zu steigern. Wesentlich begründet dadurch, dass speziell die überregionalen Tageszeitungen stetig fallende Auflagen hinnehmen müssen, eine Halbierung von 2012 mit noch rund 4,1 Millionen Exemplaren. Das eigentliche Geschehen spielt sich in den sozialen Medien ab. Hier werden die Themen vorgegeben, hier werden direkte Meinungen der Kunden abgegeben, hier wird vorgegeben, über was die Zeitungen zu schreiben haben. Journalisten, die die Trends der Online-Nutzer nicht erkennen und nicht darauf eingehen, sind weg vom Fenster, sie erhalten keine Aufträge. „Ich sehe mit Sorge, wenn Journalistinnen und Journalisten auf jede Empörungswelle in den sozialen Netzwerken aufspringen; wenn sie zuspitzen, dramatisieren, skandalisieren, …wenn sie nicht für Aufklärung sorgen, sondern für Aufregung“, so Bundespräsident Frank-Walter Steinmeier während der 30. Geburtstagsfeier des Nachrichtensenders ntv 2022. Getrieben von Klicks in den Netzwerken versucht die Presse, dem Wunsch vieler Online-Nutzer zu entsprechen, Personen mit niederträchtigen Kritiken vorzuführen.

Mit Politikern, mit heiklen Fragen in die Enge getrieben, gelingt das relativ einfach. Entsprechend vorsichtig äußern sich Politiker, um bloß nicht zu sehr von der Meinung der Journalisten abzuweichen. Ist es dann verwunderlich, keine Aussagen über konkrete Planungen mit exakten Terminen zu bekommen? Was nicht umgesetzt wird, kann auch nicht schiefgehen. Werden geplante Gesetze aber mal konkret benannt und von den Journalisten zerrissen – wie zum Beispiel das Gebäudeenergiegesetz oder kurz: Heizungsgesetz – wird nicht nur der Gesetzesinhalt kritisiert, sondern vor allem der Initiator des Entwurfs.

Eine dringend notwendige Veränderung dieser Verhältnisse wäre gegeben, wenn sich Politiker nicht so sehr in Talkshows aufhielten, sondern mehr Übertragungen aus dem Bundestag gesendet würden. Die öffentlich- rechtlichen ARD und ZDF und deren Co-Sender sollten dazu von der Politik angehalten werden, die Rundfunkräte (ZDF Fernsehrat) könnten es durchsetzen. Wir hatten das alles schon mal, in den 60er Jahren. Bundestagsdebatten waren damals wesentlich spannender und unterhaltsamer als heute die Talkshows mit den glattgebügelten Aussagen. Es gibt zwar auf Phoenix durchaus Übertragungen aus dem Bundestag, stundenlang. Das Problem ist also nicht, dass es nicht gezeigt wird, sondern nicht prominent und gezielt genug.

Wir brauchen wieder das Erlebnis der politischen Auseinandersetzungen zur wirklichen Beurteilung, welche Ziele unsere Politikerinnen und Politiker verfolgen und wie sie diese umzusetzen gedenken. Es ist eine demokratiefeindliche Art von Politik, Moderatoren die Themen aus den Tagesereignissen zu überlassen, mit denen sich die Politikerinnen und Politiker zu befassen haben, dann meistens zur Verteidigung und Rechtfertigung ihres politischen Handels zu Aufreger-Punkten, die für die eigentlichen politischen Ziele nicht relevant sind.

Wirtschaftsbosse handeln anders. Gegen alle Widerstände setzen sie durch, was der Markt erfordert. Öffentlichkeit findet dabei kaum statt. Transformationen in Aktiengesellschaften sind dadurch leichter umzusetzen. Wird das angestrebte Ziel erreicht, erfolgt Anerkennung und Vertragsverlängerung durch die Aufsichtsgremien, geht es schief, wird der Job beendet. Topmanager gehen dieses Risiko durchweg ein, da sie wissen, dass sich mit den üblichen hohen Abfindungen das Leben auch angenehm gestalten lässt oder ein neuer Job noch bessere Möglichkeiten bietet.

Auch hier bietet VW ein passendes Beispiel: Mit Herbert Diess hatte der Konzern einen Vorstandsvorsitzenden, der mit hohem Tempo den Wandel hin zur Elektromobilität erreicht hat. Das ging nicht ohne interne Auseinandersetzung mit den Arbeitnehmervertretern, mit der Belegschaft und auch mit dem Aufsichtsrat über die Bühne. Vertrauensverlust im Zusammenspiel der Kräfte war der Grund, ihn nach lediglich vier Jahren von seinem Posten abzulösen. Das Ergebnis seiner Arbeit ist jedoch hervorragend. Volkswagen hat mit mehreren rein elektrischen PKW-Typen den Sprung zur Elektromobilität geschafft, weitere Modelle wurden auf den Weg gebracht. Der Nachfolger kann jetzt die Weiterentwicklung in geordnete Bahnen bringen und die Erfolge einfahren. Offen ist nur, ob die Fortschritte zur Elektromobilität eher durch das Kaufverhalten der Bürgerinnen und Bürger, der zu geringen Produktionssteigerung in den Autofabriken oder doch eher durch fehlende erneuerbare Energien gebremst werden.

Unbedingt halte ich den Weg der Zielfokussierung auf die erneuerbaren Energien für notwendig und richtig. Mit dem Beweis, regenerative Energien in ausreichendem Maße, bis 2045 versteht sich, zur Verfügung zu haben, könnte Deutschland, könnte Europa andere Länder zur Nachahmung auffordern. Die unseligen Diskussionen um Abschaffung der fossilen Energieträger hätten sehr wahrscheinlich ein Ende, die Bevormundung gegenüber anderen Staaten auch.

Alle bisher aufgelisteten Schwierigkeiten bei einem Mangel an erneuerbaren Energien wie die Versorgung der Industrie, die Elektrifizierung der Mobilität, der Weiterbetrieb von Kohle- und Gaskraftwerken, der staatlich verordnete Umbau auf Passiv- oder Nullenergiehäuser, die Vorbereitung und Mitnahme der Bevölkerung, mit Verzicht auf dem Weg zur Klimaneutralität klarzukommen, wären vermeidbar, wenn alle Maßnahmen des Staates sich ausschließlich auf die Erzeugung von regenerativem Strom konzentrieren würden. Natürlich ist es nicht wirtschaftlich, ausschließlich mit elektrischem Strom zu heizen. Den Unternehmen, den Bürgerinnen und Bürgern würde aus eigenem Antrieb schon klarwerden, die Möglichkeiten des Marktes mit neuen, innovativen Produkten zur Hausdämmung, zur Solartechnik und zum Einsatz von Wärmepumpen zu nutzen, um für jeden Einzelfall die kostengünstigste Möglichkeit zu ermitteln.

Sicherzustellen ist nur, dass die Verwendung des klimaneutral erzeugten elektrischen Stromes letztlich kostengünstiger wäre als der weitere Einsatz fossiler Energieträger. Diese Steuerungsmöglichkeit bliebe dem Staat vorbehalten. Das Beiwerk der Übergangslösungen zur Reduzierung fossiler Energieträger – reine Verschwendung.

Aus Sicht eines Ingenieurs und Managers ein schwieriges Unterfangen, aber machbar, wenn die Politik es wirklich will.

Mehr Betriebswirtschaft wagen

Volkswirtschaft und Betriebswirtschaft sind zwei verschiedene Teilgebiete der Wirtschaftswissenschaft mit unterschiedlichen Ausrichtungen und Zielsetzungen. Während die Betriebswirtschaft auf ein Ziel fokussiert ist, befindet sich die Volkswirtschaft stetig in dem Zielkonflikt, mit dem Mangel an Ressourcen die Bedürfnisse aller Marktteilnehmer zu befriedigen.

Die Betriebswirtschaft (BWL) hat es da einfacher. Mit den Prozessen und Entscheidungen innerhalb eines geregelten Ablaufs der Organisation wird nur ein Ziel verfolgt: durch Bereitstellung von Produkten und/oder Dienstleistungen einen Gewinn zu erzielen. Sicherlich eine sehr vereinfachte Darstellung, trifft sie aber doch den Kern eines jeden Unternehmens. Und sie erklärt die Grundlage für den Kapitalismus, der darauf ausgerichtet ist, mit Kapital Geld zu verdienen. Geld und Kapital sind dabei nicht identisch, Kapital schließt die Eigenleistung eines Unternehmers, seine Betriebsmittel wie Maschinen, Anlagen und Einrichtungen mit ein und auch die Leistung seiner Mitarbeiterinnen und Mitarbeiter. Bleibt der Gewinn über einen längeren Zeitraum aus, ist das Kapital aufgebraucht, wird Insolvenz angemeldet, das Unternehmen verschwindet vom Markt. Unternehmer und Unternehmen als GmbH, AG oder was auch immer sind darauf fixiert, Chancen und Risiken des Marktes richtig einzuschätzen, die Angebote auf Kundenbedürfnisse auszurichten und entsprechend zielorientiert zu arbeiten. Daraus erklärt sich auch, warum weitgehend alle Unternehmen durch die Bereitstellung ihrer Dienstleistungen und Waren in hoher Qualität, termingerechter Liefertreue und mit geringen Kosten eine hohe Kundenzufriedenheit sicherstellen wollen.

Die grundsätzliche Arbeitsweise aller Unternehmen ist dabei durchaus identisch. Es geht um eine rationale Projektabwicklung mit den Mitteln der Betriebswirtschaftslehre, die den gesamten Organisationsablauf eines Betriebes regelt. Dazu gehören nicht nur die Kernprozesse wie Entwicklung neuer Produkte oder Dienstleistungen, die Produktion von Gütern und deren Vermarktung, sondern auch die unterstützenden Organisationseinheiten wie Rechnungswesen und Controlling, Qualitätssicherung, Finanzierung, Personalsteuerung sowie Logistik, Planung und Instandhaltung der Betriebsmittel und deren gegenseitigen Abhängigkeiten (siehe auch Teil II Rationale Projektabwicklung).

Die Wertschöpfung, die Leistung, den Wert eines Produktes zu erhöhen, ist dabei die wirtschaftliche Größe, mit der letztlich das Geld verdient wird. Alle Kostenfaktoren, vor allem auch der unterstützenden Prozesse und der Vorleistungen von Lieferanten, unterliegen dabei einer stetigen Betrachtung zur Minimierung, um konkurrenzfähig zu bleiben.

Die Mechanismen der Betriebswirtschaft setzen Unternehmer stets unter Druck, Produkte und Dienstleistungen auf den Markt zu bringen, die vom Kunden durch pünktliche Zahlung honoriert werden. Mitbewerber, also Anbieter, die vergleichbare Angebote offerieren, sind dabei lästige Konkurrenten, derer man sich durch Verbesserung der eigenen Angebote stetig erwehren muss. Es ist eine logische Folgerung und der größte Vorteil eines durch freien Wettbewerb gesteuerten Marktes: Unternehmen mit den besten Produkten zum günstigsten Preis mit termingerechter Lieferung werden sich behaupten, solange Angebote und nicht die Nachfrage marktbestimmend sind.

Im Verdrängungswettbewerb werden aber auch Nachteile der Betriebswirtschaftslehre sichtbar. Wird der Kostendruck zu hoch, wird gespart. Sparen geht meistens einher mit Verdichtung der Anforderungen an die Belegschaft: Mehr Arbeitsleistung bei geringerer Bezahlung. Die Betriebswirtschaftslehre unterscheidet sehr deutlich zwischen sparen und rationalisieren. Kostenminimierung zu Lasten der Arbeitnehmerschaft oder durch Verschlankung der innerbetrieblichen Prozesse unter Beibehaltung der sozialen Leistungen sind nun einmal sehr unterschiedliche Vorgehensweisen.

Durch das Chaos auf dem Weltmarkt mit Verknappung der Ressourcen hat sich der Käufermarkt allerdings zu einem Verkäufermarkt entwickelt. Durch Mangel an Arbeitskräften und Material sind die Verkäufer im Vorteil, es können Produkte mit höheren Preisen bei verringerter Qualität und mit offenen Lieferterminen abgesetzt werden. Zukunftsweisend ist ein solches Verhalten nicht. Sobald die Angebote die Nachfrage übersteigen, werden sich Kunden von Lieferanten trennen, die das schnelle Geschäft in Zeiten des Mangels bevorzugt haben.

Die Regeln der BWL sind darauf ausgelegt, eine Betriebsführung vorzugeben, welche die Kundenzufriedenheit in den Mittelpunkt stellt und damit die Zukunft eines Unternehmens weitgehend absichert. Ein partnerschaftlicher Umgang mit Lieferanten und die soziale Fürsorge für die Belegschaft sind dabei die Säulen eines gesunden Unternehmens.

Mit Einhaltung dieser Grundsätze ist die Basis gelegt, Projekte jeder Größenordnung mit Einhaltung des Budgets termingerecht ausführen zu können.

Allein das Wissen um die BWL-Grundlagen ist allerdings wertlos, wenn nicht die Kompetenz des Unternehmers die richtige Anwendung sicherstellt.

Unternehmen leben von der Fähigkeit der obersten Führung. Sie legt das Konzept des Unternehmens, die Strategie intern und extern fest, sie entscheidet über die Regeln der Marktteilnahme und sie nutzt die Chancen und bestimmt die Grenzen der Risiken.

Unternehmer zu sein ist nur erlernbar durch praktische Erfahrungen, unterstützt mit Managementtechniken. Allen Unternehmern und Führungspersönlichkeiten ist zu eigen, dass sie auf dem Weg zur Spitze eines Unternehmens Erfolge eingefahren haben. Meistens mit einer Kombination aus Fachwissen, Organisationstalent, Kundennähe, innovativer Methodik, Einbindung von Experten, kooperativer Führung und Entscheidungsfreude. Unternehmer gehen Risiken ein, die nur sie selbst verantworten. Die Motivation ist immer gleich – anders zu sein, als die Mitbewerber, aber besser. Wie Unternehmer ihr Geschäft führen, ist ihnen selbst überlassen, es zählt nur das Ergebnis, die Zielerreichung. Geht es gut, blüht das Geschäft, geht es schief, ist die Stabilität des Unternehmens gefährdet. Unternehmer sind auf Erfolg ausgerichtet, dafür setzen sie sich ein, dafür arbeiten sie meistens mehr als die übrige Gesellschaft, dafür kennen sie keine 40-Stunden-Woche. Diese Verhaltensweise ist die Grundlage dafür, Projekte sicher termin- qualitäts- und kostengerecht umzusetzen.

Politiker sind anders gestrickt. Als Mitglieder der Bundesregierung, des Bundestages und des Bundesrates, aber auch der Landesregierungen sind es ihre Aufgaben, mit der Ordnungspolitik, mit Gesetzen und Rechtsvorschriften, die Spielregeln der Wirtschaft festzulegen, mit Prozesspolitik, mit Steuern und Subventionen, die Wirtschaftslage zu beeinflussen und die Lebensverhältnisse der Bevölkerung zu verbessern und mit Strukturpolitik Vorgaben zu erarbeiten, um den Lebensraum mit Sicherstellung der Infrastruktur und der Energieversorgung zu gestalten. Wirtschaftspolitik eben. Den Rahmen schaffen, damit die freie Wirtschaft handeln kann. Das sollten Politiker beherrschen, dafür wurden sie gewählt.

Aber damit geben sich Politikerinnen und Politiker nicht zufrieden. Sie greifen vielfach in die Umsetzung ihrer Vorgaben ein, anstatt es den Profis der freien Wirtschaft zu überlassen. Wenn Politiker sich überschätzen und glauben, die besseren Unternehmer zu sein, wird in der Regel kein gutes Ergebnis erzielt. Das neueste Schwarzbuch der Steuerzahler, die 50. Ausgabe, legt dazu reichlich Zeugnis ab.

Volkswirtschaften und Betriebswirtschaften haben trotz vieler Gemeinsamkeiten die wesentlichen Unterschiede, dass Betriebe fremde Bedarfe decken, die Wirtschaftspolitik mit Haushalten die eigenen Bedarfe. Bei der Betriebswirtschaft steht das Handeln des Unternehmers im Mittelpunkt. Es ist darauf fokussiert, einen Return on Investment (RoI) zu erzielen. Das eingesetzte Kapital muss sich verzinsen.

Die Volkswirtschaft befasst sich mit dem Zusammenspiel aller Marktteilnehmer. Die Teilgebiete Mikro- und Makroökonomie zielen im Wesentlichen darauf ab, einerseits mit dem Verhalten der Haushalte und Unternehmen, andererseits mit dem gesamtwirtschaftlichen Güter- und Geldmarkt die Stabilität des Preisniveaus, die Senkung der Arbeitslosigkeit und das Wirtschaftswachstum zu fördern. Die Finanzpolitik ist darauf ausgelegt, einen ausgeglichenen Haushalt zu haben, Einnahmen und Ausgaben sollen sich die Waage halten. Reichen die Einnahmen nicht, wird Fremdkapital aufgenommen, Kreditfinanzierungspläne regeln das. Mit einer Belastung für spätere Generationen Schulden zu generieren, gehört schon gewohnheitsgemäß dazu. Rendite ist eher nicht das Ding der Volkswirtschaft.

Dabei wäre es zu wünschen, mit Methoden der BWL auch Projekte der öffentlichen Hand mit gleichem Tempo und gleicher Vertragstreue abzuwickeln, so wie es die Privatwirtschaft praktiziert.

Netzentwicklungsplan Strom

Nachdem 15 Jahre über den 700 km langen Südlink – der Stromtrasse von der Nordsee bis nach Bayern – diskutiert wurde, beginnen jetzt endlich die Arbeiten für die Erdkabel- und Hochspannungs-Freileitungen. Der weitere Ausbau der EE verlangt darüber hinaus eine ganz erhebliche Erweiterung der Stromnetze. Die Übertragungsnetzbetreiber TenneT, Amprion, TransnetBW und 50 Hertz Transmission haben unter Berücksichtigung der Ausbauziele für EE einen Netzentwicklungsplan NEP 2037/2045 erarbeitet. Grundlage war der Szenario-Rahmen mit den wahrscheinlichen Entwicklungen der deutschen Energie-Landschaft, von der Bundesnetzagentur geprüft und genehmigt.

Der gesamte Stromverbrauch wurde mit 1.300 TWh angenommen, immerhin 73% mehr als im bisherigen Erneuerbare-Energien-Gesetz festgehalten. Dabei werden Leistungssteigerungen bei Photovoltaik von 59 auf 445 GW, bei Offshore-Windenergie von 8 auf 70 GW und bei Inland-Windanlagen von 56 auf 180 GW angenommen. Hierfür sind 25.740 Trassenkilometer mit einem Investitionsvolumen von 239,7 Mrd. € erforderlich. Die Pläne wurden der Öffentlichkeit vorgestellt, Bürgerinnen und Bürger konnten sich mit Vorschlägen und Kritiken an Diskussionen beteiligen.

Hier waren Betriebswirtschaftler am Werk mit klaren Aussagen zu Aufwand, Kosten und Terminen, alles in einem Kompaktbericht[30] zusammengefasst. Der NEP bietet mit seinen Analysen nicht nur einen konkreten Ausblick auf das Stromnetz der nächsten Jahrzehnte, sondern auch eine kontinuierlich aktualisierte und fundierte Informationsbasis für zentrale energie- und wirtschaftspolitische

Weichenstellungen. Eine integrierte Systemplanung für Strom, Gas und Wasserstoff mit Elektrolyseuren, zentralen und dezentralen Batteriespeichern. Durch Demand Side Management – der Steuerung der Energieversorgung nach Tagesbedarf – soll mit Gaskraftwerken die kontinuierliche Energieversorgung sicherstellt werden. Realität kontra Ideologie, kaum in der Öffentlichkeit wahrgenommen, aber notwendig.

Kerstin Andrea, Hauptgeschäftsführerin des Bundesverbandes der Energie- und Wasserwirtschaft, betont in einem Artikel der Hannoverschen Allgemeinen Zeitung vom 14.4.2023:

„Um die Versorgungssicherheit auch langfristig jederzeit gewährleisten zu können, brauchen wir wasserstofffähige Gastkraftwerke, die gesicherte, regelbare Leistung als Partner der erneuerbaren Energien bereitstellen“ Im gleichen Artikel weist die Sprecherin von Wirtschaftsminister Robert Habeck darauf hin, dass das Ministerium eine kurzfristig wirksame Strategie für steuerbare Kraftwerke zur Stromerzeugung erarbeite, wenn die Sonne nicht scheint und der Wind nicht weht. Obwohl der NEP in Szenarien längst Gaskraftwerke als Demand Side Management mit eingearbeitet hat, beschäftigt sich das Wirtschaftsministerium jetzt – in 2023 – mit Strategien. Unfassbar! Kurz darauf dann doch die Einsicht vom Wirtschaftsministerium, dass Gaskraftwerke gebraucht und mittelfristig wasserstofffähig gebaut werden sollen.

Für eine treibhausgasneutrale Stromversorgung ist der Ausbau der Netze unausweichlich erforderlich, sonst ist der Ausgleich von Stromschwankungen durch örtlich und zeitlich begrenzte Wind- und Solarenergie nicht umsetzbar. Die Politik wird sich mit Genehmigungen und Freigaben von Finanzmitteln darauf einstellen müssen.

Stolpersteine der Volkswirtschaft

Wirtschaftspolitik sollte sich nicht nur nach den Regeln der Volkswirtschaftslehre (VWL), sondern auch nach der BWL ausrichten. Auch hier sollten ausschließlich messbare Erfolge nach festgelegten Terminplänen die Leistungskriterien sein. Aber in einer gelebten Demokratie funktioniert das nicht so einfach. Politiker sind auf dem Weg zur Zielerreichung gezwungen, über ihre Arbeitsweise und Zwischenerfolge Rechenschaft abzulegen. Sie sind unter ständiger Beobachtung der Bevölkerung mit ihrer Vielzahl der Medien, gerne auch mit scharfer Kritik über ausbleibende, sichtbare Ergebnisse. Die Folge daraus ist leicht zu verstehen. Je ungenauer die Zielvorgabe, desto weniger Angriffsfläche durch Abweichungen. Politiker werden für maximal fünf Jahre gewählt. Eine relativ kurze Zeit, um sich zu profilieren, um wiedergewählt zu werden. Permanent muss alles so dargestellt werden, als sei die Eigenleistung in bester Ordnung. Misserfolge der Wirtschaftspolitik werden an der Schuld anderer festgemacht, widrige, nicht beeinflussbare Umstände für Abweichungen ins Feld geführt.

Entsprechen „präzise" sind bei einer Mehrparteienregierung die Koalitionsverträge ausgearbeitet. Messbare Größenvorgaben werden vermieden, Termine in eine ferne Zukunft außerhalb der Legislaturperiode verlegt. Aktuelle Koalitionsverträge 2021/2022 der Bundesregierung und der Landesregierung Niedersachsen legen davon Zeugnis ab.

Eigentlich ein vielversprechender Vertrag der Drei-Parteien-Regierung, an alles ist gedacht, was getan werden müsste, alle Schwachstellen unserer heutigen Bundesrepublik angesprochen, alle Vorgaben der EU mit aufgenommen.

Wir könnten zufrieden sein, wenn Anspruch und Realität nicht weit auseinanderklaffen würden.

Wir werden, wir wollen, wir schaffen, wir unterstützen, wir setzen uns ein. Bei konkreten Terminen, die in die eigene Regierungszeit fallen, wird die Formulierung entsprechend aufgeweicht: „Mit einem Sofortprogramm sehr schnell auf den Weg bringen“ oder „Wir werden national, in Europa und international unsere Klima-, Energie- und Wirtschaftspolitik auf den 1,5 Grad-Pfad ausrichten“.

„Wir machen es zu unserer gemeinsamen Mission, den Ausbau der Erneuerbaren Energien drastisch zu beschleunigen und alle Hürden und Hemmnisse aus dem Weg zu räumen. Wir richten unser Erneuerbaren-Ziel auf einen höheren Bruttostrombedarf von 680-750 TWh im Jahr 2030 aus. Davon sollen 80 Prozent aus Erneuerbaren Energien stammen. Entsprechend beschleunigen wir den Netzausbau. Die jährlichen Ausschreibungsmengen passen wir dynamisch an.“

Sehr deutlich werden aber Termine genannt, um die Leistungsträger der deutschen Wirtschaft zur Kasse zu bitten – keine Steuererhöhungen wohlgemerkt!

80 % von 750 TWh ergeben 600 TWh (Terrawattstunden) klimaneutralen Strom. Entspricht einer zu installierenden Leistung von 192 GW (Gigawatt) von Windanlagen und 200 GW von Photovoltaikanlagen. Es müssen bis 2030 nur noch 60.000 Windräder aufgestellt werden!?

In den letzten 30 Jahren wurden in Deutschland 31.100 Windanlagen gebaut mit einer Leistung von 132 TWh, jetzt soll die doppelte Anzahl in 8 Jahren erreicht werden? Eine äußerst leichtfertige Aussage ohne Realitätsbezug.

Die Rechnung über die installierte Leistung bestätigt das Ergebnis. In 30 Jahren wurden 62 GW mit den 31.000 Windanlagen installiert, bis 2030 sollen 130 GW (onshore – offshore) zusätzlich erreicht werden. Danach wären noch 65.000 Windräder erforderlich.

Weiter schreibt die Ampelkoalition: „Unser Ziel für den Ausbau der Photovoltaik (PV) sind ca. 200 GW bis 2030. Alle geeigneten Dachflächen sollen künftig für die Solarenergie genutzt werden. Bei gewerblichen Neubauten soll dies verpflichtend, bei privaten Neubauten soll es die Regel werden." 190 TWh sind dann von den PV-Anlagen zu erwarten, wenn die rund 4-fache Menge von jetzt 54 GW erreicht werden kann. Auch das sieht wenig glaubhaft aus.

Und weiter geht es: „Wir beschleunigen den massiven Ausbau der Erneuerbare Energien und die Errichtung moderner Gaskraftwerke, um den im Laufe der nächsten Jahre steigenden Strom- und Energiebedarf zu wettbewerbsfähigen Preisen zu decken. Erdgas ist für eine Übergangszeit unverzichtbar."

Eine geschickte Hintertür: Wenn es mit der erneuerbaren Energie nicht funktioniert, haben wir ja unsere Gaskraftwerke. Bedauerlich, dass Russland kein Gas mehr liefert und teuer Ersatz beschafft werden muss. Und auch bedauerlich, dass es vorher keinen Plan B gab.

Der Optimismus nimmt kein Ende: „Wir wollen für gute Lebensbedingungen in Stadt und Land sorgen." Eine Aussage, die durch eine beispiellose Ansammlung von Vorhaben begleitet wird, was der Staat alles für uns Bürgerinnen und

Bürger richten wird. Soziale Sicherheit, Bildung und Chancen für alle, Freiheit, Sicherheit, Bürgergeld für Arbeitslose, Gleichstellung und Vielfalt sind Vorhaben der Regierung, die man nur begrüßen kann.

Es sieht allerdings in einigen Punkten nach einer Überversorgung ohne adäquate Gegenleistung der Empfänger aus, die letztlich von der Wirtschaft tragbar und bezahlbar sein muss. Da habe ich meine Zweifel. Es wäre angebracht und auch dringend geboten, die Versprechen des Koalitionsvertrages auf Verschwendung zu durchleuchten und zu überarbeiten. Aber bislang enthält der Vertrag ja nur Vorhaben und Absichtserklärungen!

Nicht wesentlich anders ist der Koalitionsvertrag der niedersächsischen 2-Parteien-Landesregierung bestehend aus SPD und den Grünen aufgebaut. Noch mehr Zusagen für die Gesamtheit der Landesbevölkerung, aber auch sehr weitreichende Vorstellungen, wie das alles durch uns Bürgerinnen und Bürger bezahlt werden könnte. Und noch ehrgeizigere Ziele für den Transformationsprozess zur Klimaneutralität. „Wir verpflichten uns, Niedersachsens Energiebedarf bis spätestens 2040 zu 100 Prozent aus erneuerbaren Energien zu decken. Im Jahr 2035 werden wir bereits 90 Prozent erreichen." Sehr leichtfertig, wenn bereits jetzt klar ist, dass für windarme Dunkelzeiten Gaskraftwerke erforderlich sind! Wie wäre es mit einer Aussage, wieviel Prozent innerhalb der Legislaturperiode erreicht werden? Fehlanzeige. Verwunderlich ist das nicht. Jede neue Regierung muss sich erst einmal finden, um Ziele zu konkretisieren. Dabei fernere Ziele als Willenserklärung zu formulieren, ist verständlich.

Daher liest sich der Koalitionsvertrag auch wie ein Versprechen, das es uns allen besser gehen wird.

Zumindest ist sich die Landesregierung darüber im Klaren, dass das alles bezahlt werden muss. Das ergibt sich aus den Ausschnitten: „Zum Erhalt des Landesvermögens und der Funktionsfähigkeit des Landes als Teil eines handlungsfähigen Staates bedarf es in fast allen Bereichen erheblicher Investitionen in Milliardenhöhe. Dasselbe gilt im Privatsektor wie zum Beispiel im Wohnungsbau oder in den Mega-Aufgaben des sozialökologischen Wandels und der Digitalisierung. Durch Ausgabenkürzungen allein sind diese Herausforderungen für den Landeshaushalt nicht zu bewältigen, vor allem ist dabei auch die Einnahmeseite strukturell zu verbessern. Die Akzeptanz für erforderliche Sparmaßnahmen kann bei Bürgerinnen und Bürgern nur dann erreicht werden, wenn alle gesellschaftlichen Gruppen entsprechend ihrer Leistungsfähigkeit zum Erhalt handlungsfähiger Haushalte herangezogen werden. Wir sind für die Wiedereinführung einer Vermögenssteuer. Zudem stehen wir für weitere sozial gerechte Einnahmeverbesserungen und streben eine Reform der Erbschaftssteuer an“.

Also doch Steuerhöhungen mit der unklaren Ankündigung, mit welchen Leistungen zu welchen Zeitpunkten die freie Wirtschaft denn nun zu rechnen hat. Die Umstellung der Technologien und Prozesse von fossilen Energieträgern auf erneuerbare Energien wird die Betriebe sehr viel Geld kosten, das wurde in vorhergehenden Kapiteln ausgeführt. Und es gilt gleichermaßen für die Großindustrie, den Mittelstand und auch für kleine und kleinste Betriebe im Handwerk. Steuerhöhungen wirken dabei als Investitionsbegrenzer, die nicht tolerierbar sind.

Sicherlich ist es nicht einfach, die drei Säulen der Volkswirtschaft, der Ordnungs-, Prozess- und Strukturpolitik, so aufeinander abzustimmen, dass im Ergebnis Fortschritt für alle erreicht wird. Schwierig wird es nur, wenn die Spielregeln für die Wirtschaft unklar sind. Und die sind es solange, wie die Transformation der Energieversorgung nicht in trockenen Tüchern ist.

Wird die Energieversorgung damit zum Maß aller Dinge, muss sich die Wirtschaftspolitik darauf einstellen, mit den Mitteln und Arbeitsweisen der BWL zu besseren Ergebnissen zu kommen.

Optimierung öffentlicher Vergabepraktiken

Ausschlaggebend für die Abwicklung von Großprojekten ist die Projektverantwortlichkeit. Projektkoordination ist dabei nicht gemeint. Größtes Unheil verbreiten Koordinatoren, die nicht in der Verantwortung stehen und trotzdem in den Verlauf der Projektabwicklung eingreifen. Ganz deutlich hat sich das beim Bau des Großflughafens in Berlin gezeigt. Eingriffe des Regierenden Bürgermeisters, von Politikern im Aufsichtsrat mit Änderungswünschen und wechselnder Bestellung des verantwortlichen Bauleiters haben zu den verheerenden Ergebnissen der Termin- und Kostenveränderungen beigetragen. Weitere Beispiele enthalten die Schwarzbücher des Bundes der Steuerzahler.

Wenn Projekte der freien Wirtschaft erfolgreicher umgesetzt werden als Projekte der öffentlichen Hand, muss es gravierende Unterschiede geben.

Die Regeln der Ausschreibungen der öffentlichen Hand sind dabei komplizierter als die der freien Wirtschaft, obwohl für beide die Vorgabe gilt, mindestens 3 Anbieter für jede Vergabe an Zulieferer einzufordern.

Regeln für die Vergabe öffentlicher Aufträge laufen nach unterschiedlichen Verfahrensarten ab. Da ist zunächst das offene Verfahren, wo jedermann ein vollständiges Angebot einreichen kann. Gegenüber dem nichtoffenen Verfahren, wo nur in die engere Wahl kommende Teilnehmer ein Erstangebot einreichen können, ist das offene Verfahren für kleinere Aufträge der übliche Weg.

In Verhandlungsverfahren können ebenfalls nur in die engere Wahl kommende Teilnehmer ein Erstangebot zur späteren Verhandlung einreichen. Beschaffungsstellen nutzen dieses Verfahren bei komplexen Projekten. Bei wiederkehrenden Beschaffungen können Rahmenverträge abgeschlossen werden, zusätzliche Möglichkeiten von Ausschreibungen sollen den Wettbewerb verstärken. Allen Arten ist zu eigen, dass sie lange dauern und bei Verhandlungen viele Einzelschritte erfordern.

Ausnahmen gibt es für „extrem dringende Fälle“ und für solche, wo es nur einen Anbieter gibt. Diese Ausnahmefälle werden selten genutzt, weil die handelnden Personen sehr leicht in den Verdacht der Korruption geraten können. Bei Überschreitung bestimmter Schwellenwerte sind EU-Vorschriften zu berücksichtigen, um internationale Gleichbehandlung sicherzustellen.

Nach Bewertung der Angebote erfolgt der Zuschlag für einen Anbieter. Nicht berücksichtigte Anbieter haben das Recht auf Begründung der Ablehnung, sie können eine Überprüfung des Verfahrens beantragen. Angebots-, Teilnahme-, Binde und Zuschlagsfristen sowie Stillhalte- und Wartefristen bei EU-weiten Ausschreibungen verursachen unliebsame Verzögerungen.

Für Unternehmen existiert keine gesetzlich vorgeschriebene Form der Angebotsanfrage. Kompetente Zulieferer werden aufgefordert, Angebote abzugeben. Die Abwicklung von Anfragen und Vergaben ist in der Regel innerbetrieblich festgeschrieben. Nicht der „billigste“ Anbieter bekommt zwangsläufig den Zuschlag, sondern, auch nach Preisverhandlungen, derjenige, dem die reibungslose Umsetzung eines Vorhabens zugetraut wird.

Allein in der Vergabepraxis liegt der wesentliche Unterschied zur erfolgreichen Umsetzung eines Projektes. Nicht die Gleichbehandlung aller Anbieter, nicht der niedrigste

Preis darf maßgebend für Vergaben sein, sondern auch die Vergabegeschwindigkeit und die Kompetenz der Anbieter. Die Politik muss den Mut haben, bei so lebenswichtigen Entscheidungen zur Erreichung der Klimaneutralität mehr auf „extrem dringende Fälle“ zu setzen. Wird nur der niedrigste Preis ausschlaggebend für die Vergabe von Windrädern und PV-Anlagen sein, werden ausschließlich chinesische Produkte verbaut werden können. Eine gefährliche Abhängigkeit, ähnlich der Gasabhängigkeit von Russland. Mit Niedrigpreisen hat es China bereits geschafft, Windanlagen für den europäischen Markt aufzustellen, die technologisch den deutschen Produkten kaum unterlegen sind. Greift die Politik nicht preiskorrigierend mit Subventionen ein, wird sich das Desaster des Photovoltaikmarktes wiederholen, China beherrscht bereits konkurrenzlos den Solarmarkt. Deutsche und weitere europäische Unternehmen können international nicht mithalten, Innovationen sind nicht mehr zu erwarten, sie werden vom Markt verschwinden. Da die Vergabeabläufe jedoch gesetzlich vorgeschrieben sind, ist der Spielraum äußerst gering, die Chinesen auf Dauer vom Markt für Windanlagen auszuschließen. Es muss so deutlich gesagt werden wie es ist: Die Abhängigkeit von China ist unausweichlich gegeben, wollen wir unsere Ziele zur Klimaneutralität auch nur annähernd erreichen.

Die Abläufe bei Großprojekten der freien Wirtschaft sind durchweg klar geregelt. Nach Ausarbeitung einer Projektskizze mit Zielvorstellungen, Kostenrahmen und Angaben zum Return on Investment wird ein Investitionsantrag erstellt, der den Aufsichtsgremien in Planungsrunden zur Genehmigung vorgelegt wird. Wird ein Return on Investment nicht erreicht, erfolgt keine Freigabe. Entweder ist eine Überarbeitung des Antrags erfolgreich möglich oder das Projekt wird nicht umgesetzt. Das gilt auch für den Fall, wenn das Projekt für den Erhalt des Unternehmens maßgebend ist. Erst nach einem Beleg für die Wirtschaftlichkeit erfolgt ein Projektstart. Nach Freigabe der Geldmittel wird – hier der große Unterschied zu öffentlichen Projekten – ein voll verantwortlicher Projektleiter ernannt. Mit der Unterstützung eines kleinen Stabes von Ingenieuren und Controllern hat er allein die Weisungs- und Entscheidungsbefugnis, das Projekt mit Vergaben an Fremdfirmen sicher ins Ziel zu bringen – in enger Zusammenarbeit mit den Planungs- und Einkaufsabteilungen. Schon in der Planungsphase wird der Projektleiter darauf achten, mit den erarbeiteten Unterlagen den Kostenrahmen nicht zu sprengen, nur unausweichliche Veränderungen in der Ausführung zuzulassen. Terminverzögerungen bedingen meistens Preissteigerungen. Mit Konventionalstrafen in Verträgen wird sichergestellt, dass Qualitäts- und Terminvorgaben eingehalten werden. Die Motivation des Projektleiters, das Ziel kostengerecht zu erreichen, ist die berechtigte Erwartung auf eine höhere Bonuszahlung. Dass der Projektleiter den Aufsichtsgremien Zwischenergebnisse vorträgt, versteht sich dabei von selbst.

Diesen Vorteil von Unternehmen der freien Wirtschaft, sich für ein Projekt zu entscheiden oder es auch abzulehnen, hat die Politik in der Regel nicht, speziell nicht für das Projekt Klimaneutralität. Es bleibt ihr nur die Möglichkeit, weitgehend Projektabläufe der freien Wirtschaft zu kopieren.

Wenn zum Beispiel die niedersächsische Politik die Entscheidung getroffen hat, den Energiebedarf bis spätestens

2040 zu 100 Prozent aus erneuerbaren Energien zu decken, hat sie ein Großprojekt. Dieses ist dann, – top down – in viele Unterprojekte aufzugliedern. Zu glauben, mit vielen zersplittern Einzelprojekten – bottom up – auch irgendwie ins Ziel zu kommen, ist allerdings schlichtweg blauäugig.

Die Regeln der Volkswirtschaft passen nicht mehr in unsere schnelllebige Zeit. Zu wenig Konzentration auf ein für alle lebenswichtiges Projekt, die Verzettelung mit fast unendlich vielen Einzelvorhaben zur Füllung eines Koalitionsvertrags, das Versprechen, das Leben für alle besser zu gestalten und letztlich keines der Schlüsselprobleme zu lösen, ist ein üblicher, aber sehr gefährlicher Weg. Es muss gelingen, mit Anregungen aus der Betriebswirtschaft die Abläufe im Staatsapparat zu verbessern. Ein totalitärer Staat wie China macht es vor. Den Weltmarkt zu erobern, ist das vorrangige Projekt, das mit Vehemenz verfolgt wird. Nachteile für die Bevölkerung werden in Kauf genommen, das Ziel aber mit hoher Geschwindigkeit erreicht. Ein Vorbild sollte China für uns nicht sein, lernen und übernehmen könnten wir aber die Vorgehensweise: Weniger ist mehr. Weniger Vorhaben, mehr geglückte Umsetzungen, weniger Ideologien, mehr Realitätsnähe, weniger Verzettelung, mehr Fokussierung. Letztlich mehr Betriebswirtschaft.

Teil II

1 – Ein beispielhaftes Vermeidungskonzept

Was für den Umweltschutz zu tun ist, wissen wir seit Jahren. Mit der Aufgabe betraut, nach dem politischen Umbruch in Polen eine Autofabrik für die VW AG zu errichten, war die Chance gegeben, mit einer Vermeidungsstrategie alles anders, aber besser zu machen. Umwelt- und Klimaschutz sollten von Beginn an mit einbezogen werden.

Voraussetzung war eine Planung des gesamten Prozesses von der ersten Idee des Vorhabens bis zur Auslieferung fertiger Produkte. Alle Aspekte der Unternehmensführung sollten berücksichtigt werden, die strategische Vorgehensweise ebenso wie die Ablauforganisation des Betriebes.

Prozesse für Projektabwicklungen gleich welcher Art sind weitgehend bekannt. Trotz bisweilen sehr unterschiedlicher Formen ähneln sie sich doch in der logischen Vorgehensweise. Für Routinearbeiten zur Projektabwicklung stehen Softwareprogramme zur Verfügung. Bekannt als ERP-Systeme (Enterprise Resource Planning) bieten sie für die Ausplanung von Projekten, aber hauptsächlich für laufende Geschäftsprozesse die Grundlage, in unserer digitalisierten Welt überhaupt noch alle Geschäftsvorgänge abwickeln zu können. Es ist jedoch ein Trugschluss, anzunehmen, dass mit Hilfe der künstlichen Intelligenz den Menschen das Nachdenken erspart bleibt, um auszuformulieren, was sie eigentlich wollen. Ob mit oder ohne Softwareunterstützung, der Inhalt eines jeglichen Projektablaufes ist gleich – und was nicht bearbeitet wird, führt zu Fehlern in der Abwicklung.

Um Vorhaben gleich welcher Art, im gewerblichen oder privaten Sektor, kosten-, qualitäts- und zeitgerecht abwickeln zu können, ist zur gewünschten Zielerreichung eine systematische Vorgehensweise von entscheidender Bedeutung. Klingt einleuchtend, wird aber eher selten praktiziert. Immer wieder unterlaufen den Umsetzern vermeidbare Fehler. Nacharbeiten, Zeitverzögerungen und Korrekturen werden als unvermeidlich hingenommen. Dabei ist die Anwendung von vorgegebenen Prozessabwicklungen kein Hexenwerk und von jedermann in unterschiedlicher Tiefe umzusetzen.

Mit der Umstellung der Fabrik auf ein westliches Qualitätsniveau war zeitgleich ein Experimentierfeld gegeben, neue Arbeitspraktiken anzuwenden, die den bisherigen Wegen überlegen waren. Dazu folgt nun eine autobiografische Betrachtung, wie die Vermeidung von Verschwendung auch in großen Organisationen umgesetzt werden kann.

Der Unternehmensprozess

Projekt-Organisationen mit Softwareunterstützung waren bekannt. Bei Großprojekten im Werk Hannover, wie dem Neubau einer Gießerei, einer Feuerwehr, einer Lackiererei stellten wir jedoch fest, dass allumfassende Unternehmensprozesse nicht vorhanden waren.

Für Poznan wollten wir die Gesamtheit aller Tätigkeiten erfassen, die auf den dauerhaften Erfolg eines Unternehmens ausgerichtet sind. Neben den fachlichen und organisatorischen Aufgaben und den Erfordernissen des Umweltschutzes sollte der Umgang mit Menschen ganz besonders in den Fokus unseres Handelns rücken.

Zum Start des Projektes haben wir daher einen Unternehmensprozess in allen Einzelheiten festgelegt und uns während des Projektablaufes konsequent daran gehalten.

Die Normforderungen des Qualitätsmanagementsystems DIN EN ISO 9001 wurden dabei voll und ganz berücksichtigt, da eine spätere Zertifizierung nach dieser Norm vorgesehen war. Unser Geschäftsprozess war weitgehend identisch mit dem Plan/Do/Act/Check-System der Norm, die Unterprozesse jedoch weitaus präziser für eine so komplexe Aufgabe, wie die Erstellung einer kompletten Autofabrik. Da wir unser Projektvorhaben in mehrere Einzelprojekte als auch in viele kleinere Unterprozesse zerlegen mussten, sollte der Prozessablauf allgemeingültig, leicht verständlich, für alle Projektumfänge wie auch für einfachste Vorhaben anwendbar sein. Gelungen ist uns das, da bei allen Planungsvorhaben, ob in der freien Wirtschaft, bei Vorhaben des Staates oder im privaten Bereich der prinzipielle Ablauf immer gleich ist:

Die Ideen beschreiben – was soll verwirklicht, erstellt, verbessert oder welcher Kundenwunsch soll erfüllt werden?

- Visionen – eigene Ideen entwickeln
- Benchmark – mit anderen vergleichen
- Machbarkeit – Hindernisse aufdecken

Ein Konzept entwickeln – welche Ziele werden verfolgt, welche Abläufe werden benötigt, welche Anforderungen müssen erfüllt werden, welche Mittel sind dazu erforderlich?

- Ziele – Lastenheft erarbeiten, festlegen, was erreicht werden soll
- Information – Vorhaben präsentieren
- Anforderungen – Pflichtenheft erstellen und ausarbeiten, wie es erreicht werden kann
- Strategie – Leitsätze und Vorgehen festlegen
- Ressourcen – benötigte Finanz- und Betriebsmittel, Bedarf an Personal auflisten
- Rentabilität – Rückfluss der Geldmittel berechnen
- Systemanalyse – Chancen und Risiken bewerten
- Geschäftsplan – das Konzept als Businessplan zusammenstellen

Die Umsetzung planen – wie sollen die Anforderungen umgesetzt, die Ziele realisiert werden, welche Hilfen werden benötigt, wie ist der zeitliche Rahmen einzuhalten?

- Entwicklung – Pflichtenheft ausplanen
- Umsetzung – Pflichtenheft realisieren
- Kontrolle – Terminvorgaben checken

Die Durchführung überwachen – wie werden der Kostenrahmen, die Qualität und der Zeitplan eingehalten, gibt es Abweichungen? Wie sieht die Problemlösung aus, wie ist das Ergebnis noch zu verbessern?

- Betrieb – den Ablauf der Herstellung oder Dienstleistung sicherstellen
- Überwachung – die Abläufe begleiten
- Abweichungen – Problemlösungen erarbeiten
- Innovation – kontinuierliche Verbesserungen umsetzen

Geholfen hat uns ein Systemüberblick in Kurzform, um uns immer wieder in Erinnerung zu rufen, auch streng nach dem selbst erarbeiteten Prozess vorzugehen (siehe Abbildung 12). Die später erstellte vereinfachte Übersicht hat darüber hinaus den Vorteil, auch für kleinste Vorhaben im täglichen Leben Hinweise für das logisch richtige Vorgehen zu geben.

Das Konzept hat sich bewährt. Bei späteren Aufträgen als Unternehmensberater nach meiner Rückkehr nach Deutschland habe ich es oft, auch in verfeinerter Form, erfolgreich einsetzen können.

Abb. 12

Gut zu wissen, dass heute die künstliche Intelligenz das gleiche Ergebnis zur Abwicklung eines Unternehmensprozesses empfiehlt. Mit OpenAI und dem daraus entwickeltem GPT-3-Modell wurde die Grundlage für ChatGPT Deutsch geschaffen. Mit diesem KI-System werden riesige Mengen an Daten analysiert, um selbständig Schlussfolgerungen zu generieren und Lösungsvorschläge zu erstellen. ChatGPT Deutsch ist für alle Internetnutzer frei zugänglich. Wird die Frage eingegeben, woraus ein Unternehmensprozess besteht, wird eine nach zehn Punkten gegliederte Antwort gegeben, die mit dem obigen Schaubild inhaltlich vergleichbar ist. Mehr noch: Fragen zu den Inhalten der einzelnen Punkte werden sehr ausführlich beantwortet.

Das Wissen um Führungs- und Unternehmensprozesse nutzt allerdings überhaupt nichts, wenn der Wille und die Kompetenz zur Umsetzung der Empfehlungen fehlen.

Entwicklung einer Vision

Am Anfang eines Unternehmensprozesses steht die Idee, die Vision, die Zielvorstellung. Um sich deren Realisierung vorzustellen, ist Kreativität gefragt. Jede noch so gute Idee ist wertlos, wenn man sich deren Umsetzung nicht zutraut.

Unternehmer sind nur sich selbst verantwortlich. Als Manager gibt es zwei Möglichkeiten, mit Visionen umzugehen. Einfach umsetzen, was von Vorgesetzten als Weg zum Ziel vorgegeben ist. Oder unternehmergleich eigene Ideen entwickeln, was im eigenen Bereich verbessert werden kann. Der erste Weg war nie mein Ding. Spannend wird es erst, abweichend von Vorgaben das vorgegebene Ziel schneller und besser zu erreichen.

Der Zustand der POLMO-Fabrik in Poznen war bei genauerem Hinsehen schlechter als wir uns das hätten vorstellen können. Für uns, an westliche Qualitätsmerkmale gewöhnt, war es unglaublich, dass in einer solchen Fabrik noch Autos gebaut wurden.

Eine Ausgangssituation, die eigentlich signalisierte, nur mit viel Geld und einer komplett neuen Fabrik die Aufgabe erfüllen zu können. Andererseits sollte es Macher, Manager und Unternehmer auszeichnen, die Chance zu erkennen, dass auch mit geringen Mitteln in einem solchen Land viel Wirkung erzielt werden könnte. Es galt nur, westliche Standards und das westliche Anspruchsdenken zu verdrängen. Mir wurde klar, dass anders vorzugehen ist, als wir es im wohlsituierten Deutschland gewohnt waren. Eine glückliche Fügung, dass ich in Japan Methoden wie KAIZEN kennengelernt hatte, mit widrigen, begrenzten Mitteln und Flächen ein

Werk weitab von der Ausstattung unseres Werkes in Hannover betreiben zu können.

Mir schwebte vor, mit einer schrittweisen Erneuerung und einem Stufen-Ausbau dort für den europäischen Markt kostengünstig kleine Nutzfahrzeuge wie Transporter, Kombis, Busse, Pritschen und Doppelkabinen mit westlichem Qualitätsanspruch herzustellen. 600 Neufahrzeuge pro Tag war die angepeilte Größenordnung.

Nach mehrfachen Besuchen in der noch in polnischer Hand befindlichen Fabrik war für mich die Vision im Kopf ausformuliert – ich hatte klar vor Augen, wie die Fabrik in zehn Jahren aussehen könnte. Erforderlich war ein Werkslayout abweichend von bisherigen Vorstellungen bei der VW AG, die Platzverhältnisse ließen es nicht anders zu. Ein Flächenvergleich mit dem Werk Hannover ergab, dass wir nur 20% der Fläche im Polmo-Werk zur Verfügung hatten. Es sollte eine Mustervorlage werden, mit geringsten Mitteln ohne Verschwendung zum Ziel zu gelangen. Mit einer Orientierungsgröße als Benchmark wollten wir unsere Zielvorstellung absichern – in Frage kam dafür nur der weltweit beste Hersteller auf demselben Fachgebiet der Automobilindustrie.

Um zu verinnerlichen, was Mitbewerber wirklich können, ist der Einblick in das Innere der Firmen von großem Vorteil. Nach den vielen Fabrikbesuchen bei Autohersteller in Deutschland, Europa, den USA und Japan wusste ich nicht nur, was besser gemacht werden kann, sondern auch, was mit Sicherheit nicht getan werden sollte. Schlechte Beispiele können gute Beispiele für die eigene Erkenntnis sein.

Wie in vielen Bereichen gilt auch für die Automobilindustrie, dass Orientierungsgrößen sich einerseits auf das Produkt, andererseits auf die Herstellung beziehen. Die Messlatte für uns war das beste Fabriklayout zur wirtschaftlichen Produktion von Fahrzeugen mit einem Minimum an Flächenbedarf.

Der Standortwahl ging eine längere Suche nach Alternativen voraus. Um nach westlichen Verhältnissen eine Fahrzeugfabrik aufzubauen, wäre „die grüne Wiese“ besser geeignet gewesen. Diese Möglichkeit war aber nicht gegeben, die VW AG hatte dafür keine Geldmittel bereitgestellt.

Aus Vertriebssicht sollte vorerst nur ein Standort gefunden werden für die Erschließung des polnischen Marktes. Die Firma Kulczyk Tradex in Poznan war zu diesem Zweck als Generalimporteur für VW ausgesucht worden. Eine kurze räumliche Anbindung an das POLMO-Werk in Poznan war aus Sicht des Generalimporteurs sinnvoll, um keinen eigenen Sonderwagenbau aufbauen zu müssen, was sonst als Eigenleistung notwendig geworden wäre. Der Ausbau von Serientransportern zu Krankenwagen, Behindertenfahrzeugen und gepanzerten Polizeifahrzeugen war ein lukratives Geschäft, sie wurden hauptsächlich von der Regierung geordert.

Die Marken Mercedes, Opel, Ford und Fiat waren bereits im Markt mit polnischen Partnern vertreten, Alternativen für VW, mit polnischen PKW-Herstellern zu kooperieren, gab es nicht mehr.

Im POLMO-Werk in Poznan wurden noch Fahrzeuge unter dem Markennamen „Tarpan“ hergestellt und mit hohen Nachlässen im Ostmarkt verkauft.

Nach meinen Vorstellungen über Qualität gab es kein in Polen hergestelltes Fahrzeug, dass unseren Qualitätsansprüchen genügen konnte, schon gar nicht die Tarpan-Fahrzeuge aus der POLMO-Fabrik. Es war abzusehen, wann die Produktion dieser Fahrzeuge eingestellt werden würde.

Für mich die beste Ausgangsposition für eine schrittweise Übernahme der Fabrik und einen Start mit einem Sonderwagenbau und einer Kleinserie eigener Fahrzeuge.

Den Maßstab zur schrittweisen Erneuerung der Fabrik war vorgegeben. Als Benchmark zur Erreichung der Qualität der herzustellenden Fahrzeuge galt unser eigenes Transporter-Werk in Hannover. Trotzdem wollten wir dahinterkommen, ob unsere Kunden die Transporter so wollten, wie vom Entwickler vorgesehen.

Sich in die Sicht des Kunden hineinzuversetzen, war für mich immer ein beliebtes Spiel. Braucht er, was wir anbieten, kann es ihn begeistern? Ist er bereit, unseren kalkulierten Preis zu zahlen? Die Nutzung der eigenen Produkte gibt meistens Aufschluss. In meinem Fall: Fahren der Fahrzeuge, die hergestellt werden sollten, wöchentlich einen anderen Typ. Sehr bald war klar, dass in dem aufstrebenden Land Polen zuerst Nutzfahrzeuge gebraucht wurden, die für Handwerker und Bauunternehmer in einfachster Form ausgelegt waren und preisgünstig angeboten werden konnten. Auf diese Fahrzeuge „ohne großen Schnickschnack“ wollten wir uns in der Startphase konzentrieren.

Schon im Anfangsstadium unserer Überlegungen wollten wir alle Fakten zusammentragen, die uns behindern könnten, unser gedachtes Projekt auch umzusetzen. Eine so geartete Machbarkeitsstudie gibt die Gewissheit, nicht an unbedachten Kleinigkeiten zu scheitern.

Selbstvertrauen ist der wesentliche Schlüssel zur Umsetzung von Vorhaben. Sich selbst zu trauen, eine neue Sache anzupacken, ist die halbe Miete. Für mich war von Vorteil, mit allen kommenden Problemen schon mal konfrontiert gewesen zu sein. Erfahrungen im Berufsleben sind das große Kapital zum Anpacken neuer Herausforderungen.

Zur Realisierung eines Vorhabens im Ausland sind vorerst die Fakten und Daten der wirtschaftlichen und politischen Gegebenheiten im Lande kritisch zu betrachten. Grundsätzlich waren keine unüberwindbaren Hindernisse für unser Projekt erkennbar.

Nachdem die Zielrichtung feststand, die POLMO-Fabrik in Polen zu übernehmen, begann der schwierige Teil der Verhandlungen mit den Anteilseignern, dem polnischen Ministerium für Industrie und Handel und den Gläubigern, die bereits wesentliche Firmenanteile übernommen hatten. Auf VW-Seite wurden die Verhandlungen durch die Rechtsabteilung geführt, unterstützt durch technische Abteilungen zur Bewertung der Fabrikanlagen.

Es war bekannt, dass sich bereits japanische und koreanische Investoren mit Angeboten für die Fabrik interessiert hatten, die nicht zum Abschluss gebracht wurden. Ein Verhandlungsplus für die VW AG als alleiniger möglicher Partner.

Vertragsgegenstand sollte ein Joint Venture sein, da POLMO weiterhin vorhatte, Tarpan-Fahrzeuge zu bauen.

Die Gründung eines Gemeinschaftsunternehmens war mit einem Staatsbetrieb nicht möglich, also wurde das gesamte Eigentum auf die Gesellschaft Volkswagen Poznan Sp.z o.o. übertragen. Eine Spolka z ograniczona odpowiedzialnoscia ist der deutschen GmbH ähnlich mit einer deutlich verschärften Vorstandshaftung gegenüber der Geschäftsführerhaftung einer GmbH.

Vertraglich vorgesehen war, einem Teil der Belegschaft eine Beschäftigungsgarantie zu geben und die bisherigen Direktoren in den Vorstand und das Management zu integrieren. Mit einer Kapitaleinlage der VW AG sollten zum Start 25,4 % der neuen Firma und gleichzeitig die Mehrheit im 3-köpfigen Vorstand übernommen werden. Der Vertragsinhalt der vielseitigen Unterlagen war so angelegt, dass die VW AG mit Rückgang der Tarpan-Produktion weiter Anteile übernehmen konnte.

Nach Vertragsunterzeichnung Ende 1993 und meiner Berufung zum Vorstandsvorsitzenden mit Übernahme des Fachbereichs Technik waren fast alle Voraussetzungen gegeben, ein Unternehmenskonzept auf Vertragsbasis zu entwickeln. Es sollte eine Fabrik nach weitgehend eigenen Vorstellungen werden, ein Fahrzeughersteller mit Rohbau, Lackiererei, Montage und einem hohen Fremdlieferanteil für Pressteile und Aggregate.

Erreicht werden musste die Zustimmung des Aufsichtsrates als Kontrollinstanz der Anteilseigner. Vertreter des polnischen Ministeriums für Industrie und Handel, der VW AG und der großen Anzahl der Gläubiger hatten jedoch eine andere Vorstellung von der Zukunft der Fabrik. Schneller Ertrag sollte erzielt werden, für ein tragfähiges und zukunftsgerichtetes Gesamtkonzept war keine Mehrheit zu bekommen.

Mit einem Plan A für die mittelfristige und einem Plan B für eine langfristige Auslegung der Fabrik hätte die Zukunft von Volkswagen Poznan abgesichert werden können.

Erstellung des Konzeptes

Als Segler weiß man, dass der Kurs nur bestimmt werden kann, wenn das Ziel bekannt ist. Einen Plan nach eigenen Vorstellungen zu haben, ergab für mich immer die Möglichkeit, Zieldiskussionen sehr konkret zu führen, Vor- und Nachteile aufzuspüren. Ich habe es durchweg vermieden, mich mit ungenauen Vorstellungen in Diskussionsrunden zu begeben, endlose Alternativvorschläge sind nur zeitraubend und meistens nicht zielführend.

Mit einem Plan A sollte in der polnischen Fabrik der Einstieg in die Fahrzeugproduktion mit dem Ausbau bereits in Deutschland gefertigter VW-Transporter zu Krankenwagen und gepanzerten Polizeifahrzeugen begonnen werden.

Ein mittelgroßer Auftrag war zusätzlich abzuarbeiten. Für den amerikanischen Markt hergestellte Transporter und Kleinbusse wurden für den Verkauf in Europa umgerüstet.

Das Bestreben der polnischen Regierung, eine inländische Automobilindustrie aufzubauen, führte zu einer Marktregelung, die sich Volkswagen Poznan zu Nutze machen konnte. Für importierte Neufahrzeuge erhob der polnische Staat 35% Zoll auf den Verkaufspreis im Herstellerland. Wurden die Fahrzeuge dagegen in Teilen für Karosserie, Motor, Getriebe, Achsen und Abgasanlage zerlegt, importiert und in Polen remontiert, entfiel der Einfuhrzoll. Der Fachausdruck dafür war SKD – semi knocked down.

In früheren Meetings der Produktionsleiter des Konzerns hatte ich gute Kontakte zu den Verantwortlichen der verschiedenen Marken aufgebaut. Diese jetzt nutzen zu können, war ein Riesenvorteil zum Aufbau eines Geschäftsmodells unter Berücksichtigung der staatlichen Vorgaben.

Nach Verhandlungen mit den VW-eigenen Marken VW PKW, Skoda, Seat und Audi wurde ausgelotet, das Prinzip SKD grundsätzlich anzuwenden, um remontierte Fahrzeuge im polnischen Markt günstig absetzen zu können.

Dem Aufsichtsrat wurde ein Plan vorgelegt, bis zu 16 verschiedene Fahrzeugtypen nach diesem System in den Markt zu bringen. Die Ertragsvorstellungen konnten damit befriedigt werden.

Das blieb nicht lange so. Der Zerlegungsgrad war nach gesetzlichen Vorgaben stetig zu erhöhen. Nach einer Übergangszeit von zwei Jahren durften zollfrei nur lackierte Rohkarossen eingeführt werden. Die größere Fertigungstiefe CKD – completely knocked down – verlangte eine komplette Fahrzeugmontage.

Der Plan der polnischen Regierung zum Ausbau kompletter Fahrzeugfabriken ging mit meinen Überlegungen konform. Der Aufsichtsrat konnte sich jedoch nicht vorstellen, dass Volkswagen Poznan durch einen stetig steigenden Montageanteil den Kapitaldienst für Fremdkapital aus Eigenmitteln leisten könnte.

Die Auslegung der Fabrik als reines Montagewerk war aber ohnehin nicht das, was ich mir zu verwirklichen vorgenommen hatte, ich wollte eine komplette Fabrik nach neuestem Standard der Automobilindustrie. Die Erstellung eines Plan B, wenn auch nicht zum damaligen Zeitpunkt beim Aufsichtsrat vorzeigbar, war für mich beschlossene Sache.

Oberstes Gebot des Plan B: Wir mussten neue Ideen entwickeln, um mit sehr geringen Geldmitteln auszukommen. Verschwendung konnten wir uns nicht leisten, KAIZEN sollte lehrbuchgetreu umgesetzt werden.

Informationsrunden mit der Offenlegung eigener Ideen und Feedback der engsten Mitarbeiter waren für mich der erste Check, ob eigene Fehler erkannt wurden. Mehrfache Runden mit immer größeren Kreisen gaben mir die Sicherheit, nach Berücksichtigung zielführender Vorschläge weitgehend richtig zu liegen.

Die Informationswege in einem Großkonzern wie der VW AG sind weitgehend festgelegt.

Tochtergesellschaften erhalten eine Geschäftsordnung für den Vorstand, in dem geregelt ist, was selbst entschieden werden kann und was vom Aufsichtsrat genehmigt werden muss. Auch ist festgelegt, wie das Berichtswesen auszusehen hat. Es ist festgehalten, dass Protokolle von Vorstandssitzungen dem jeweiligen Aufsichtsratsvorsitzenden zur Kenntnis gegeben werden müssen.

Der Vorstand von Volkswagen Poznan mit dem 3er-Gremium für Finanz, Personal und Technik befand sich in dem Dilemma, einerseits korrekt über wöchentliche Sitzungen zu berichten, andererseits mittelfristige Zukunftspläne nicht mit dem Aufsichtsrat diskutieren zu können.

Der Ausweg war, außerhalb der Sitzungen in Arbeitsgruppen einen Zielkatalog zu erarbeiten, in dem alle Vorhaben für den Ausbau der Fabrik festgehalten wurden. Die zu fertigenden Baureihen sowie der Rahmen für den Investitions-, Finanz- und Personalbedarf sollte enthalten sein – vorbereitet für eine spätere Präsentation.

Ein glücklicher Umstand half uns weiter: Der Wechsel des Leiters der Nutzfahrzeugsparte der VW AG, gleichzeitig Aufsichtsratsvorsitzender von VW Poznan. Unsere erste Begegnung blieb mir in Erinnerung. Wir trafen uns am Flughafen Hannover, nur für wenige Minuten. Dabei konnte ich den kompletten strategischen Zielplan als Lastenheft kurz erläutern und übergeben. Schon nach drei Tagen erhielten wir das „Go“ zur Umsetzung. Der Weg war frei, den Plan zu veröffentlichen und alle Beteiligten einzubinden.

Mit eigenem Erfahrungshintergrund abrufen zu können, was man selbst schon mal umgesetzt hat, gibt Sicherheit für neue Projekte. Die Einbindung von Fachleuten mit sehr viel tieferem Wissen und Können war für mich ein absolutes Muss. Teamarbeit mit den Machern vor Ort ist der Weg, Detailarbeit effektiv zu delegieren.

Für die Remontage der in Teilen angelieferten Fahrzeuge waren nur Standarbeitsplätze erforderlich, weit entfernt von einer sonst üblichen Fließfertigung. Hebebühnen sollten ausreichen, kombiniert mit Hubgestellen für den Einbau schwerer Komponenten wie Achsen, Motoren und Getriebe.

Die Logistik musste gelöst werden, die Einfuhr der demontierten Teile. Mit der Erschwernis, dass Karossen und Komponenten nicht am gleichen Tag angeliefert und ausgezollt werden durften.

Mit LKW-Anlieferungen der zerlegten VW-Fahrzeuge aus Hannover und Wolfsburg, für Audi aus Ingolstadt, für Skoda aus Tschechien und für Seat aus Spanien sollte begonnen, später auf Bahntransporte umgestellt werden.

Ein Bahnanschluss war im POLMO-Werk nicht vorhanden, für eine Autofabrik eigentlich ein K.-o.-Kriterium. Ein Gleisanschluss in gut erreichbarer Nachbarschaft musste gefunden werden. Und tatsächlich: In der Nähe gab es eine stillgelegte Fabrik mit einem Bahnschluss und überdachter Entladestation. Bei der Besichtigung mit dem Eigentümer wurde per Handschlag vereinbart, dass ein Pachtvertrag zustande kommen würde. Unkompliziert und ohne

Verzögerung konnten wir mit der Anlieferung der demontierten VW-Transporter per Bahn starten.

Die Anforderungen für Plan A, die SKD- und spätere CKD-Montage zusammenzustellen, war kein Hexenwerk, Hallenfläche war ausreichend vorhanden.

Plan B war schon anspruchsvoller: Die Vorplanung einer kompletten Fabrik auf einem Werksgelände, auf dem eine völlig veraltete Infrastruktur vorhanden war. Mit Geldmitteln als Fremdkapital, da wir Eigenkapital der Konzernmutter in der erforderlichen Menge nicht erhalten würden.

Nicht nur die Fertigungsstätten für Rohbau, Lackiererei und Montagen waren zu erneuern, auch die Energieversorgung mit neuer Trafostation, neuem Heizkraftwerk und den Zuleitungen für alle weiteren Energiearten.

Schon klar, dass so ein Vorhaben nur in einem schrittweisen Ausbau der Fabrik erfolgen konnte. Voraussetzung war, den Umbau so zu gestalten, dass mit der CKD-Fertigung weiterhin Ertrag erzielt werden konnte, sie also nicht unterbrochen werden musste. Unsere Finanzabteilung gab zum Ausbau einen wesentlichen Zeittakt vor. Der Kapitaldienst, also Zins- und Zinsnebenkosten, musste für die in Stufen abgerufenen Fremdmittel vor Ort erwirtschaftet werden.

Für den kompletten Ausbau der Fabrik für den VW-Transporter T4 hatten wir einen Zeitrahmen von 6 Jahren vorgesehen. Der Generalplan enthielt Stufenpläne, wann was verwirklicht werden sollte.

Das anspruchsvollste Vorhaben war der Neubau der Lackiererei. Auf dieses Abenteuer möchte ich genauer eingehen.

Für mich war es wichtig, mit den Mitarbeiterinnen und Mitarbeitern gut auszukommen. Wir haben dafür den kooperativen Führungsstil angewandt. Nicht nur eigene, auch von Mitarbeitern eingebrachte Ideen und Vorschläge wurden im Team diskutiert, Chancen und Risiken berücksichtigt, erst danach klare Entscheidungen getroffen. Die Beteiligten fühlten sich eingebunden, die Vorgehensweise wurde durchweg zufriedenstellend aufgenommen.

Das Verhältnis Polen – Deutschland ist durch die jüngere Geschichte nicht unbelastet. Das wussten wir, in interkulturellen Seminaren wurden wir auf das für uns neue Land vorbereitet. Eine einfache Übertragung der Leitsätze der VW AG war nicht denkbar, die mentalen Unterschiede zu groß.

Schon spannend, was auf uns zukommen würde. Da keiner von unserer Startcrew von fünf Managern polnisch sprach, haben wir polnische Sekretärinnen per Anzeigen gesucht, die auch die deutsche Sprache beherrschten.

Mit meiner Sekretärin, die in Polen Literatur und in Deutschland Betriebswirtschaft studiert hatte, bildeten wir ein Team, um die erste Betriebsversammlung mit den rund 50 von POLMO übernommenen Werkern durchzuführen. Wir trugen vor, in Deutsch und übersetzt in Polnisch, wie wir uns die Entwicklung der Fabrik in der ersten Stufe vorstellten und, eigentlich aus der Führungserfahrung heraus, welches Verhalten von uns Deutschen zu erwarten war.

Volkswagen war in Polen bekannt, die Marke hatte ein hervorragendes Image im Land. Die Erwartungen der Mitarbeiter waren entsprechend hoch. Es herrschte die Grundeinstellung vor, dass es morgen besser sein wird als heute und dass es stetig bergauf gehen wird.

Die Einstiegslöhne unserer Mitarbeiter waren sehr niedrig, im Verhältnis zu VW in Deutschland sogar extrem niedrig. Dadurch war es uns möglich, stetig die Löhne anzuheben, ohne – sinnbildlich – den Öffnungsgrad der Schere im Verhältnis zu Deutschland ändern zu müssen. Denn auch in Deutschland stiegen die Löhne kontinuierlich und jahrelang. Durch die Lohnerhöhungen erreichten wir einen hohen Zufriedenheitsgrad bei unseren Mitarbeitern, eine komfortable Situation!

Unsere interne Strategie konnten wir auf zwei wesentliche Punkte fokussieren. Zum einen auf die strikte Unterbindung jeglicher Form von Ungleichbehandlung, zum anderen auf die Einforderung vereinbarter Leistungserbringung von jedem Einzelnen. Nicht immer einfach umzusetzen, berechtigte Kritik so auszudrücken, dass ein positiver Ausblick hängen blieb.

Da wir zur Umsetzung verschiedener Projektteile die Unterstützung von Fachkräften aus Deutschland erhielten, forderten wir von ihnen natürlich die Umsetzung unserer internen Strategie. Zwei Angestellte aus Deutschland haben sich unabhängig voneinander daran nicht gehalten, sich ungehörig gegenüber einzelne unserer Mitarbeiter verhalten. Ich habe sie zurückgeschickt, noch am selben Tag.

Die externe Strategie war einfach zu beschreiben. Wir hatten zur Abnahme unserer Fahrzeuge nur folgende Kunden: Den VW-Generalimporteur, die polnische Regierung für Sonderfahrzeuge und die Marken VW, Audi, Skoda und Seat. Abgerechnet wurde nach ausgehandeltem Vertrag, Retail-Preise für Endkunden mussten von uns nicht festgelegt werden, die Vermarktung erfolgte durch unsere Auftraggeber.

Meine Kollegen von der Finanz haben immer gut verhandelt!

Es war selbstverständlich, die Qualitätskriterien von Volkswagen einzuhalten. Da die CKD-Fahrzeuge als „Made in Poland“ hergestellt wurden, war es für manche europäischen Importeure nicht leicht zu akzeptieren, kein deutsches VW-Fabrikat gekauft zu haben. Besuche in unserer Fabrik auf meine Einladungen hin konnten Zweifel zur Qualität jedoch stets ausräumen.

Die Finanzierung unserer Vorhaben mussten wir bereits im Konzept sicherstellen, keine Frage. Geldmittel zu fordern und bereitzustellen, war für mich immer ein Ritt auf einer Rasierklinge. Zu wenig zu kalkulieren, bedeutet, sich mit Nachforderungen Schwierigkeiten einzuhandeln. Zuviel zu fordern bedeutet, sein Projekt unter Umständen nicht umsetzen zu können. Anders als in der Politik sind in der freien Wirtschaft Verantwortungen klar geregelt, logischerweise die Konsequenzen für ein Versagen auch. Um die goldene Mitte herauszufinden, habe ich immer sehr viel Aufwand betrieben.

In dem von POLMO übernommenen Werk war eigentlich alles vorhanden, was eine Autofabrik ausmacht. Presswerk, Rohbau, Lackiererei, Montagen mit der nötigen Infrastruktur, nur in einem desolaten Zustand. Am Beispiel des Heizkraftwerks zeigte sich das überdeutlich, in unserem zweiten Winter war der Schnee fast im ganzen Außengelände schwarz von der verbrannten Kohle. Das Kraftwerk zu ersetzen, war eine der dringlichsten Aufgaben.

Das Presswerk zu erneuern, rechnete sich nicht bei den angepeilten 600 Transportern arbeitstäglich. Die Beschaffung von gefertigten Pressteilen auf Dauer aus dem Werk Hannover sollte auch dort durch erhöhte Stückzahlen die Rentabilität verbessern. Eine Überholung der vorhandenen Pressen wäre mit hohem Aufwand möglich gewesen, für eine automatisierte Fertigung wäre aber eine Umstellung der Pressen erforderlich geworden. Wir entschieden uns für den Verkauf der Pressen.

In einem ähnlichen schlimmen Zustand fanden wir die Lackiererei vor. Ziemlich neu noch, nie richtig auf Leistung gebracht, mit stark verdreckten Luftfiltern und folglich mit Staubpartikeln im Decklacktrockner und ohne Möglichkeit einer Metallic-Lackierung. Die Krux war, dass eine neue Lackiererei in der Rangliste nach hinten zu verschieben war, weil zunächst viele andere Maschinen und Anlagen beschafft werden mussten.

Was ich aus Deutschland nicht mehr kannte, war das Improvisieren, wenn Erneuerungen mit Original-Ersatzteilen nicht möglich waren. Unsere polnischen Mitarbeiter waren da sehr erfinderisch. Mit Filtermatten aus Dachlüftern, einer Reinigung nach jedem Schichtende, einer Umleitung der Luftzufuhr, einer verringerten Taktgeschwindigkeit und einer aufwendigen Nacharbeit waren die fertig lackierten Karossen in einem akzeptablen Zustand.

Mit einer steigenden Fertigungstiefe war eine stetig größer werdende Anzahl von Mitarbeitern vorzusehen. Ein Problem gab es dabei nicht, bisherige Erfahrungen zeigten, dass wir auf Personalanzeigen stets eine Vielzahl von Bewerbungen erhielten – auch von Werkern in bestehenden Arbeitsverhältnissen.

Damen waren im Angestelltenverhältnis nur für unsere Büroorganisation vorgesehen, nicht für den Werker-Bereich der Fertigung und Logistik. Der Grund war einfach: In der vorhandenen Fabrik gab es keine getrennten Sozialräume für Frauen und Männer. Die anstehende Überholung der

Waschräume und Toiletten sollte ohne Umbau der vorhandenen Räumlichkeiten erfolgen.

Für den mittelfristigen Finanzplan war der Neubau der Lackiererei mit 200 Mio. DM vorgesehen. Diesen Wert kannte ich von einem unserer großen Mitbewerber, den wir uns dafür als Benchmark vorgenommen hatten. Die Vorplanung zur Überprüfung der Investitionshöhe wurde von der Zentralplanung in Wolfsburg mit einer separaten Planung für alle einzelnen Betriebsanlagen umgesetzt. Großanlagen sollten mit einer Zerlegung auf Einzelanlagen vom Einkauf in Wolfsburg vergeben werden, um durch die Einzelvergaben auf bessere Konditionen zu kommen. Die Wolfsburger landeten bei 280 Mio. DM.

Mein Plan lautete, bei der Vergabe das Ziel zu beschreiben, welche Anforderungen eine lackierte Karosse erfüllen musste. Die Qualität, die Kapazität, die Taktzeiten, die Personalbelegung und der Materialverbrauch pro Karosse waren die einzigen Vorgaben. Auf Anforderungen für die einzelnen Betriebsteile sollte verzichtet werden. Für eine solche Vergabe gab es drei potenzielle Anbieter, die Komplettanlagen nach eigenen Ausplanungen anbieten konnten. Es war eine zum Teil groteske Auseinandersetzung mit der Zentrale in Wolfsburg, diese Form der Vergabe umsetzen zu wollen, bis hin zur Androhung des Verlustes meines Jobs. Nur: Wir landeten bei 185 Mio. DM plus 15 Mio. DM für die Infrastruktur.

Meine Überzeugung bei der Einplanung dieser geringeren Summe für die komplette Lackiererei rührte daher, dass ich mir bereits erstellte Lackierereien aller drei Anbieter vorher angesehen hatte.

Unser mittelfristiger Finanzplan bezog sich auf Plan B, der Herstellung kompletter Fahrzeuge für den europäischen Markt.

Es war vorgesehen, hauptsächlich T-Modelle für den Lastentransport zu bauen, preisgünstig für Handwerks-, Logistik- und Baubetriebe. Entsprechend niedrig sollten unsere Herstellkosten ausfallen.

Da wir keine Entwicklungskosten zu tragen hatten, war für jedes gebaute Fahrzeug eine Lizenzgebühr zu entrichten, die uns erheblich belastete.

Auch wenn die Personalkosten relativ günstig ausfallen würden, mussten wir dafür Steigerungen im Laufe des Planungshorizonts vorsehen.

Für die Auslegung der Fabrik haben wir immer wieder Kostenvergleichsrechnungen für unterschiedliche Alternativen der Umsetzung durchgeführt. Sehr zum Missfallen der Zentralstellen, die einheitliche Konzepte favorisierten, haben wir eine für VW neue Idee entwickelt, eine Fabrik auf engstem Raum ohne Puffer und Speicher auszulegen. Mit der Konsequenz, dass Störungen jeglicher Art die gesamte Fabrik für die Zeit der Reparatur stilllegen würde. Bei Besuchen in Japan hatte ich mehrere Fabriken vorgefunden, die nach diesem Lean-Prinzip ausgelegt waren.

Bei Toyota war es bereits anders. Dort hatte man nach europäischem Muster zwischen den einzelnen Fertigungsabschnitten umfangreiche Puffer und Speicher vorgesehen – einer kupfert vom anderen ab!

Zur Auslegung der Lean-Fabrik gehörte auch, dass wir Unterzusammenbauten und Interieur-Module an Fremdfirmen vergeben wollten, die in der Nähe unseres Werksgeländes angesiedelt werden sollten. Da wir nicht für alle Einheiten günstige Angebote erhielten, mussten wir für den Zusammenbau einzelner Rohbauteile eine Eigenherstellung vorsehen.

Dafür aus Eigenmitteln Flächen bereitzustellen, war nicht eingeplant. Nach langen Verhandlungen mit mehreren Anbietern, die uns Hallenflächen auf Mietbasis zur Verfügung stellen wollten, erhielt die Firma STS den Zuschlag. Von sehr günstigen Angeboten von Mitbewerbern mussten wir uns distanzieren, da für die angebotenen Flächen keine Erschließungs- und Baugenehmigungen vorlagen und keine Genehmigungsverfahren eingeleitet waren. Mit STS hatten wir einen verlässlichen Partner gefunden, die Zusammenarbeit war auf Dauer ausgelegt, die Lieferstrecke zum Werk mit 6 km nicht zu lang.

Weitere Vergleichsrechnungen führten zum Ergebnis, dass bis auf die Lackiererei alle Fremdvergaben für Betriebsmittel an polnische Firmen gehen sollten.

Das erarbeitete Konzept war rund. In allen Phasen des Aufbaus würden wir Gewinne erzielen können, wenn wir uns strikt an unsere Vorgaben halten würden.

Versuche von Planungsabteilungen aus den Stabstellen der Zentrale, uns mehr in Richtung der Vorgaben des Konzerns zu bewegen, habe ich immer vehement abgelehnt, wenn dadurch gegenüber unserem Konzept kein besserer Ertrag erreicht werden konnte.

Von unserem Aufsichtsrat wurde das akzeptiert. „Wer Erfolg hat, hat recht."

Bauchgefühl, innere Stimme, Intuition waren für mich das unterbewusste Abrufen von Erfahrungen, um Chancen und Risiken auch abseits von Datenmaterial bewerten zu können. Positive Erlebnisse bei der Einschätzung von Risiken verleiten dazu, auch höhere Risiken einzugehen. Bei manchen Entscheidungen habe ich mich schon sehr aus dem Fenster gelehnt, geschadet hat es nie.

Die Lean-Fabrik war sicherlich ein hohes, aber tragbares Risiko. Alle anderen Wege führten nicht zu der angestrebten Rentabilität, die uns der Aufsichtsrat vorgegeben hatte.

Auch in der Arbeits- und Ablauforganisation haben wir einiges aus japanischen Fabriken übernommen, einschließlich einer lean ausgestalteten Führungsstruktur.

Vor meinem beruflichen Start in Polen musste ich als Werkleiter und Produktionsleiter für Nutzfahrzeuge wöchentlich an Meetings teilnehmen, die von Herrn Lopes einberufen wurden, um wöchentliche Ergebnisse von Rationalisierungsprojekten vorzustellen. Lopes, als Topmanager von General Motors von VW in den Vorstand übernommen, war die vieldiskutierte Person, die ein Umdenken in der Arbeitsweise zur Verbesserung der internen und externen Abläufe bei VW einläuten sollte. Chaos war vielfach das Ergebnis. Zulieferer wurden so in den Preisen gedrückt, dass Insolvenzen unvermeidbar waren. Durch fehlende Teilelieferungen wurde unter anderem auch die Fabrik in Hannover zeitweise stillgelegt. Umorganisationen, Arbeitsverlagerungen und Personaleinsparungen führten dazu, dass zum Teil wesentliche Aufgaben hintenangestellt wurden, um mit Schein-Rationalisierungsfortschritten überleben zu können.

Diesen Weg wollten wir in Polen nicht gehen. Da es auch im Rahmen der Zertifizierung nach ISO DIN 9001 festgelegt war, haben wir für die meisten relevanten Abläufe FMEA (Failure Mode and Effects Analysis) erstellt, um potenzielle Fehlerquellen in unseren Prozessen erkennen und vermeiden zu können.

Als Teil des Geschäftsplanes mussten wir natürlich unser Konzept mit all seinen Risiken und Chancen vom Aufsichtsrat genehmigen lassen. Sicherlich wurden dabei die Chancen sehr optimistisch und segensreich präsentiert, die einem selbst bekannten Risiken eher etwas relativiert. Aber das ist das unternehmerische Risiko, dem sich auch Manager aussetzen müssen. Ich konnte gut damit leben. Keine gangbaren Wege aufzuzeigen, keine Idee zur Verwirklichung angedachter Vorhaben unterbreiten zu können, bedeutet letztlich die Aufgabe des eigenen Jobs. Aus meiner Sicht war es legitim, Risiken nicht zu hoch zu bewerten und Chancen wahrzunehmen.

Einen Geschäftsplan zur Umsetzung meiner Ideen hatte ich immer präsent – auf dem PC, dem Laptop, später dem Smartphone, davor in Papierform. Zuerst sehr vage und unausgegoren, im weiteren Verlauf immer präziser. Und immer in Kurzform, um auch in maximal 3 Minuten einen möglichen Unterstützer zu gewinnen, ein Netzwerk aus Befürwortern aufzubauen.

Der Geschäftsplan besteht im Wesentlichen aus dem Lastenheft, der Beschreibung, was erreicht werden soll. Daraus folgt das Pflichtenheft, wie der Plan verwirklicht werden kann.

Die Vorstufe dazu kann ein Zielkatalog sein, in dem Lasten- und Pflichtenheft zusammengefasst beschrieben werden, ohne in die Tiefe der Realisierung vorzudringen.

Das Unternehmenskonzept als Ganzes grob darzustellen, war uns sehr wichtig. Wir wussten, dass noch sehr viele Einzelschritte notwendig waren, um über 6 Jahre gestreckt alle Betriebsteile wie Hallen- und Bürobauten, Maschinen,

Anlagen, Einrichtungen zu erneuern, die Infrastruktur mit Straßennetz sowie die Ver- und Entsorgung sicherzustellen.

Mit unserem Zielkatalog haben wir bewirkt, dass von Anfang an eine klare Richtung erkennbar war, wie sich die Fabrik entwickeln würde. Wir konnten damit, ohne das Ziel aus den Augen zu verlieren, schrittweise in den halbjährlich stattfindenden Aufsichtsratssitzungen unsere Vorhaben präsentieren und genehmigen lassen.

Die Aussage war jeweils: Wir bringen keine Abweichung vom Zielkatalog, wir verfolgen nur den Weg der Verwirklichung unserer Pläne.

Aber einfach war das nicht! Jede einzelne Investition eines Halbjahres musste in sich rentabel sein und mit Alternativen zur Wirtschaftlichkeit belegt werden. Letztlich bedeutete das, einen „Mini“-Geschäftsplan für die Einzelschritte durchzuspielen, mit all seinen Einzelschritten.

Der Geschäftsplan war auf die Herstellung von VW-Transportern ausgerichtet. Eine Kapazitätsauslastung für die neu zuerstellende Lackiererei war damit in den ersten Jahren nicht zu erreichen. In Verhandlungen mit Skoda konnten wir anbieten, die bisher als SKD-Fahrzeuge erstellten Felicia (später Fabia) als Rohkarossen zu beziehen, um sie bei uns zu lackieren. Der Engpass bei Skoda war die Lackiererei, die bisherigen Stückzahlen wurden durch deren Kapazität begrenzt.

So konnten wir die arbeitstäglichen Fabia-Stückzahlen wesentlich erhöhen. Die Einzelfertigung in der Montage reichte aber dafür nicht mehr aus. Eine Hängebandmontage mit Mechanisierungen für einzelne Fertigungsschritte mussten wir in unseren Gesamtplan mit übernehmen.

Planung zur Umsetzung

Planer, Entwickler und Konstrukteure neigen durchweg dazu, technisch perfekte Lösungen zu finden. Das kann ins Geld gehen. Als Entscheider habe ich mir Alternativen ausarbeiten lassen, um auch erkennen zu können, was gerade noch technisch machbar war. Oft habe ich Lösungen mit weniger Automatisierung vorgezogen, um keinen Arbeitsplatzabbau zu provozieren.

Um die Entwicklung der Produkte, der Fahrzeuge, die wir herstellen wollten, mussten wir uns nicht kümmern. Der VW-Transporter T4 war ausgereift, alle Derivate wurden bereits in Hannover hergestellt und durch die SKD-Fertigung waren uns die Abläufe bekannt. Ebenso verhielt es sich mit der Skoda-Felicia, die wir auch bereits als SKD-Fahrzeug kannten.

Der Ausbau der Fabrik sollte in Stufen erfolgen. Wir begannen mit dem Aufbau einer Hängebandmontage, fast zeitgleich mit der Karosseriefertigung des T4, später mit der Erstellung einer neuen Lackiererei.

Das Hängeband-System für den T4 konnten wir zu großen Teilen aus Hannover übernehmen. Zur Vorserienfertigung hatten wir dort vor Markteinführung des T4 eine Versuchsstrecke aufgebaut, um in einer Pilothalle alle Montageschritte des neuen Fahrzeugs zu testen und den Werkern eine Trainingsmöglichkeit zu geben. Nach Serienanlauf wurde die Teststrecke in Hannover nicht mehr benötigt.

Der Karosserierohbau wurde gemeinsam mit dem Planungsbüro in Hannover ausgeplant und ausschreibungsreif beschrieben. Angebote von deutschen Firmen konnten mit den Preisen aus Polen nicht mithalten. Den Auftrag sollte eine polnische Firma erhalten, die uns im Vorfeld der Vergabe einiges Kopfzerbrechen bescherte. Der Gesamtpreis des Angebotes der technischen Ausrüstung erschien uns zu niedrig, die Termine zu optimistisch. Eine genaue Durchleuchtung der Angebotsunterlagen ergab, dass einzelne Positionen einfach vergessen, nicht berücksichtigt wurden. Nach einer engen Zusammenarbeit der Fremdfirmen-Konstrukteure mit unseren Planern kam ein Angebot zustande, in dem wir alle Positionen berücksichtigt fanden. Der Preis wurde entsprechend angehoben, im Vergleich zu Mitbewerberangeboten immer noch äußerst günstig.

Nachdem ich mich gemeinsam mit dem Fremdfirmenchef sehr detailliert mit den Unterlagen auseinandergesetzt hatte, wurde mein polnischer Vorstandskollege vertraulich angesprochen, welche Bestechungssumme für mich denn wohl angemessen sei. Kurios!

Was ich nicht wusste: Wenn sich bei Großaufträgen in Polen der Chef des Auftraggebers mit Details des Auftrags beschäftigt, dann nur zu dem Zweck, ein persönliches Entgegenkommen seitens des Auftragnehmers zu provozieren. Tatsächlich ging es mir um eine Einschätzung der Kompetenz der Firma.

Zeitgleich mit der Vergabe der Rohbautechnik wurde die Renovierung der früheren Rohbauhalle ebenfalls an eine polnische Firma vergeben.

Angebote für die komplette Lackiererei kamen aus Deutschland und Frankreich, nach unserem Lastenheft für die Zielbeschreibung, welche Anforderungen an eine lackierte Karosse zu erfüllen waren. Preisunterschiede gab es seltsamerweise kaum, alle Angebote lagen bei 190 Mio. DM, obwohl die technischen Ausrüstungen Unterschiede aufzeigten.

Für die Ausplanung des Gebäudes der Lackiererei wurde vom Auftragnehmer ein Planungsbüro eingesetzt. Die technische Ausrüstung der Lackiererei sollte aus Deutschland kommen, das Gebäude in Polen vergeben werden.

Ausschreibungen für Fremdfirmen mit Vergabe an den billigsten Bieter können fatal enden. Ich habe immer Mittel und Wege gefunden, um bestimmte Anbieter auszuschließen, denen ich nicht vertrauen konnte. Nach bitteren Erfahrungen aus der Vergangenheit hatten wir unsere Ausschreibung so modifiziert, dass wir nur Angebote kompetenter Firmen erhielten.

Die Vorhaben Montage und Rohbau konnten ohne Schwierigkeiten umgesetzt werden, Termine und Kosten lagen im Plan. Der Neubau der Lackiererei war schon eine größere Nummer.

Die Errichtung einer Lackiererei mit der Kapazität von 600 Fahrzeugen/Tag, den Ausmaßen von 300 x 100 Metern bei einer Höhe von 30 Metern als Großbaustelle nimmt noch eine weitaus größere Regiefläche in Anspruch.

Es war eingeplant, dass eine Schule auf unserem Werksgelände dafür abgerissen werden musste. Ein Umzug der Klassen wurde von der Stadt Poznan umgesetzt. Mit einbeziehen mussten wir außerdem den Abriss eines Kindergartens für die Kinder von Werksangehörigen, der von rund 20 Kindern besucht wurde. Um die erforderliche Fläche freizubekommen, spendeten wir den Neubau eines Kindergartens mit Übergabe an die Stadtverwaltung. Die Aufsichtsratsgenehmigung dafür war ohne Probleme zu bekommen.

Die Freigabe der Investitionssumme für die Lackiererei wurde dagegen vom Aufsichtsrat gestoppt, und zwar in einer Phase, in der wir uns bereits für die Vergabe entschieden hatten. Auslöser war eine Konzernvorgabe, Investitionen nur mit einem Kapitalrückfluss innerhalb von 9 Monaten freizugeben.

Verschärfte Qualitätsvorgaben für die Lack-Güte waren mittelfristig in der alten Lackiererei nicht zu erreichen, die Stornierung des Lackiererei-Neubaus war gleichbedeutend mit dem Aus der kompletten Fabrik.

Für mich ein solch scharfer beruflicher Einschnitt, dass ich ihm nur mit einer Auflösung meines Arbeitsvertrags begegnen konnte. Die Möglichkeit hatte Volkswagen ja aufgezeigt, mit gewissen Einschränkungen in den vorzeitigen Ruhestand zu gehen.

Kurz darauf, nach Einreichung meiner Kündigung, hatte sich der Aufsichtsrat darauf verständigt, mich zur Verlängerung meines Vertrages aufzufordern mit der Zusage, den Lackiererei-Neubau mit einer Verzögerung von einem Jahr zu starten. Ein sonst nicht üblicher Vorgang bei VW.

Größtes Problem beim Neubau der Lackiererei mit wasserlöslichen Lacken war das Genehmigungsverfahren durch die polnischen Behörden. Es lagen dort keine Erfahrungen vor, welche Auflagen uns erteilt werden mussten. Die Auslegung der zu genehmigenden Unterlagen hatte unser Lieferant nach deutschen Regeln vorgenommen. Professoren der Universität Poznan halfen, die deutschen Regeln mit einigen Änderungen als Vorgabe für polnische Gesetzesänderungen zu erarbeiten. Entsprechend lange dauerte das ganze Verfahren, die einjährige Verschiebung kam uns allerdings sehr zugute.

Mit dem Neustart nach einjähriger Verspätung erhielten wir von den polnischen Behörden die zusätzliche Auflage, den Abgasschornstein zu erhöhen. Dazu gab es einen Einspruch von einem nahegelegenen Sportflughafen, dessen Einflugschneise direkt über unser Werk verlief. Ein Flugzeug hatten wir aber nie sichten können! Das hätte bedeutet, dass das gesamte Abluftsystem hätte neu geplant und genehmigt werden müssen.

Eine Umplanung mit einer nochmaligen einjährigen Verzögerung war nicht hinzunehmen. Die Alternative und mein Vorschlag war, den Schornstein höher zu bauen und die Start- und Landebahn des Sportflughafens zu verlegen. Mit immens viel Schriftverkehr konnten wir diese sicherlich abnorme Idee mit überschaubaren Mitteln umsetzen.

Projektkontrolle war für mich Chefsache. Softwarelösungen für Terminpläne bilden einerseits den Ist-Stand und die Vergangenheit ab. In Projekt- und Terminbesprechungen ist andererseits oft schon die Tendenz zu erkennen, dass künftig etwas schiefgehen wird. Frühzeitig gegenzusteuern, bevor der Plan eine Abweichung erkennt, kann Zeit und Geld einsparen.

Für all unsere Vorhaben gab es ausführliche Terminpläne, für die Lackiererei einen ausgefeilten Plan in Netzplantechnik. Zum Auftrag der Lackiererei gehörte die Erstellung und Pflege des Netzplans durch das mitwirkende Planungsbüro für das Gebäude und für den zeitlichen Einbau der Anlagen mit der Auflage, wöchentlich über den Arbeitsfortschritt zu berichten. Ein Projektteam unsererseits konnte allen Abweichungen nachgehen und Verbesserungen einfordern. Obwohl ich mich sehr eingebunden fühlte, war ein Eingreifen sehr selten erforderlich.

Auf die bei Lackierereien übliche Vorhaltung von Puffer- und Speicherstrecken, um bei Ausfall einzelner Anlagenteile weiter produzieren zu können, hatten wir verzichtet. Die klare Vorgabe für „First In, First Out" hatte den großen Vorteil, dass die Reihenfolge der Fahrzeuge schon im Rohbau feststand und die typengebundenen Module für die Montage sehr früh geordert werden konnten.

Eine feste Regel von mir wurde grundsätzlich eingehalten: Ausführliche Planung bis ins kleinste Detail, keine Planungsänderung nach Umsetzungsfreigabe. Mit dem Vorteil, dass wir uns nur um wirklich unvorhersehbare Probleme kümmern mussten.

Und davon gab es genug, jedoch keine, die uns im Ablauf wesentlich gestört hätten.

Die sehr detaillierten Planungen haben dazu geführt, dass alle Projekte nach Freigabe termin- und kostengerecht durchgeführt werden konnten.

Die Inbetriebnahme der Lackiererei wollten wir als großes Ereignis feiern, es war der letzte Bauabschnitt zur Fertigstellung unserer kompletten Fabrik für den Transporter T4 und die Skoda Felicia. Alle nachfolgenden Bauvorhaben waren für Modelländerungen in Planung.

Um auf Volkswagen Poznan als moderne Autofabrik aufmerksam zu machen, hatten wir die wichtigsten Vertreter der Politik und Wirtschaft aus Polen eingeladen: den Minister für Industrie und Handel aus Warschau, den Wojewoden und den Marshall aus Großpolen sowie den Präsidenten der Stadt Poznan, Vertreter der Banken, die Presse, das örtliche und überregionale Fernsehen, aus Deutschland den Ministerpräsidenten von Niedersachsen, den Vorstandsvorsitzenden der VW AG, unseren Aufsichtsrat, unsere Kunden und alle am

Projekt beteiligten Lieferfirmen, Mitarbeiter aus Hannover und unsere eigenen Mitarbeiter. Und zur Gestaltung des Festablaufes eine bekannte Fernsehmoderatorin aus Warschau. Es war der krönende Abschluss unseres Vorhabens nach einer 6-jährigen Umbauzeit.

Überwachung auf Abweichungen

Bei aller Logik rationaler Betriebsabläufe kommt der soziale Zweig oft zu kurz. Menschen in den Ablauf zu integrieren, bedeutet nicht nur, die physischen Leistungsfähigkeiten zu berücksichtigen, sondern auch eine Wohlfühlumgebung zu schaffen. Auch wenn es sich nicht gut rechnet, bei strittigen Arbeitsplatzgestaltungen habe ich oft aus Sicht der Mitarbeiter entschieden. Durch höhere Leistungsbereitschaft zahlt sich das immer aus.

Die Prozessabläufe von der Bestellung eines Fahrzeugs durch einen Kunden bis zur Auslieferung des Fertig-Fahrzeugs sind in einer Autofabrik in Softwareprogrammen festgelegt, fast alle Bereiche des Unternehmens sind dabei involviert. Wesentliche Stationen sind die Konfiguration des Fahrzeugs durch den Kunden oder Händler, die Aufnahme des Fahrzeugs in die Produktionsprogramme, die Order der Kaufteile bei den Zulieferern, die Fahrzeugsteuerung durch die Fabrik mit Bereitstellung der Einbauteile durch die Logistik, die qualitätsgesicherte Auslieferung an den Vertrieb sowie die parallele Abwicklung der finanziellen Abrechnung.

Diese Programme laufen bei der VW AG weltweit nach gleichem Muster ab. VW Poznan war ebenfalls fest in die Systeme eingebunden, sie bildeten die Basis für unsere Prozessbeschreibungen nach Forderungen der DIN 9001, nach der wir uns als Fahrzeuglieferant zertifizieren lassen mussten. IT-Fachleute aus der Zentrale in Wolfsburg sorgten für sichere Online-Verbindungen für den Ablauf der Prozesse.

Programmplanungsrunden fanden monatlich bei Skoda in Mlada Boleslav und bei VW in Hannover statt. Da die

Kunden nicht immer das bestellen, was die Fabriken am besten bauen können, erfolgte hier eine Abstimmung zur Zusammenstellung der Wochenprogramme zur möglichst optimalen Auslastung der Fabrik unter Berücksichtigung der Terminaussagen für den Kunden. Lagen nicht genug Bestellungen für einen Typen-Mix vor, um den Restriktionen der Fabrik gerecht zu werden, wurden Lagerfahrzeuge konfiguriert, die als Sonderangebote auf den Markt kamen.

Mit den Mitarbeitern einen Toleranzrahmen abzustimmen, in dem sie selbst entscheiden können, wie sie ihre Arbeit erledigen, hat den großen Vorteil für Vorgesetzte, sich nur um Abweichungen kümmern zu müssen, wenn abgestimmte Ziele nicht erreicht werden. Als Meister der Delegation habe ich den Rahmen sehr weit gezogen. Im Ergebnis lieferten Mitarbeiter durchweg Bestleistungen ab, um große Entscheidungsfreiheit für ihren Bereich zu erhalten.

Unsere Fahrzeug-Programme waren danach ausgelegt, dass das Wochenprogramm immer erfüllt wurde. Mit Schaubildern konnten wir in der Fahrzeugsteuerung online erkennen, wo sich welche Fahrzeuge in welchen Produktionsabschnitten befinden. Soll/Ist-Vergleiche waren dadurch möglich, wir konnten erkennen, in welchen Zählpunkt-Abschnitten die Ziele erreicht wurden oder eben auch nicht. Den Ursachen von Störungen konnten wir nur vor Ort nachgehen.

Zielparameter waren die Stückzahlen, die Qualität und die Termineinhaltung gefertigter Fahrzeuge.

Jeden arbeitstäglichen Morgen um 9:00 gab es ein Meeting in der Fabrik, in dem die Meister der Produktion Stellung beziehen konnten, wenn am Vortag das Ziel nicht erreicht wurde, welche wahrscheinlichen Ursachen vorlagen.

Maßnahmen zur Abstellung erkannter Mängel wurden auf Flipcharts festgehalten und mit Erledigungsterminen versehen.

Bei Unterschreitung der Wochenprogramme mussten Mehrarbeitsstunden zum Wochenende angesetzt werden, damit gegenüber unseren Kunden das Wochenprogramm jeweils bis zum kommenden Montag voll erfüllt wurde.

Bei unserer lean ausgelegten Fabrik war ein Nachholen von nicht produzierten Fahrzeugen innerhalb der Woche nur mit Vorhaltung zusätzlichen Personals möglich, was wir uns nicht antun wollten. Die oft sehr kurzfristigen Ankündigungen zur Mehrarbeit an Wochenenden waren problemlos umzusetzen, Mehrarbeit mit Zuschlägen wurde von den Mitarbeitern aus finanziellen Gründen gerne abgeleistet.

In monatlichen Vorstandsbesprechungen erhielten wir vom Finanzvorstand hervorragend ausgearbeitete Soll/Ist-Vergleiche mit Abweichungsanalysen, die heruntergebrochen zeigten, wo genau eine Differenz gegenüber der Budgetvorgabe entstanden war.

Wöchentliche Vorstandsbesprechungen, zusammen mit dem Werksmanagement, dienten dazu, Ursachen zu ermitteln und Maßnahmen bei erkannten Abweichungen festzulegen sowie kontinuierliche Verbesserungen zu erörtern und die Umsetzungen einzuleiten.

Es passierte immer wieder, dass Annahmen und Vermutungen zur Ursache eines Problems als Tatsachen verkauft wurden. Hier hilft nur bohren, bohren, bohren. Fragen stellen, die in die Tiefe gehen. Ist das wann, wo, wie wirklich aufgetreten? Hat es jemand beobachtet? Hier hatte ich einen 7. Sinn entwickelt, zu erkennen, wenn Behauptungen nicht stichhaltig waren. Keine Frage des Wissens, sondern der jahrelangen Erfahrung.

Im monatlichen Berichtswesen des Konzerns waren vergleichende Aufstellungen enthalten, in welchem Werk weltweit welche Fahrzeuge welche durchschnittliche Qualitätsnote erhalten hatten.

Mit unseren Fahrzeugen lagen wir immer im oberen Bereich, wurden sehr gut bewertet, hatten keine Probleme. Das mag daran gelegen haben, dass wir hauptsächlich sehr einfach ausgestattete Transporter für den rauen Gewerbebetrieb gefertigt haben, Kundenbeanstandungen gab es kaum.

Wir haben sehr darauf geachtet, dass unsere vielen täglichen Probleme sofort gelöst wurden und nicht bis zum Kunden gelangten. Die morgendlichen Fabrik-Meetings zahlten sich aus, auch wenn viele Beteiligten die deutsche Disziplin zur Fehlerbeseitigung als äußerst nervig empfanden.

Die unterschiedliche Mentalität der polnischen und deutschen Mitarbeiter war bei Problemlösungsrunden besonders deutlich zu spüren. Die polnischen Meister waren sehr kompetent in der Ermittlung von Fehlerursachen, die Analysen waren sauber erarbeitet, aber oft mit dem Hinweis ergänzt, dass eigentlich kein eigenes Schuldverhalten vorlag und man deshalb nichts tun könne. Im Gegensatz dazu die deutschen Mitarbeiter: Am besten sofort etwas tun, auch wenn die Schadensursache noch gar nicht feststand und nur Vermutungen zu entstandenen Fehlern geäußert wurden. Die sinnvolle Kombination aus beiden Verhaltensweisen brachte meistens beste Ergebnisse.

Die meisten Abweichungen entstanden, zumindest in der Anfangszeit, durch die mangelhafte Ausstattung der Fabrik. Undichte Dachabschnitte, unsaubere, unebene Böden, zugige Fenster, lange Fahrwege, Staub, langsam schließende Tore, zu wenige Sozialräume, unzweckmäßige Hallenbelüftung, nicht ausreichende Beleuchtung, fehlende Pausen- und Raucherplätze, ungünstige Teilelagerung, keine überdachten Verbindungen der einzelnen Hallen, suboptimaler Materialfluss.

Bevor wir zu neuen Hallenabschnitten kamen, musste improvisiert werden, eine Eigenschaft, die die polnischen Mitarbeiter auszeichnete, die sie aus der Zeit des Sozialismus mitbrachten. Reparieren statt Erneuern war lange Zeit die Alternative, die aus Kostengründen Vorrang hatte.

Um Ordnung und Sauberkeit zu etablieren und zu gewährleisten, statteten wir die Werker mit Arbeitskleidung aus. Blaue Overalls für den Rohbau, weiße für die Lackiererei und rote für die Endmontage. Dazu gab es T-Shirts, Kanada-Hemden und wahlweise zu den Overalls Hosen und Jacken jeweils in zweifacher Ausfertigung zum Wechseln. Für Arbeiten im Außenbereich zusätzlich wetterfeste rote Winterjacken und Mützen.

Bei der knallroten Kleidung hatte ich meine Bedenken, ob das durchzuhalten sei. Sowohl mein polnischer Fertigungsleiter als auch der deutsche Produktionsleiter hielten das für machbar. Und es hat sich bewährt. Das einheitliche Bild war so überzeugend deutlich, dass die Werker sich zur Einhaltung verpflichtet fühlten.

Dieser Start in den Prozess der kontinuierlichen Verbesserung führte dazu, dass von den Mitarbeitern Anregungen zur besseren Gestaltung der Arbeitsplätze kamen, die wir möglichst kurzfristig umsetzten. Mit den ständigen kleinen Veränderungen zum Besseren hielten wir uns gut über Wasser, bevor neue Maschinen, Anlagen und Neubauten eingesetzt wurden.

Um Investitionsfreigaben von Kreditgebern, Kontrollgremien oder Partnern zu erhalten, sollten diese nicht überfordert werden. Bei Präsentationen über Innovationsvorhaben sollte berücksichtigt werden, dass die Vorstellungskraft ausreichen muss, eine Umsetzung möglich erscheinen zu lassen. Groß denken, in kleinen Schritten handeln – das war für mich immer der richtige Weg zur Zielerreichung.

Mit dem Einsatz von Robotern haben wir erst spät begonnen, deren Anschaffung war gegenüber den noch günstigen Löhnen einfach zu teuer. Mit Hubbühnen und Hebehilfen konnten wir kostengünstig ebenso gut Arbeitserleichterungen umsetzen.

Innovationen mit erheblichen Rationalisierungssprüngen erzielten wir bei jeder Neuinvestition. Durch die ständig steigenden Stückzahlen hatten wir zu keiner Zeit das Problem, bei steigender Arbeitsproduktivität Werker freisetzen zu müssen.

Größere Umstellungen erforderten die Facelift-Modellwechsel an den VW- und Skoda-Produkten. Veränderungen im Materialfluss, in der Logistik zur Anlieferung von Teilen und der Erhöhung der Modellvielfalt im Produktionsablauf blieben aber im überschaubaren Rahmen.

Eine andere Nummer war der Modellwechsel des Transporters T4 zum T5 und der Start der Produktion des „Caddy“. Eine Pilothalle war erforderlich, um für die neuen Produkte Vorserienfahrzeuge zu erstellen und die Arbeitsgänge für die Fertigung festzulegen.

Dieser Innovationsschritt war gleichbedeutend mit der Anpassung der gesamten Prozessabläufe, wir mussten den Kreislauf des Unternehmensprozesses neu starten.

Mit der Errichtung unserer Fabrik unter Nutzung der sehr begrenzten Flächenverhältnisse, der konsequenten Vermeidung von Verschwendung in allen Lebensbereichen, einer totalen „Just in time"-Logistik, der Vermeidung einer nicht wirtschaftlich belegbaren Automatisierung von Betriebsmitteln, der Berücksichtigung der Anforderungen an den Umweltschutz und der restriktiven Verwendung von Verbrauchsmaterial hatten wir eine solide Finanzierungstruktur aufgebaut. Volkswagen Poznan war zukunftssicher aufgestellt.

Fazit

Was empfehle ich also allen Unternehmerinnen und Unternehmern, Planern und Entwicklern, den Politikerinnen und Politikern, aber auch den Bürgerinnen und Bürgern anhand meiner geschilderten Erfahrungen? Im Wesentlichen fünf Dinge:

1. Visionen entwickeln, Utopien ignorieren

An Eingebungen fehlt es meistens nicht, wie man die Welt verbessern könnte. Oder das eigene Umfeld, die Aufgaben im Job und im privaten Bereich, die persönlichen Lebensumstände. Täglich sprudeln Ideen, Impulse liefert die Umwelt, Inspirationen ergeben sich aus Gesprächen, aus der Literatur oder auch aus dem riesigen Feld der Internetrecherchen. Tagträume, Vorgaben anderer, Aha-Erlebnisse, die Last oder Lust der Arbeit, die gezielte Suche nach Verbesserungen und vieles mehr gehören zweifellos dazu. Aber die Gedanken verfliegen, lösen sich in Luft auf, wenn sie nicht festgehalten und konkretisiert werden. Nicht Gedanken, sondern Taten bringen hier einen Fortschritt. Die bestehen darin, Ideen festzuhalten, die für umsetzbar gehalten werden – im Notizbuch, auf dem Smartphone oder Laptop oder mit einem Knoten im Taschentuch – völlig egal. Damit ist die Grundlage geschaffen, Ideen in die Tat umzusetzen.

2. Das Ende bedenken, dann handeln

Erfolgreiche Mitmenschen zeichnen sich dadurch aus, dass sie nichts für unmöglich halten. Sie greifen Ideen auf, setzen sich Ziele, prüfen die Umsetzung auf Machbarkeit, entwickeln ein Konzept und fangen danach einfach an. Vorher sind aber viele Fragen bei der Rohfassung eines Vorhabens zu klären: Wem nutzt das? Wem schadet es? Ist es bezahlbar? Sind meine Annahmen realistisch? Bekomme ich es zeitlich hin? Wird der beabsichtigte Zweck erfüllt? Aufrichtigkeit gegenüber sich selbst ist gefragt, Ideologien haben hier zurückzustehen, Hoffnungen sind keine guten Ratgeber. Alle bekannten Eventualitäten, alle Chancen und Risiken sind mit einzubeziehen. Ist danach die Überzeugung gereift, dass es hinzubekommen ist, sollte einem nichts mehr davon abhalten, das Vorhaben bis zum glücklichen Ende durchzuziehen.

3. Fachleute einbeziehen

Ist die Vorarbeit sauber durchgeführt, das Konzept in all seinen Facetten erstellt, kann die Planung der Umsetzung starten. Hierfür sind Fachleute gefragt. Die Fachleute können aber nur das ausplanen, was das Konzept vorgibt. Eine Binsenwahrheit, die oft nicht beachtet wird. Ungenauigkeiten, einengende Forderungen, widersprüchliche Angaben, spätere Änderungen verzögern die Planungsphase, verteuern die Umsetzung.

4. Hindernisse aus dem Weg räumen

Enthält die Planung alle Angaben darüber, was, wann, wo und wie zu tun ist, kann die Umsetzung beginnen – nicht früher. Je genauer die Planung, desto besser das Ergebnis. Aber ohne Überwachung der Durchführung, ohne Begleitung der Abläufe mit Terminplänen, ohne stetige Kostenkontrolle wird fast jedes Projekt aus dem Ruder laufen. Ändern sich die Umstände, treten neue Erkenntnisse auf, ist eine flexible Anpassung erforderlich. Dafür das Konzept zu ändern, ist der häufigste Grund für Verzögerungen und allseits gefürchtete Kostenexplosionen.

5. Nicht verzetteln

Konzentration auf die wichtigsten Aspekte eines Vorhabens, Abwicklung von Projekten nach gleichem Muster, Unterdrückung von Nebensächlichkeiten sind Grundvoraussetzung für erfolgreiche Umsetzungen. Nimmt das zu viel Zeit in Anspruch? Je nach Komplexität lassen sich manche Vorhaben im Tagesablauf erledigen, manche benötigen Jahre. Wird aber das Optimum einer Projektabwicklung angestrebt, bleibt nur dieser Weg. Zeitintensive Nachbesserungen werden verringert, Verschwendung lässt sich vermeiden.

2 – Was bleibt – eine Zusammenfassung

Die Not ist noch nicht groß genug, die Einsicht zu Umweltveränderungen zu vage, die international nötigen Handlungen nicht vorhanden. Die Begrenzung der Erderwärmung auf 1,5 Grad Celsius ist ein obsoletes Ziel. Wir sollten uns diesen Fakt einprägen. Wir müssen uns mit der Tatsache vertraut machen, dass wir in eine unsichere Zukunft ohne Klarheit über Umweltauswirkungen starten, unsere Einflussnahme aus deutscher Sicht international gegen Null tendiert.

Wir dürfen aber auch die Hoffnung haben, dass für die kommenden Zeitabschnitte Innovationen auf den Markt kommen, die uns eine Lebensweise ermöglichen, auch mit einer höheren Erderwärmung komfortabel umgehen zu können.

Konzentrieren wir uns auf unser Land. Die Bundesregierung wollte Vorreiter für den Transformationsprozess für die erneuerbaren Energien werden. Meine Aufforderung: Dann tut es auch. Nicht mit läppischen Absichtserklärungen, nicht mit einer fast unendlichen Breite von Projekten, nicht mit Beteuerungen, dass alles besser wird. Nehmt uns Bürgerinnen und Bürger mit in ein Jahrzehnt der Rückbesinnung auf das wirklich Wichtige, zeigt uns auf, „was“ realistisch zu erreichen ist, nehmt uns in die Pflicht, uns belastende Entscheidungen mit zu tragen. Aber überlasst uns das „Wie“. Schränkt die Technologieoffenheit nicht ein, stoppt die Neigung, mit Verboten vorzugehen. Die Bepreisung von schädlichen Einflüssen sollte als einzige Vorgabe völlig ausreichen.

Windräder, Solartechnik, Wasserkraft, Erdwärme, Biogas und Wasserstoff in ausreichendem Maße, auf diese einfache Formel der Big Five müssen wir uns konzentrieren, diese mit höchster Geschwindigkeit weiterentwickeln und umsetzen. Nicht Jahresangaben, bis wann, nicht Erderwärmungsbegrenzung auf wieviel Grad auch immer – sondern jetzt starten, mit aller Kraft. Dabei bleiben Unsicherheiten, ob der eingeschlagene Weg das Optimum abbildet. Zu viele Alternativen zur Energieversorgung wurden ausgeklammert, deren Weiterentwicklung nicht verfolgt. Zu viele Möglichkeiten zur CO_2-Reduzierung unterbunden. Vielleicht kommt die Einsicht, dass der Verzicht auf Kernenergie schlichtweg falsch war.

Das entscheidende Jahrzehnt

Nur die Big Five als Ziele für die Zukunft? Mit Sicherheit nicht. Vieles, was die jetzige Bundesregierung in ihrem Koalitionsvertrag festgehalten hat, könnte auch umgesetzt werden. Die Krux ist nur, dass einige der genannten Vorhaben die Klimaziele nicht unterstützen, sie terminlich verzögern oder auch entgegenwirken. Die Widersprüche in der bisherigen Planung wurden aufgezeigt. Eine Bewertung der Projekte muss am Anfang stehen: nicht fördernd, verschleppend, behindernd.

Von solchen Vorhaben müssen sich die Bundesregierung, aber auch die Landesregierungen, verabschieden und sie als Verschwendung von Ressourcen brandmarken. Der Erhalt der vorhandenen Infrastruktur ist vorrangig. Bestehendes zu erhalten und zu pflegen ist oberstes Gebot. Mit einer Instandhaltung unserer jetzigen Umwelt lässt sich Wirtschaftswachstum in bescheidenem Maße erzielen, flankierende Maßnahmen sind zusätzlich willkommen. Dazu zählen alle Vorhaben zur Reinhaltung der Gewässer, zum Erhalt der Biodiversität und zur Luftreinhaltung. Aber auch hier: keine negative Beeinflussung der übergeordneten Ziele.

Aus eigener Kraft werden es die Regierungen mit ihren politischen Unterstützern nicht schaffen. Ähnlich dem Team der Wirtschaftsweisen sollte eine kleine Gruppe von Wissenschaftlern und Vertretern der freien Wirtschaft die Koalitionsverträge entrümpeln, Widersprüche sichtbar machen, Verschwendungen identifizieren. Interessenverbände gleich welcher Art sollten sich daran nicht beteiligen können, dass Anspruchsdenken zum Erhalt von Vorzügen wäre zu groß.

Ein rigoroses Vorgehen, zweifellos. Wenn es aber bewiesene Sachlage ist, dass mit wesentlicher Überschreitung der Erderwärmung das Wohl der Menschheit auf dem Spiel steht, sind wohl auch härteste Maßnahmen vertretbar. Ein „weiter so“ ist einfach nicht mehr drin.

Dagegen gestellt werden sollte eine Ausplanung der Big Five für die Umsetzung in diesem Jahrzehnt, um die Durststrecke verschobener, uns Menschen beglückender Maßnahmen klein zu halten. Mit der Einschränkung, dass Wasserstoff als Speicher noch nicht einsetzbar ist. Deshalb werden Gaskraftwerke die Grundversorgung noch sicherstellen müssen.

Mit dem Versprechen, innerhalb von 10 Jahren die Energieversorgung klimaneutral hinzubekommen, Entbehrungen nur für diesen Zeitraum hinzunehmen, könnte unser Land als Positivbeispiel weltweit punkten. Ein unabhängiges, frei wirkendes Planungsteam sollte dazu in der Lage sein, mit uneingeschränkter Unterstützung der Politik sowohl die Planung als auch die Umsetzung sicherzustellen.

Machen wir uns keine Gedanken darüber, wie andere Länder mit zurzeit noch anderen Zielen unser Vorgehen bewerten würden. Bekannt ist nur, dass in allen Ländern der Erde die Klimaneutralität diskutiert wird – meistens als unliebsames Thema, störend für die weitere Wirtschaftsentwicklung. Unser Wahlspruch für die Welt da draußen könnte lauten: „Bringen wir es mit Schrecken hinter uns, aber vermeiden wir ein Schrecken ohne Ende.“ Könnte wirken.

Veränderung der Parteienlandschaft

Eine Krisenstimmung zu erzeugen, sollte den politischen Parteien nicht allzu schwerfallen, bei den Umweltverbänden mit ihren vielen Anhängern ist sie ja schon vorhanden. Die Parteien der Mitte müssten nur zusammenstehen unter Ausschluss von ganz links und ganz rechts. Das widerspricht aber dem Ego der Politgrößen, für ein ganzes Jahrzehnt sich nur einer Zielrichtung zu beugen, auf eigene politische Ausrichtungen zu verzichten. Hier kommt die „Straße“ in den Fokus. Revolutionsartig sollten alle Umweltverbände, alle Aktivisten gemeinsam für den „Jahrzehnteplan“ demonstrieren, weite Kreise der Bevölkerung möglichst mitnehmen. Inzwischen haben die fast hundert Umweltverbände mehr Mitglieder als die politischen Parteien, sie könnten sich zu einer Bewegung formieren, wenn sie sich denn nur einig wären. Auf einen diktatorischen Anführer, eine Anführerin könnten wir dabei allerdings verzichten. Getrennte Aktionen sollten aber in die absolut gleiche Richtung zielen, eine Absplitterung mit unsinnigen Aktionen wie sie die „Letzte Generation“ praktiziert, wäre fatal. Voraussetzung wäre, den Jahrzehnteplan mit übersichtlichen Begriffen, klaren Erläuterungen, zu erwartenden Ergebnissen sowie Kosten- und Nutzendarstellungen komprimiert für alle Bürgerinnen und Bürger, für alle Politiker, für alle Verbände und die freie Wirtschaft verständlich und lesbar auf wenigen Blättern zusammenzufassen. Da die großen politischen Parteien sich in ihren Programmen nicht wesentlich unterscheiden, sollte eine gemeinsame Ausrichtung über zwei Legislaturperioden möglich sein.

Alles Utopie? Eher eine Vision. Die Alternative ist doch, dass die Umweltziele nicht erreichbar sind, wenn die heutige Vorgehensweise beibehalten wird.

Was kommt da auf uns zu?

Verglichen mit dem Elend auf der Welt, mit Kriegen, Hungersnöten an vielen Brennpunkten, mit Überschwemmungen, Trockenperioden und Wirbelstürmen leben wir in Deutschland in einer Komfortzone, die uns belastbar für einige wenige Einschränkungen machen sollte. Wir müssen uns nur positiv darauf einstellen, unser Leben planbar und geplant zu gestalten. Gibt es ein übergeordnetes gemeinsames Ziel zur Bewältigung der Umweltproblematik, gibt es auch eine Richtschnur für das Verhalten eines jeden Einzelnen. Möglichkeiten, das eigene Verhalten zu ändern, wurden in Fülle aufgezeigt, ein Maß für Erreichtes ist der eigene Fußabdruck, der sich in vielen Tests online ermitteln lässt.

Brauchen wir eine Krisenstimmung, um uns innerlich auf eine andere, umweltbewusste Lebenseinstellung einzuschwören? Es ist schon eine noch überschaubare Vorübung, die wir ausgelöst durch den Ukrainekrieg in dieser Zeit mitmachen. Aufrufe zur Energieeinsparung, Reduzierung der Raumtemperatur, Verwendung stromsparender Elektrogeräte, sorgfältiges Umgehen mit dem Wasserverbrauch haben aber nur übersichtlichen Erfolg, wirkliches Einschränken sieht anders aus.

Die Kernfrage wird sein, ob es gelingt, ohne sozialen Aufstand, ohne Verteufelung der Politik, ohne verbale Angriffe auf die freie Wirtschaft, ohne Hass und Beleidigung der nachbarlichen Mitbürger alle gemeinsam unter das Dach der Notwendigkeit zur Klimaverbesserung zu bekommen.

Dafür gibt es Ansätze im Verhalten einiger weniger Bundesministerinnen und Bundesminister. Nicht von oben herab alles besser wissen zu wollen, Zweifel an der eigenen Sicht, ob mit politischen Entscheidungen wirklicher Fortschritt erzielt wird, die Anpassung politischer Überzeugungen an die Realität – das sind schon ganz vernünftige Ansätze, um mit den realen Problemen fertig zu werden. Veränderungen zeigen sich auch im Verhalten der Bevölkerung. Unterstützung der Aktivisten für den Umweltschutz, wenn deren Aktivitäten nicht ausufern, große Bereitschaft, durch Spenden Notleidende zu unterstützen, die hohe Beteiligung an Ehrenämtern und nicht zuletzt der leicht abnehmende Konsumrausch zeigen in die richtige Richtung. Die Nagelprobe wurde aber noch nicht gemacht. Wenn nicht mehr mit Freiwilligkeit, sondern mit staatlichen Vorgaben und Verboten Einschränkungen vorgegeben werden: Zeitlich begrenzte Nutzung von elektrischem Strom, Zuteilung der Gasmenge zum Heizen, Begrenzung der privaten Mobilität, Beschränkung der Vielfalt der Nahrungsmittel, Vorgabe des verfügbaren und nutzbaren Wohnraums, Verzicht auf eben alles, was das Leben so sehr erträglich macht. Eine solche Situation, die durchaus bei unrealistischer Beurteilung unserer jetzigen Lage eintreten kann, ist kaum vorstellbar, das Verhalten der Bevölkerung rational nicht einzuschätzen.

Kernsätze zum Transformationsprozess von fossilen zu erneuerbaren Energien

Im Folgenden sind einige Kernsätze zusammengetragen, die prägnant auf den Punkt bringen, womit wir zu rechnen haben und was zu tun ist:

Europa – worauf wir uns einstellen müssen

- EU-Gesetze zwingen zum Ausstieg aus fossilen Energien bis 2050
- Der Umstieg auf Erneuerbare Energien ist technisch möglich
- Verzicht auf bisherige Lebensweise ist begleitend erforderlich
- EE werden bis 2050 nicht ausreichend zur Verfügung stehen
- Wind, Sonne, Biomasse, Wasserkraft einzige dt. Stromlieferanten
- Strom zu Wasserstoff zu Methan/Ammoniak liefert Gas für GKW
- Kernkraft wird international weiterhin zum Einsatz kommen
- Hohe Belastungen für die Bevölkerung, energieautarke Wohnungen
- Steuern, CO_2-Bepreisung und -Zertifikate müssen Kosten decken

Weltweit – was wir nicht beeinflussen können

- Weltgemeinschaft hat sich nicht zum Ausstieg verpflichtet
- Fossile Energieträger werden international weiterhin eingesetzt
- China und Indien nutzen EE, AKWs, Kohle, Öl und Erdgas
- Der europäische Ausstieg bleibt weltweit relativ wirkungslos
- Das 1,5-Grad-Ziel ist obsolet, 2-3 Grad sind zu erwarten
- Erzeugung vegetarischer Lebensmittel wird sich erhöhen
- Weltbevölkerung wird durch höheren Lebensstandard stagnieren
- Windparks und Solarfelder werden weltweit entstehen
- Windräder werden örtlich das Klima verändern
- Ziele zur Rettung der Biodiversität werden nicht erreicht

Maßnahmen – was jetzt zu tun ist

- Windräder Inland/offshore zeitnah in Mengen
- Solarparks aufgeständert auf landwirtschaftliche Nutzflächen
- Photovoltaik auf Dächern von Behörden, Industrien, Privathäusern
- Gaskraftwerke für Demand Side Management – bedarfsgesteuert
- Stromerzeugung zusätzlich für Heizung, PKW, LKW, Wasserstoff
- Konzentration auf EE, betriebswirtschaftlich umsetzen

- Förderprogramme für EE der Privatwirtschaft – Photovoltaik etc.
- Verbote für fossile E aussetzen bis ausreichend EE vorhanden
- Verbotsstrategie überdenken, CO_2-Bepreisung ist ausreichend
- Keine Verschwendung von Flächen, Energien, Naturalien, Konsumgut
- Naturschutzflächen für Biodiversität, Säuberung der Meere

Zum Schluss

Sachbücher sind darauf ausgerichtet, Daten und Fakten zu bewerten, zu kommentieren und auf Auswirkungen hin zu beurteilen. Liegen keine Fakten vor, beginnen Vermutungen, Meinungen, Ansichten.

Mir stellt sich die Frage, ob wir als deutsche Bürgerinnen und Bürger in der Lage sind, die Zukunftsaufgaben zu meistern. Nur emotional lässt sich darauf eine Antwort finden. Ja, wir könnten mit der neuen Lebensqualität, mit der Fokussierung auf das Wesentliche, mit der Umgestaltung unseres Lebensraumes zuversichtlich auf die jetzigen und noch kommenden Generationen schauen.

Und nein, meine Lebenserfahrung spricht dagegen, weil uns die Vision für eine Aufbruchstimmung in eine segensreiche Zukunft völlig fehlt. Es ist die Erfahrung der alten weißen Männer, zu denen ich mich zähle, die ihre Kindheit noch im Krieg verbracht haben. Erlebnisse, die noch heute gegenwärtig sind. Geboren und aufgewachsen in Ostfriesland waren wir dort für englische Luftangriffe ein unbedeutendes Ziel, die Bomber flogen über uns hinweg ohne Schaden anzurichten. Nur wenn sie von ihren Einsätzen zurückflogen und noch Bombenlast an Bord hatten, wurde diese im nordwestlichsten Zipfel Deutschlands abgeworfen. In den letzten Kriegsmonaten ertönte jede Nacht der Fliegeralarm, jede Nacht aus dem Bett und in den Luftschutzbunker. Ein Jahr lang keine Schule, über Tag Sträucher sammeln, um ein bisschen Feuer zu haben, Rüben- und Kohlgemüse von den Traktoranhängern der Bauern „organisieren“, die die Waren zur Verteilung in die Stadt bringen mussten. Wir Kinder waren uns weitgehend selbst überlassen, die Mütter hatten zu tun, die Versorgung irgendwie sicherzustellen. In meiner Erinnerung war es eine schöne Kindheit, voller Freiheit und Abenteuer, ein anderes Leben kannten wir ja nicht. Entbehrt haben wir nichts, es fehlten Vergleiche, dass es auch besser sein könnte.

Und dann die Kapitulation. Die bei uns stationierten Soldaten wollten einfach nur nach Hause. Waffen und Munition wurde zurückgelassen, weggeworfen. Für uns Kinder eine herrliche Bereicherung an Spielzeug. Panzerfäuste, Handgranaten, Sprengladungen, Gewehre – wir hatten alles. Und wir haben die Waffen erprobt, einfach so. Ein Wunder, oder doch nur Vorsicht, weil wir um die Gefährlichkeit wussten, dass nichts passiert, keiner zu Schaden gekommen ist. Wir haben als Kinder und Jugendliche geübt, mit den widrigen Umständen klar zu kommen, das Beste daraus zu machen. Diese Resilienz ist geblieben, ein Leben lang.

Mit der englischen Besatzungsmacht kehrte dann langsam Normalität ein, wie unsere Eltern es noch gekannt hatten. Wir Kinder gingen wieder zur Schule, mein Vater kam aus Russland zurück, mit seinem alten Beruf als Elektromeister gründete er einen eigenen Handwerksbetrieb. Das Leben wurde langsam, Schritt für Schritt besser, der erste, aus einer Decke vom Schneider genähte Anzug für die Konfirmation, die ersten Luxusartikel wie Schokolade oder Apfelsinen, die erste Armbanduhr und bald auch das erste Fahrrad, aus Schrottteilen und neuen Reifen zusammengebaut.

Schulabschluss, eine Lehre als Elektriker mit Gesellenprüfung, danach das Ingenieursstudium für Elektrotechnik. Auf die Ausbildung als Elektriker hatte mein Vater bestanden, damit „der Junge einen Beruf hat, wenn das mit dem Studium nicht klappt". Danach der Start ins Berufsleben, die eigene Familie, die eigene Wohnung, das erste Auto, ein blauer Käfer „de Luxe".

Wir alle waren am Wirtschaftswunder beteiligt, es ging stetig bergauf. Und es war das ungemein gute Gefühl, alles selbst geschafft zu haben.

Dabei lief längst nicht alles glatt, aber wir kannten es ja, die Dinge um uns herum in die eigenen Hände zu nehmen und zum Besseren zu gestalten. Wir hatten klare Ziele und haben sie konsequent und diszipliniert verfolgt.

Das führte zu einer optimistischen Grundhaltung, die heute bei den meisten Menschen dieser Generation noch ungebremst vorhält. Warum also die heutige Kritik an den alten weißen Männern? Nicht sie haben die Weiterentwicklung der Folgegenerationen gebremst, sondern unsere Kinder und Enkel haben eine Welt des immer größeren Anhäufens von Reichtum auf der einen Seite und die Ausbeutung der arbeitenden Bevölkerung andererseits vorangetrieben. Leben und leben lassen ist nicht mehr das Gebot der Stunde, sondern jeder für sich und möglichst rücksichtslos zum eigenen Vorteil. Ehrenämter und Spenden gehen oft nur so weit, wie der eigene Lebensstil nicht wesentlich eingeschränkt wird.

Auch wenn viele Ausnahmen diese Regel bestätigen, bin ich der Meinung und Überzeugung, dass die Masse der Bevölkerung den Schritt zur Transformation in eine klimafreundliche Zukunft nur bedingt mitgeht.

Mir scheint, dass bei vielen Bürgern der mittleren Generation die stetige Angst vorherrscht, etwas zu verlieren, mit weniger auskommen zu müssen. Und diese Angst führt zu psychischen Belastungen und Erkrankungen, die in ungekanntem Maße ansteigen. Versagensangst in der Schule, im

Beruf, im privaten Leben – dabei geht es allen objektiv und im Vergleich zu vielen anderen Ländern noch recht gut.

Wir spiegeln ein Leben, dass es so nicht mehr geben kann, stellen uns aber innerlich nicht darauf ein.

Wie ist es nur möglich, in Koalitionsverträgen Versprechen zu manifestieren, die bei realistischer Betrachtung unserer Umwelt nicht umsetzbar sind? Wie ist es nur möglich, das Ziel Klimaneutralität nicht vehement zu verfolgen und anderen Zielen den Vorrang zu geben? Wie ist es nur möglich, Widersprüche in Zielkatalogen zuzulassen, die offensichtlich sind und deren Maßnahmen sich gegenseitig ausschließen? Wie ist es nur möglich, sich mit Nebenschauplätzen weitab von den realen Problemen zu befassen, dem Genderwahn so viel Raum zu geben?

Die Grundhaltung scheint zu sein, den Menschen die Realität nicht zumuten zu können. Aber genau das ist das Gebot der Stunde, das Tal der kommenden Jahre aufzuzeigen und die Wege daraus zu skizzieren.

Die Konsequenz daraus: Wir brauchen die Vision für ein Leben in einer sozial ausgewogenen, umweltgerechten, harmonischen neuen Zeit mit einer Toleranz für alle Lebensformen.

Wir, die ältere Generation, wir hatten sie, die Vision einer besseren Welt, die sich ja auch schrittweise eingestellt hat. Die Menschen mitnehmen, ihnen Selbstvertrauen geben, dass sie mit vorgegebenen Rahmenbedingungen sich ein menschenwürdiges Leben durch Eigeninitiative selbstgestalten können, diese Sicherheit sollten die Politik, die Wissenschaft und die Eliten der Gesellschaft vermitteln.

Wir brauchen eine Aufbruchstimmung, wie sie unser früherer Bundespräsident Roman Herzog in seiner legendären

Rede vom 26.04.1997 (!) formuliert hat: „Durch Deutschland muss ein Ruck gehen. Wir müssen Abschied nehmen von liebgewordenen Besitzständen. Alle sind angesprochen, alle müssen Opfer bringen, alle müssen mitmachen. Die Bürger erwarten, dass jetzt gehandelt wird. Wenn alle die vor uns liegenden Aufgaben als große, gemeinschaftliche Herausforderung begreifen, werden wir es schaffen. Am Ende profitieren wir alle davon."

Dabei gibt es sie, die Vision für eine bessere Welt. Am 25.09.2015 von 193 Staats- und Regierungschefs aus aller Welt in einer Resolution der Vereinten Nationen unterzeichnet: Die Agenda 2030 für nachhaltige Entwicklung mit 17 globalen Zielen und 169 Unterzielen. Alles darin ist richtig und gut, nur leider nicht verpflichtend und ziemlich unbekannt.

Ein Aufruf an die Politik, an die Wissenschaft, an die freie Wirtschaft, an uns Bürgerinnen und Bürger: Nehmt diese Ziele als Fahrplan für die Zukunft, lenkt die Konzentration auf die neuzeitlichen Big Five und setzt sie in hohem Tempo um, nur so lässt sich Zukunft gestalten. Die Jugend, die kommenden Generationen, werden es uns danken.

Quellen

Abegglen/Stalk jr.: Kaisha – Das Geheimnis des japanischen Erfolgs
Alt, Franz/von Weizsäcker: Der Planet ist geplündert – Was wir jetzt tun müssen
Ariadne-Report: Deutschland auf dem Weg zur Klimaneutralität 2045 – Szenarien und Pfade im Modellvergleich
Acatech: Energiesysteme der Zukunft - ESYS
Baerbock, Annalena: Jetzt – Wie wir unser Land erneuern
Bund der Steuerzahler: Das Schwarzbuch – Die öffentliche Verschwendung – 2021 – 2023
Bundesamt für Naturschutz – Naturschutzgebietsflächen (14)
Bundesministerium für Arbeit und Soziales, Jan. 2022 (2)
Bundesministerium für Wirtschaft und Energie – Blockchain-Strategie (31)
Clear, James: Die 1% Methode – minimale Veränderung, maximale Wirkung (27)
Cnyrim, Petra: Erklärs mir, als wäre ich 5 – Klimawandel
Dena-Leitstudie: Aufbruch Klimaneutralität – energie- und klimapolitisches Fundament für zukünftige BRG
DESTATIS: Statistisches Bundesamt – Klima – Daten, Fakten
Drees/Lang/Schöps: Praxisleitfaden Projektmanagement
DSQ – Deutsche Gesellschaft für Qualität (16)
Ebert, Vincent: Lichtblick statt Blackout – Warum wir beim Weltverbessern neu denken müssen
EEG 2023: Gesetz für den Ausbau erneuerbarer Energien
Energiesysteme der Zukunft – EYSAS (32)

Europäisches Parlament – EU-Taxonomie, www.europarl.europa.eu (11)
Faltin, Günter: Kopf schlägt Kapital – Die andere Art, ein Unternehmen zu gründen (38)
Focus Spezial: Klimaschutz – Aufbruch in eine nachhaltige Welt 01/2022
Focus Wissen: Wettlauf mit dem Tod – Faktenreport: Das große Sterben der Tier- und Pflanzenarten 08/2022
Frauenhofer u.a.: Langfristszenarien 3 – Wissenschaftliche Analysen zur Dekarbonisierung Deutschlands
Geinitz, Christian: Chinas Griff nach dem Westen – Wie sich Peking in unsere Wirtschaft einkauft
Gesetz über Inverkehrbringen, die Rücknahme und die hochwertige Verwertung von Verpackungen (26)
Google-Report Aufbruch: Klima schützen – So steht es um unser Klima – Ausgabe 28
Göbel/Morawa: Grundwissen Wirtschaft
Göpel, Maja: Wir können auch anders – Aufbruch in die Welt von morgen
Hahn, Carl H.: Meine Jahre mit Volkswagen
Hansel, Gertrud: Das Handbuch für Unternehmer
HAZ, Hannoversche Allgemeine Zeitung: Klimaberichte 2022/2023
Herrmann, Ulrike: Das Ende des Kapitalismus – Warum Wachstum und Klimaschutz nicht vereinbar sind
Heuser, Uwe Jean: Green – Lösungen für die Welt von morgen (Die Zeit)
Imai, Masaaki: Kaizen – Der Schlüssel zum Erfolg im Wettbewerb (35)
Kahnemann, Daniel: Schnelles Denken, langsames Denken (4) (34)

Kemfert, Claudia: Schockwellen – Letzte Chance für sichere Energien und Frieden
Kloepfer, Inge: Rohrkrepierer – Der Hauptstadtbrief
Koalitionsvertrag Bundesregierung 2021-2025: Mehr Fortschritt wagen
Koalitionsvertrag Landesregierung Niedersachsen 2022-2027: Sicher in Zeiten des Wandels
Koubek, Anni: Praxisbuch ISO 9001:2015 – Die neuen Anforderungen verstehen und umsetzen
Latif, Mojib: Countdown – Unsere Zeit läuft ab – was wir der Klimakatastrophe entgegensetzen können (37)
Lieferkettengesetz – Bundesministerium für wirtschaftliche Zusammenarbeit und Entwicklung (6)
Lösch/Richenhagen/Schönberger: Klimapfade 2.0 – Ein Wirtschaftsprogramm für Klima und Zukunft
Mertens, Peter: Aufstieg aus der Blechliga – So hat unsere Autoindustrie eine Zukunft
Mercator Research Institutes on Global Commons and Climate Change. www.mcc-berlin.de (9), 8/22 (10)
Neubauer, Luisa; Ulrich: Noch haben wir die Wahl – Ein Gespräch über Freiheit, Ökologie, Generationenkonflikt
Offensive Mittelstand: INQA-Unternehmenscheck „Guter Mittelstand“
Plöger, Sven: Zieht Euch warm an, es wird noch heisser – Können wir den Klimawandel noch beherrschen? (39)
Precht; Welzer: Die Vierte Gewalt – Wie Mehrheitsmeinung gemacht wird, auch wenn sie keine ist (29)
Sarrazin, Thilo: Die Vernunft und ihre Feinde – Irrtümer und Illusionen ideologischen Denkens
Schätzing, Frank: Was, wenn wir einfach die Welt retten? – Handeln in der Klimakrise (33)

Schneck, Ottmar: BWL – Basiswissen
Sinn, Hans-Werner: Das grüne Paradoxon – Plädoyer für eine illusionsfreie Klimapolitik
Sprenger, Reinhard: Das anständige Unternehmen – Was richtige Führung ausmacht – und was sie weglässt
Steffens, Dirk: Projekt Zukunft – Große Fragen, kluge Köpfe, Ideen für ein besseres Morgen (36)
Steinmann/Schreyögg: Management – Grundlagen der Unternehmensführung
Sterner, Michael: So retten wir das Klima – Wie wir uns unabhängig von Kohle, Öl und Gas machen (20)
Stiftung Klimaneutralität/Prognos/Öko-Institut/Wuppertal Institut: Klimaneutrales Deutschland 2045
Tagesspiegel.de vom 22.1.2024 (3)
Thaler, Richard: Misbehaving – Was uns die Verhaltensökonomik über unsere Entscheidungen verrät
Thaler/Sunstein: Nudge – Wie man kluge Entscheidungen anstößt
Von Weizsäcker, Erst Ulrich: Wir sind dran – Was wir ändern müssen, wenn wir bleiben wollen - Club of Rome
Wagenknecht, Sahra: Die Selbstgerechten – Mein Gegenprogramm – für Gemeinsinn und Zusammenhalt
Webseiten der aufgeführten Unternehmen und Personen
Wikipedia: Faktenchecks
Witt, Jürgen/Thomas: Der Kontinuierliche Verbesserungsprozess - KVP
Wöhe/Döring: Einführung in die Allgemeine Betriebswirtschaftslehre - 24. Auflage
www.agenda21-treffpunkt.de (13)
www.agora-energiewende.de (24)
www.agora-verkehrswende.de (18) (25)

www.climateHero.de
www.destatis.de (5) (22) (28)
www.energiezukunft.eu (12)
www.laenderdaten.de (1)
www.netzentwicklungsplan.de (30)
www.statista.de (6) (21) (40)
www.stiftung-klima.de (19) (23)
www.umweltbundesamt.de (8) (15)
www.volkswagen-poznan.pl
(Daten und Fakten der VW AG)
www.wwf.de (7)
Wundersee, Philipp – Mafia-Paradies Deutschland? (17)

Dank

Das Buch ist entstanden aus fast unendlich vielen Gesprächen und Diskussionen über mehrere Jahre.

Die Debatten im Management von Volkswagen, die Tagungen der Offensive Mittelstand, die Arbeiten im Projekt INNAV zur Erstellung eines Leitfadens für Prozessabläufe und besonders der Meinungsaustausch in den Besprechungen unserer MSS-Unternehmerhilfe – alle Wortbeiträge hatten Einfluss auf die eigene Meinungsbildung. In wöchentlichen Treffen, während der Corona-Pandemie online, haben wir im Kreis der MSS-Unternehmensberaterinnen und -beratern tagesaktuelle Themen behandelt, um die Entwicklungen besonders für den Umweltschutz unter die Lupe zu nehmen. Speziell diese Beiträge sind stark eingeflossen.

Familienmitglieder, Freunde und Bekannte haben das Manuskript gelesen und wertvolle Hinweise gegeben. Sehr detaillierte Tipps habe ich von Manfred Peter erhalten, der sich sehr intensiv mit dem Entwurf auseinandergesetzt hat. Ohne professionelle Hilfe für ein Lektorat ist das alles aber nicht zu machen. Christian Bauer hat großen Anteil an der Fertigstellung des Buches, ebenso wie der Verlagsleiter Daniel Bieter mit seiner unkonventionellen Art zur Auslegung des Formats und des Designs.

Ihnen allen meinen ganz herzlichen Dank!